Sicher durch den Medizinisch–Psychologischen Test (MPU)

Robert Klaus

Sicher durch den Medizinisch – Psychologischen Test (MPU)

Mit zahlreichen Beispielen für Fragen und Antworten

Inhalt

Einführung in die Thematik

Jedes Jahr müssen sich in Deutschland über 200.000 Menschen einer Medizinisch – Psychologischen Untersuchung (genannt MPU) unterziehen, weil sie mit Alkohol im Straßenverkehr gestoppt wurden, mit Drogen aufgefallen sind oder eine besonders hohe Punktezahl im Flensburger Zentralregister erreicht haben. Das vorliegende Buch beschäftigt sich vor allem mit der Alkoholauffälligkeit. Aber auch Menschen mit Drogenerfahrung oder hohen Punktezahlen in Flensburg werden von der Lektüre profitieren. Als früherer Leiter einer Suchtberatungsstelle wurde ich immer wieder mit Menschen konfrontiert, die ihren Führerschein wegen Alkohol im Straßenverkehr verloren hatten. Nach intensivem Erfahrungsaustausch mit amtlichen Gutachtern habe ich im Jahr 2000 eine Beratungs- und Therapiemethode entwickelt, die sich weitaus besser bewährt hat, wie wir dies in der Beratungsstelle zunächst erwartet hatten. Auf dieser Basis und den vorliegenden praktischen Erfahrungen ist dieses Buch für Betroffene entstanden.

Die Medizinisch–Psychologische Untersuchung wird von den Führerscheinstellen auf gesetzlicher Grundlage angeordnet. Die Sachbearbeiter der Behörde haben hier keinen Spielraum. Allerdings beraten sie den betroffenen Personenkreis in aller Regel auch nicht, wie man sich auf eine Untersuchung vorbereiten sollte. Dass die Sachbearbeiter nicht beraten liegt daran, dass diese in der Regel nie selbst eine MPU machen mussten, nie bei einem Gutachter hospitiert haben und als Sachbearbeiter der Führerscheinstelle auch nicht über das erforderliche medizinisch-verkehrspsychologische Wissen verfügen. Wendet sich die betroffene Person dann an die Begutachtungsinstitute, die eine MPU durchführen, so bleibt in der Regel auch hier die Beratung spärlich und lässt viele, zumeist die wichtigsten Fragen, offen. Selbst wenn das Institut für diese Beratung von Betroffenen vor der

MPU Geld verlangt, so decken diese Einnahmen nicht annährend die Kosten des Instituts für solch eine Beratung. Wer zu einer Untersuchung (MPU) muss hat in Deutschland die Wahl zwischen ungefähr 140 vom Gesetzgeber zugelassenen privaten Instituten, sogenannten Begutachtungsstellen für Fahreignung (BfF). Der TÜV dürfte das Bekannteste dieser privaten Institute sein. Viele Klienten halten den TÜV irrtümlich für eine staatliche Institution. Die Kosten für eine MPU sind in jedem Fall selbst zu tragen. Die MPU kann beliebig oft wiederholt werden und bei einem der zugelassenen Anbieter im gesamten Bundesgebiet, unabhängig von dem eigenen Wohnort, abgelegt werden. Das bedeutet, wer heute bei dem TÜV durchfällt, kann sich morgen zur DEKRA, zur AVUS oder erneut zum TÜV begeben und die Begutachtung nach Anmeldung und erneuter Bezahlung wiederholen. Die Medizinisch-Psychologische Untersuchung (MPU) ist, als sie eingeführt wurde, sinnvoll gewesen, weil sie schwere Unfälle verhindern sollte. Der Straßenverkehr sollte sicherer werden. Noch heute soll die MPU die Allgemeinheit vor jenen Auto- und Motorradfahrern schützen, die andere Menschen zu gefährden scheinen. Aber jeder Einzelne soll auch die Chance erhalten, nach dem Führerscheinentzug wieder am motorisierten Straßenverkehr teilnehmen zu können und seinen Führerschein zurückzuerhalten. Betroffene Personen, die eine MPU wegen Alkohol absolvieren müssen, haben jedoch in den letzten Jahren vielfach den Eindruck gewonnen, dass die Begutachtung sehr schwierig und kaum "verstandesmäßig" zu begreifen ist. Diplompsychologen mit verkehrspsychologischer Ausbildung stellen zum Teil undurchsichtige Fragen, und Antworten werden auf eine Art interpretiert, die dem einen oder anderen Klienten sehr merkwürdig erscheint. Es hat sich längst herumgesprochen und wird Jahr für Jahr in zahlreichen Zeitungsartikeln über Alkohol und Straßenverkehr immer wieder beschrieben: Ohne persönliche Vorbereitung ist die MPU nicht zu schaffen. Die mindeste Vorbereitung ist das Lesen eines Buches oder qualitativ akzeptabler Texte im Internet oder der Erfahrungsaustausch mit Personen, die bereits eine MPU bewältigt haben. Aber letztlich bleibt für die Betroffenen, das war unsere Erfahrung der letzen Jahre, ein erhebliches Informationsdefizit. Nahezu überhaupt kein Laie weiß, was denn von den Psychologen bei einer MPU eigentlich genau erwartet wird. Die Antwort, dass Ehrlichkeit und Offenheit erwartet werden, greift dabei viel zu kurz, vor allem, weil es weder "absolute" Ehrlichkeit noch "unbegrenzte" Offenheit geben kann. Die beiden großen Institute, TÜV und DEKRA, haben zur Begutachtung bei Alkoholauffälligkeit ein eigenes Werk mit Richtlinien (Vorgaben oder Orientierungshilfen) für ihre beschäftigten Psychologen entwickelt. Doch diese Richtlinien, nach denen der Psychologe den Klienten, den er zu begutachten hat, beurteilt, sind den Personen, die eine MPU wegen Alkoholauffälligkeit absolvieren müssen, in allen Fällen völlig unbekannt. Die sogenannten Begutachtungsleitlinien zur Kraftfahrereignung der Bundesanstalt für Straßenwesen (abgekürzt "bast" genannt), nach denen sich alle Psychologen der niedergelassenen Begutachtungsinstitute richten (müssen), sind ebenfalls den Betroffenen unbekannt. Dabei geben gerade diese Richtlinien dem Psychologen den Orientierungsrahmen, das bedeutet, erst in diesem wichtigen Schriftstück der Bundesanstalt ist die logische Grundstruktur der Argumentation des Klienten dargestellt. Selbst wenn ein Laie Zugang zu diesen Materialien hätte, so bliebe doch für ihn offen, wie diese Richtlinien eigentlich (verkehrs-)psychologisch zu interpretieren wären.

Das Buch hat unter anderem das Ziel, Ihnen die Angst oder Bedenken vor einer Medizinisch-Psychologischen Untersuchung zu nehmen. Die Angst, bei dieser Untersuchung ein negatives Gutachten zu erhalten, ist trotzdem selten unbegründet und entsteht vor allem aus dem Unwissen in Bezug auf die Erwartungen des Gutachters an die eigene Person. Außerdem ist ein Gutachten sehr teuer und fällt es negativ aus, so ist das Geld weg. Bei der Begutachtung geht es um stimmige und nachvollziehbare Aussagen zu der persönlichen Lebensgeschichte. Zum einen gilt es hier die Sprache der Gutachter, allesamt studierte Psychologen, zu verstehen. Erst wenn man einen Einblick in die Sprache bekommen hat, gelingt es auch, die Fragestellungen richtig zu deuten. Viele Menschen, die zu einer Medizinisch-Psychologischen Untersuchung müssen, kritisieren zu Recht, dass sie überhaupt nicht wissen, was denn der Gutachter nun eigentlich von ihnen wissen will. Oft wird von Betroffenen vermutet, dass der Psychologe herausfinden möchte, ob es sich bei ihnen um einen Menschen handelt, der Alkoholiker ist, also vom Alkohol abhängig und somit alkoholkrank ist. Dann versuchen sie, peinlich genau darauf zu achten, was sie wie sagen, um bloß nicht den Anschein zu erwecken, dass sie generell Probleme mit Alkohol haben könnten. Da sich nur wenige Menschen als Alkoholiker bezeichnen würden und erst recht kaum jemand weiß, wann nach medizinisch-psychologischen Kriterien jemand als alkoholabhängig bezeichnet werden kann, versprechen und verhaspeln sich viele Menschen bei der Medizinisch–Psychologischen Untersuchung in den merkwürdigsten Erklärungen, die von Psychologen oft nicht anerkannt werden und auch gar nicht anerkannt werden dürfen, weil sich jeder Gutachter in den rund 140 bundesweit vorhanden Institutionen, denen vom Gesetzgeber erlaubt wurde, Medizinisch-Psychologische Untersuchungen durchzuführen, an die Richtlinien zur Begutachtung halten muss. Patienten in der Praxis geben immer wieder an, dass sie seit Jahren gar keinen Alkohol mehr trinken, was oft tatsächlich auch der Wahrheit entspricht, trotzdem bekamen sie ein negatives psychologisches Gutachten. Abstinenz vom Alkohol ist für die Psychologen nämlich ganz oft kein ausreichender Grund, um den Führerschein zurückzuerhalten, und allein das ist für viele Betroffene völlig unverständlich. Vielmehr kommt es auf sehr spezifische Persönlichkeitsmerkmale und Motive, die hinter dem persönlichen Verhalten stehen, an. Auch wenn jemand stapelweise ärztliche Gutachten und Bestätigungen zu einer Medizinisch–Psychologischen Untersuchung mitbringt, wie ich es mehrfach erlebt habe, führt dieses Auftreten nicht zwangsläufig zu einem positiven Gutachten.

Nahezu alle Bücher auf dem Markt zur MPU-Vorbereitung vernachlässigen eines der wichtigsten Themen überhaupt, die Motive und Ursachen, die hinter einer individuellen menschlichen Entwicklung stehen könnten (Risikobiographie (¦)). Die meisten Bücher erklären langatmig geltendes Recht und geben einige Tipps, was man bei der Untersuchung keinesfalls sagen sollte. Besucht man bei Psychologen, Verkehrsgutachtern, Suchtberatungsstellen oder dem Tochterunternehmen des TÜV selbst einen Kurs, so bekommt man in vielen Fällen lediglich ein gewisses Grundwissen über Alkohol vermittelt. Die erheblichen Preise werden somit eher für die dortige Gruppendynamik gezahlt, die aber durchaus persönliche Erkenntnisse ermöglicht. Ein breites Klientel, und dazu gehören sehr intelligente Menschen, hat aber selbst nach derartigen Kursen keine Chance auf ein positives Gutachten. Welche wirklich tiefen Gründe und Phänomene sind die Ursache, dass jemand mehr Alkohol trinkt, dass jemand vermehrt Zigaretten raucht? Diese Fragen werden in den Kursen kaum bearbeitet oder nur abstrakt erklärt. Viele Psychologen stellen ihren Klienten zwar zahllose Fragen bezüglich der Kindheit, geben jedoch weder Rückmeldungen (Feedback) noch geben sie dem Klienten Hilfestellung, die Sinnzusammenhänge zu erfassen. Wenn jemand in der Lage ist, die tieferliegenden Motive zu benennen, die hinter seiner persönlichen Entwicklung in eine bestimmte Richtung zeigen, dann fällt es ihm geradezu leicht, Veränderungen und Zusammenhänge so aufzuzeigen, dass es zu einer positiven Prognose des Gutachters kommt. Das bedeutet, der Klient erhält den Führerschein zurück. Die Realität sieht jedoch so aus, dass Klienten zwar auslösende Ereignisse (Trennung, Scheidung, Ende einer Karriere, Unfall oder ähnliches) für vermehrten Alkoholkonsum benennen können, jedoch die dahinter liegenden tiefen Zusammenhänge nicht kennen und nicht beschreiben können. Der Anspruch, tiefer liegende Gründe zu nennen, ist sehr hoch. Gutachter haben daher manchmal sogar ein schlechtes Gewissen, aber sie können und dürfen nicht nur negative Prognosen geben. Wenige Menschen können schlüssig Motive benennen, die hinter ihren Verhaltensweisen stehen. Es war also höchste Zeit, ein solches Buch, das auf unseren Praxiserfahrungen basiert, zu verfassen.

Alle Namen, die in Fallbeispielen genannt werden, entspringen meiner Phantasie. Ähnlichkeiten zu real existierenden Personen und Fallgeschichten sind in jedem Fall rein zufällig. Ich habe versucht, alle Fallgeschichten so weit zu verändern, das sich entsprechende real existierende Personen nicht wieder erkennen können. Beachten Sie bei dem Lesen des Buches auch den Anhang mit der Erklärung der Fachwörter. Es handelt sich dabei um weit mehr als um eine Erklärung der Wörter, und ich empfehle daher jedem Leser, dieses letzte Kapitel schon zwischendurch immer wieder aufzuschlagen und nachzulesen. Stichwörter sind durch einen Pfeil (¦) gekennzeichnet. Allerdings sollten Sie die erklärten Fachwörter niemals in einem Untersuchungsgespräch (MPU) verwenden. Die (Fach-) Begriffe sollen lediglich helfen, Ihnen einen besseren Einblick in einige skizzenhafte Grundzüge der Psychologie zu geben.

Beispiel

Herr Hundemeier muss zur Medizinisch-Psychologischen Untersuchung. Er wurde vor fünf Jahren einmal mit 0,9 Promille im Straßenverkehr gestoppt. Nach einer Geldstrafe und einem kurzen Führerscheinentzug bekam er seine Fahrerlaubnis zurück. Vor 8 Wochen wurde er das zweite Mal in seinem Leben mit Alkohol am Steuer eines Autos gestoppt. 1,2 Promille ergab die Blutprobe. Sein Rechtsanwalt warnte ihn

gleich am nächsten Tag, er müsse nach einem Gerichtsprozess und nach der Sperrfrist, einer Zeitspanne in der die
Führerscheinstelle seinen Führerschein nicht mehr heraus-
gibt, zur Medizinisch-Psychologischen Untersuchung (MPU).
Nun wollte Herr Hundemeier gerne wissen, was es denn mit
der MPU auf sich hat. Seine Arbeitskollegen sagten, dass
man bei der ersten MPU immer durchfällt. Der TÜV sei gna-
denlos. Er müsse sich wohl auf mehrere Jahre ohne Führerschein einstellen. Das wollte Herr Hundemeier auf keinen
Fall glauben. Schließlich hatte er sogar von jemandem
gehört, der unter Alkoholeinfluss einen tödlichen Unfall verursacht hatte und trotzdem die MPU bestand, also eine positive Prognose vom Psychologen bekam. Er hatte niemanden
verletzt und auch keinen Unfall gebaut, somit sollte es doch
leicht werden, ein positives Gutachten zu bekommen.
Schließlich ist er kein Raser, und mit Alkohol ist er nur zweimal aufgefallen. Der Schwiegervater meinte skeptisch, er
solle sich am besten gleich einen ausländischen Führerschein besorgen.

Wir können Herrn Hundemeier nur raten, sehr kritisch bei all
diesen Ratschlägen zu sein. Wer seinen Führerschein bei
der ersten Begutachtung wirklich sicher zurückerlangen will,
statt bei der Begutachtung zu pokern, Roulette zu spielen
oder gar durch ausländische Führerscheine straffällig zu
werden, der sollte sich angemessen auf diese Untersuchung
vorbereiten. Man sollte die Diplompsychologen und Wissenschaftler aus dem Bereich der Verkehrswissenschaften einigermaßen verstehen und sich auf deren Weltsicht und
Arbeitsweise eingestellt haben.

Wann muss ich zur MPU?

Wer mit 1,6 Promille oder mehr im Straßenverkehr gestoppt wurde, der muss sich einer Medizinisch–Psychologischen Untersuchung unterziehen, es sei denn, er will für immer auf den Führerschein verzichten. Theoretisch kann bereits bei 1,1 Promille und einer vorhandenen Straftat eine Medizinisch-Psychologische Untersuchung verlangt werden, was allerdings sehr selten in der Realität passiert, weil die Verwaltungsbehörde hier einen Ermessensspielraum hat, den sie bisher eher so nutzt, dass sie kein Gutachten fordert. Auch wer mehrmals im Straßenverkehr mit geringeren Mengen Alkohol im Blut gestoppt wurde, muss zu einer solchen Medizinisch–Psychologischen Untersuchung. Darüber hinaus müssen Menschen zu einer derartigen Begutachtung, die mit Drogen aufgefallen sind und als regelmäßige Drogenkonsumenten gelten oder von Drogen oder Medikamenten abhängig erscheinen. Auch bei mehrfachen Verstößen gegen die Straßenverkehrsordnung kann die Führerscheinstelle eine Psychologische Untersuchung verlangen.
Wer zur Medizinisch-Psychologischen Untersuchung geht, kann sich eine beliebige, zugelassene (von den Landesbehörden anerkannte) Begutachtungsstelle für Fahreignung auswählen, das heißt, er kann in Hamburg, Berlin, München oder anderen Städten zur Begutachtung erscheinen, unabhängig von dem eigenen Wohnort, und er kann sich begutachten lassen, so oft er will, wobei eine unter Umständen vom Gericht verordnete Sperrfrist des Führerscheins zu beachten ist. Die betreffende Person muss die Fahrerlaubnisbehörde unterrichten, welche Stelle mit der Medizinisch-Psychologischen Begutachtung beauftragt wurde. Der wichtigste Teil bei der MPU ist schließlich das Gespräch mit dem Psychologen. Die Befragung durch den Psychologen bei einer MPU umfasst Eigenschaften, Fähigkeiten und Verhaltensweisen, die für die Kraftfahrereignung von Bedeutung

sind, das heißt, dass es bei Trunkenheitsfahrten in der Regel um weite Teile der eigenen Persönlichkeit geht. Auch wenn Befragungen zur gesamten Persönlichkeit häufig, auch aus wissenschaftlicher und juristischer Perspektive, kritisiert werden, so sind sie doch Realität. Viele Gutachter leugnen jedoch, dass ihre Fragestellungen die gesamte Persönlichkeit umfassen und verweisen darauf, dass sie zum Beispiel keine Fragen zum Intim- bzw. Sexualleben stellen. Nach den gesetzlichen Richtlinien ist die Beurteilung der Gesamtpersönlichkeit dem Psychologen sogar ausdrücklich nicht gestattet. Die Kosten für ein Gutachten bei Alkoholauffälligkeit müssen vom Klienten stets selbst getragen werden. Dazu kommen die Kosten für die regelmäßige Überprüfung der Leberwerte bei dem Hausarzt, ungefähr alle 6 Wochen. Der Hausarzt, sein Labor, drucken die Testergebnisse für seinen Patienten aus. Hier sei angemerkt, dass zahlreiche Klienten ganz ohne Leberwerte zur Begutachtung erscheinen, was wiederum problematisch ist. Die Vorlage der Leberwerte basiert aber auf Freiwilligkeit. Grundsätzlich sollte jeder seine Leberwerte über mindestens 6 Monate registrieren lassen (bei Alkoholauffälligkeit). Innerhalb von 2 Jahren sollte eine positive MPU erzielt werden, sonst verfällt der gesamte Führerschein. Das bedeutet konkret, wer innerhalb von zwei Jahren kein positives Gutachten vorlegt, der muss in Zukunft nicht nur ein positives Gutachten vorlegen, sondern *nach* einem positiven Gutachten auch noch den gesamten Führerschein bei einer Fahrschule neu machen. Nicht festgelegt ist, wie viele Fahrstunden dann nötig sind.

Wenn ich zur MPU gehe, so liegt dem Gutachter eine Akte mit dem Schriftverkehr zwischen Führerscheinstelle, Polizei und Gerichten vor. Wer ein negatives Gutachten erhält, kann selbst entscheiden, ob er es zu der Führerscheinstelle schickt. In der Regel wird man ein negatives Gutachten nicht an die Führerscheinstelle zurücksenden, da es sonst in die Führerscheinakte kommt. Eine Ausnahme können negative Gutachten bilden, die nur aus dem Grund negativ sind, dass die Zeit der Abstinenz noch nicht ausreichend lang ist. Ein solches negatives Gutachten kann bei der nächsten MPU ein positiver Pluspunkt sein, weil alle anderen Fragen schon erfolgreich in dem Gutachten abgehandelt wurden. Im Zweifelsfall lassen Sie einen Experten prüfen, ob es sinnvoll ist, ihr negatives Gutachten bei der Führerscheinstelle einzureichen. Dieser Experte kann aber nicht ihr Rechtsanwalt sein, denn ein MPU-Gutachten ist kein juristisches, sondern ein psychologisches Gutachten. Nach einem negativen Gutachten kann jeder sofort bei derselben oder einer anderen Begutachtungsstelle ein neues Gutachten auf eigene Kosten erstellen lassen. Wurde das alte negative Gutachten nicht zur Führerscheinstelle geschickt, so liegt dieses negative Gutachten dem Gutachter bei der nächsten Begutachtung nicht vor. Aber aus dem Schriftverkehr zwischen Führerscheinstelle, Institut und Gericht kann der Gutachter möglicherweise bei genauem Studium ihrer Akten erschließen, das es bereits ein Gutachten gegeben haben muss. Besonders der TÜV schreibt bei einem negativen Gutachten am Schluss oft eine Empfehlung, nach welcher Zeitspanne sich erst eine erneute Begutachtung lohnt. Solche Empfehlungen werden zum Beispiel bei der AVUS in der Regel nicht gegeben. Prinzipiell kann jeder bei einem negativen Gutachten schon am nächsten Tag ein neues Gutachten bei derselben oder einer anderen Stelle erstellen lassen. Wenn sie wissen, das sie eine MPU machen müssen, so kümmern sie sich frühzeitig um eine Vorbereitung auf den Test. Viele betroffene Personen bemühen sich erst kurz vor Ablauf ihrer Sperrfrist um die Vorbereitung auf die MPU, und dies ist meist zu spät, um all die Dinge zu lernen, die für ein positives Gutachten erforderlich sind. Es hängt dann vieles vom Therapeuten ab, der die Vorbereitungsmaßnahme durchführt. Dies setzt allerdings voraus, dass der Klient sich überhaupt für professionelle Unterstützung entscheidet.

Wer erhält ein negatives Gutachten?

Die Gutachter, in unseren Fällen die zuständigen Psychologen, gehen bei Trunkenheitsfahrten von einer sehr hohen Dunkelziffer aus. Das kann im Einzelfall bedeuten, dass jemand sehr oft angetrunken im Verkehr unterwegs sein müsste, bis er vielleicht irgendwann einmal gestoppt wird. Wer oft angetrunken fährt und nicht angehalten wird, der wird auch eher motiviert sein, weiterhin alkoholisiert zu fahren, so zumindest denken viele Gutachter bei der Medizinisch-Psychologischen Untersuchung. Menschen, die schließlich aus Gewohnheit immer wieder alkoholisiert gefahren sind, haben gegenüber dem Alkohol eine sogenannte Toleranz (!) entwickelt. Sie vertragen zunehmend mehr Alkohol. Der betroffene Personenkreis glaubt möglicherweise, dass er problemlos mit einem und mehr Promille im Blut noch sicher Auto fahren kann. Vielleicht wundert sich manch einer gar über die gesetzlichen Promillegrenzwerte und schimpft darüber, dass diese viel zu niedrig seien. Wer viel Alkohol trinkt und somit auch bis zu einer gewissen Grenze immer mehr Alkohohl verträgt, kommt dem Bereich der Alkoholsucht (!) näher. Alkohol hat ein sehr hohes Suchtpotential. Täglich ein bis zwei Bier, jahrelang, kann bedeuten, alkoholabhängig zu werden. Wer abhängig ist, hat zunächst Entzugserscheinungen, wenn er den Konsum reduzieren oder beenden will. Der schwierige Weg führt oft vom Alkoholmissbrauch, wenn jemand um der seelischen Wirkung willen immer mehr Alkohol trinkt, zur Alkoholabhängigkeit, die dann durch erhebliche Entzugserscheinungen gekennzeichnet ist. Der Gutachter bei der MPU versucht zu prüfen, ob jemand den Umgang mit Alkohol grundsätzlich verändern muss. Dies ist letztlich immer der Fall, denn der Klient sollte in der Lage sein, zukünftige Fahrten unter Alkohol möglichst auszuschließen. Der Psychologe prüft daher vor allem, wie der Umgang mit Alkohol verändert wurde. Bei der MPU will der Gutachter feststellen, ob es ausreichend ist, dass der Klient seinen Alkoholkonsum verringert (reduziert) oder ob er den Alkoholkonsum ganz aufgeben sollte. Viele Klienten meinen, es würde schon ausreichen, wenn sie motiviert sind, am Straßenverkehr nie mehr unter Alkoholeinfluss teilzunehmen. Hier beginnt aber bereits einer der ersten großen Irrtümer. Kommt der Gutachter zu dem Schluss, dass der Klient eigentlich längst seinen Alkoholkonsum deutlich eingeschränkt haben oder sogar völlig abstinent leben müsste, so wird die Möglichkeit eines negativen Gutachtens sehr groß. Bei schwerwiegendem Alkoholmissbrauch in der Vergangenheit fordert der Gutachter nahezu immer dauerhafte Alkoholabstinenz, das heißt auch zu jenen Zeiten, wo der Klient gar nicht vor hat, am Straßenverkehr teilzunehmen. Zwar glaubt der Gutachter unter Umständen, dass auch bei schwerwiegendem Alkoholkonsum kontrollierter Umgang mit Alkohol vorübergehend möglich sein kann. Auf Dauer hält er die Rückfallgefahr in ein durch Kontrollverlust gegenüber dem Alkohol geprägtes Verhalten aber oft für sehr wahrscheinlich, vor allem auch, weil jeder Mensch in seinem Leben auch in schwierige Lebenskrisen gerät. Lebenskrisen lassen sich prinzipiell nicht ausschließen und sind Bestandteil des Lebens. In Lebenskrisen greifen aber viele Menschen auf hohe Dosen Alkohol zurück. Grundsätzlich soll die Medizinisch–Psychologische Untersuchung folgende Fragestellungen gemäß den gültigen behördlichen Begutachtungsleitlinien, Normen, an die sich jeder Gutachter halten muss, klären.

a) Hat der Klient sein Alkoholtrinkverhalten grundlegend geändert, bzw. lebt der Klient seit mindestens 6 Monaten (12 Monaten) abstinent?

b) Wird der Klient, auch wenn er wieder in schwierige persönliche Situationen gerät, weiterhin abstinent bleiben, bzw. nicht wieder in rauschhaften Alkoholkonsum zurückfallen? Welche ("inneren") Motive (¡) sind vorhanden, um dauerhaft abstinent zu bleiben oder sicherzustellen, dass der Klient nicht mehr mit Alkohol im Straßenverkehr auffallen wird? Die Psychologen sprechen von vollzogenen und stabilen Verhaltensveränderungen, die motivational (Motive (¦)) gefestigt sind.

c) Wenn noch Defizite vorhanden sind, können diese Defizite dann durch einen Nachschulungskurs (nach § 70 Fahrerlaubnis-Verordnung) ausgeräumt werden? Hier sind Defizite im Wissen und in der Verhaltenseinstellung gemeint. Das bedeutet, wenn der Klient nach der MPU einen anerkannten (akkreditierten) Kurs macht, dann kann er seinen Führerschein sofort zurückbekommen und muss nach dem Kurs nicht noch mal zur MPU (Kurse nach § 70 Fahrerlaubnis-Verordnung kommen nur für wenige Personen in Frage, siehe auch dieses Kapitel).

Der Psychologe erwartet in vielen Fällen bei der Begutachtung, dass sich der Klient zu einer abstinenten Lebensweise entschlossen hat, wenn er mit 1,6 Promille und mehr im Straßenverkehr aufgefallen ist und noch unauffällig viele Kilometer zurücklegen konnte. Unauffällig bedeutet, dass der Klient ohne Schlangenlinien und ohne Bordsteine zu touchieren oder einen Unfall zu verursachen, sein Auto oder Motorrad gefahren hat. Allerdings gibt es Ausnahmen. Die Gutachter gehen davon aus, dass es Menschen gibt, die kontrolliert Alkohol trinken können und somit in der Lage sind, dauerhaft das Trinken und das Autofahren zu trennen und dass es Menschen gibt, die wahrscheinlich trinken und fahren nicht mehr zuverlässig trennen können und somit abstinent leben müssen, dass heißt in der Regel, nie mehr Alkohol trinken sollten. In den Begutachtungsleitlinien für die Verkehrspsychologen (bast) wird nicht wirklich ganz klar ausgeführt, wer denn nun nie mehr Alkohol trinken darf. Der Gutachter behält hier einen doch erheblichen Entscheidungsspielraum. Wer die folgenden Punkte erfüllt, der sollte erfahrungsgemäß davon ausgehen, das der Psychologe eine dauerhafte abstinente Lebensweise (Abstinenz (¦)) erwartet:

a) sehr hohe Blutalkoholkonzentration

Wer mit 1,6 Promille nur einen Kilometer gefahren ist und dabei noch mehrere Bordsteine gestreift hat, zeigt damit, dass er hohe Alkoholdosen eher nicht gewohnt ist. Hier kann unter Umständen noch davon ausgegangen werden, dass trinken und fahren getrennt werden können und eine abstinente Lebensweise (dauerhaftes Leben ohne Alkohol) nicht notwendig und zwingend ist. Wer dagegen mit 1,6 Promille und mehr viele Kilometer unfallfrei und unauffällig fuhr, der ist hohen Alkoholkonsum sehr wahrscheinlich gewöhnt, hat lange Jahre Alkohol missbraucht, eine hohe Alkoholtoleranz entwickelt und sollte alkoholabstinent leben. Eine meiner sehr jungen Klientinnen, gerade 23 Jahre alt, fuhr von einer Veranstaltung in einer Diskothek völlig betrunken mit ihrem Auto nach Hause. Vor ihrem Haus hatte die Polizei die Straße gesperrt, weil sich ein Unfall ereignet hatte. Die Klientin fuhr in Schlangenlinien auf die Polizei zu, stieg schwankend aus und fragte, warum denn wohl gerade jetzt die Straße gesperrt sei. Hier zeigte sich also starker Realitätsverlust, massive Enthemmung und ein sehr unsicherer Fahrstil. Das sind Punkte, die darauf hinweisen, dass die Klientin soviel Alkohol nicht verträgt, keine erhebliche Alkoholtoleranz entwickelt hat und daher möglicherweise auch nicht lebenslang alkoholabstinent leben muss.

b) Wiederauffälligkeit

Herr Hubert war bereits schon einmal, Herr Maier schon mehrmals mit Alkohol im Straßenverkehr aufgefallen. Die guten Vorsätze und eine Schulungsmaßnahme haben nicht verhindern können, dass beide Personen wieder auffällig wurden und schließlich zur

20

MPU mussten. Von beiden Personen wird wahrscheinlich eher eine lebenslange abstinente Lebensweise erwartet. Wer also mehrfach im Leben die Kontrolle über den Alkohol verloren hatte, möglicherweise nach Alkoholkonsum gewalttätig wurde oder mehrfach Regeln verletzte, dem wird ein Kontrollverlust unterstellt, auf den am ehesten durch Abstinenz reagiert werden sollte.

c) Hoher Alkoholkonsum in psychischen Belastungssituationen
Wer ausgerechnet auf einer Party einmal eine hohe Dosis Alkohol konsumiert hatte, einer Party, wo generell besonders viel getrunken wurde und dann im Rausch das Auto genommen hat, nach dreihundert Metern im Straßengraben gelandet ist, hatte möglicherweise keine hohe seelische Belastungssituation. Er ist einer der wenigen Einzelfälle. Wer alle zwei Monate am Wochenende hohe Dosen Alkohol trink, weil er sich allein, verlassen und vielleicht unattraktiv fühlt, der trinkt in einer psychischen Belastungssituation. Die Gefahr ist groß, das die Alkoholkonsumgewohnheit irgendwann generalisiert (auf andere Lebensbereiche übertragen und ausgeweitet) wird. Möglicherweise trinkt er auch irgendwann Alkohol, wenn im Betrieb Schwierigkeiten auftreten. Das heißt, er generalisiert sein Verhalten und trinkt Alkohol mehr und mehr um der Wirkung willen in psychischen Belastungssituationen. Er sollte sich zu einer abstinenten Lebensweise entschließen. Wer sich zur Alkoholabstinenz entschließt, weil er die Fahrerlaubnis wiederhaben möchte, wird vom Gutachter möglicherweise eine ungünstige Prognose, ein negatives Gutachten erhalten. Der Gutachter geht davon aus, dass der Klient sein Leben verändert hat, weil er erkannt hat, dass er mit Alkohol einen sehr problematischen Umgang hatte.

Das Leben zu verändern, den Alkoholkonsum zu reduzieren, weil man den Führerschein zurück haben will, lässt keine günstige Prognose durch den Gutachter erwarten. Der Gutachter müsste davon ausgehen, dass der Klient wieder zum Alkohol greift, sobald er den Führerschein zurückbekommen hat.

Beispiel Herr Fritz:
Herr Fritz trinkt ungefähr jeden zweiten Abend 2-3 Bier (2-3 halbe Liter) zum Abendessen. Er ist Diplomingenieur. In der Firma verbringt er oft 12 Stunden und dies schon seit gut 12 Jahren. Dazu kommt der weite Weg zum Arbeitsplatz, welcher für Herrn Fritz zusätzlichen Stress bedeutet. Seit Jahren plagen Herrn Fritz Einschlafprobleme. Schläft er gut ein, so klappte es oft mit dem Durchschlafen nicht. Zwischen Montag und Freitag trinkt Herr Fritz an ca. 2 bis 3 Tagen zum Einschlafen noch 1 Bier. Wenn Herr Fritz auf Feste und Feiern geht, ca. 2–3 Mal im Monat, dann trinkt er ungefähr 8 bis 9 Bier. Nicht im Traum käme Herr Fritz auf die Idee, dass er ein Alkoholholproblem haben könnte, gar Alkoholiker sei. Viele seiner Arbeitskollegen und Freunde trinken nicht weniger, sagt Herr Fritz. Freilich wolle er nie wieder unter Alkoholeinfluss Auto fahren, was er dem Gutachter bei der Medizinisch-Psychologischen Untersuchung auch ausführlich erklärt.

Vom Gutachter bekommt Herr Fritz ein negatives Gutachten, da er unter anderem eine abstinente Lebensweise nicht nachweisen kann und die eigentlichen Hintergründe seines schädlichen Alkoholgebrauchs nicht erläutert hatte. Abstinente Lebensweise bedeutet, dass ich keinen Alkohol mehr trinke, nicht nur während des Autofahrens, sondern dass ich in meinem ganzen Leben keinen Alkohol mehr trinke. Folgender Dialog kann tendenziell zu einem negativen Gutachten führen:

Gutachter: Herr Mauermeister, seit wann leben Sie abstinent?

Mauermeister: Seit Februar 2000.

Gutachter: Seit Februar trinken Sie absolut gar keinen Alkohol mehr? Auf Festen, auf Feiern, zu Silvester, an Geburtstagen?

Mauermeister: Zu Silvester habe ich noch mal ein Glas Sekt getrunken. Aber sonst trinke ich nichts.

Gutachter: Alkoholfreies Bier?

Mauermeister: Ja, manchmal.

Das Glas Sekt zu Silvester, ja und selbst das "alkoholfreie" Bier gelten für den Gutachter in der Regel als Abbruch der Abstinenz, als nie begonnene Abstinenz oder als Rückfall. Wer im Herbst mit der Abstinenz beginnt und zu Silvester wieder zwei Glas Sekt trinkt, hat nicht abstinent gelebt, sondern "nur" eine "Trinkpause" eingelegt, so ("radikal") zumindest denken viele Gutachter. Menschen, die das erste Mal zu einer Medizinisch–Psychologischen Untersuchung müssen, kennen diesen Anspruch der Gutachter gar nicht. Abstinenz ist der Verzicht auf jeglichen Alkohol, auch auf das sogenannte "alkoholfreie" Bier. Das alkoholfreie Bier steht im Geschmack dem alkoholhaltigen Bier in nichts nach. Alkoholfreies Bier enthält ebenfalls Alkohol, wenn man sich damit auch nicht betrinken kann. Es gibt nur sehr wenige Fälle, in denen der Gutachter dem Klienten glaubt, dass er selbst bei einem festgestellten Wert von 1,6 Promille in Zukunft "kontrolliert" Alkohol trinken kann. Wer im Verkehr mit 1,6 Promille oder mehr aufgefallen ist, sollte sich zumindest über ein abstinentes Leben Gedanken machen und - wenn möglich - dem Gutachter die Praxis eines abstinenten Lebens nachweisen. Wie dieser Nachweis glaubhaft zu erbringen ist, versucht dieses Buch zu vermitteln. Der allergrößte Teil der Begutachteten hat überhaupt keine Informationen über die Begutachtungsleitlinien, die in den Berichten der Bundesanstalt für Straßenwesen (bast) veröffentlicht sind. Der Gutachter bei einer Medizinisch-Psychologischen Untersuchung orientiert sich stets an diesen Richtlinien. Alle in Deutschland zugelassenen Institutionen für Begutachtungen halten sich an diese Richtlinien, dazu gehören unter anderem der TÜV, die AVUS, die DEKRA, die PIMA, die Dr. Mahnke und Partner GmbH in Ludwigshafen. Nach diesen Richtlinien hat jede Person Alkoholmissbrauch betrieben, die wiederholt mit Alkohol im Straßenverkehr aufgefallen ist. Die Leitlinien weisen darauf hin, dass manche Personen selbst bei 1,6 Promille keine Anzeichen einer Alkoholwirkung erkennen ließen, zum Beispiel keine Schlangenlinien gefahren sind. Hier sieht der Gutachter oft Hinweise auf eine schwerere Abhängigkeitsentwicklung vom Alkohol (Hinweis auf erheblichen schädlichen Gebrauch des Alkohols aus ganz speziellen persönlichen Gründen). Vielen begutachteten Menschen wird ein lang andauernder (chronischer) Alkoholkonsum mit einer Gewöhnung an hohe Mengen (hohe Dosen) Alkohol unterstellt. Dabei wird auch vermutet, dass die kritische Selbstkontrolle auf dem Weg des Alkoholmissbrauchs verloren wurde. Das bedeutet ganz klar, der Psychologe geht davon aus, dass der Klient sein Verhalten mit Alkohol dahingehend geändert haben sollte, dass er nie mehr Alkohol konsumiert, unabhängig davon, ob er am Straßenverkehr teilnimmt oder nicht, unabhängig davon, ob er den Führerschein zurück erhält oder nicht. Im Psychologendeutsch heißt dies: Die Änderung im Umgang mit Alkohol muss stabil und motivational gefestigt sein (Motive (¦)).

Konkret kann dies bedeuten:

> **1.)** Es ist ein angemessenes Wissen um die Wirkungen des Alkohols vorhanden. Auch ist die sogenannte Widmark-Formel zur Berechnung von Promillewerten bekannt und die Berechnung bezüglich des Abbaus von Alkohol im Körper kann aufgezeigt werden (wird in diesem Buch erklärt).

2.) Es ist bekannt, warum eigentlich Alkohol konsumiert wurde. Gründe wie Feiern, Geselligkeit, Genuss oder Spaß sind meist nicht ausreichend. Gründe, die psychologisch nachvollziehbarer erscheinen, werden in diesem Buch erläutert und beziehen sich vor allem auf die sogenannten "inneren Motive" (Motive (¦)) und Zusammenhänge.

3.) Die Abstinenz vom Alkohol beträgt mindestens 6, besser 12 Monate und der Willen ist vorhanden, lebenslang abstinent zu sein (dies wird nicht von allen Gutachterstellen und Gutachtern so absolut gesehen, es kommt dabei tatsächlich auf den Einzelfall an). Der Gutachter lässt sich nur sehr selten davon überzeugen, dass jemand trotz 1,6 Promille oder mehrfacher Auffälligkeit mit Alkohol das Alkoholtrinken und das Autofahren dauerhaft trennen kann und somit weiterhin nicht alkoholabstinent leben muss. Möglicherweise wird sich diese Sichtweise mit den Programmen von Suchtberatungsstellen (Trainingskursen) zum ambulanten kontrollierten Trinken und der Entwicklung neuer Medikamente in einigen Jahren ändern. Heute sind diese Trainingsprogramme noch umstritten.

4.) Der Verzicht auf Alkohol, die Abstinenz, werden grundsätzlich positiv erlebt, und der Klient kann zahlreiche Beispiele für dieses positive Erleben nennen. Der Klient Herr Schmidmaier erzählte dem Gutachter zum Beispiel, dass er sich in einem Fitnesscenter vor 6 Monaten angemeldet hat und diesen regelmäßig zweimal in der Woche besucht. Er sagte, dass er spürt, wie er mehr Kondition hat, beim Treppensteigen im Alltag wieder richtig Luft bekommt und dass er im Fitnesscenter Vorträge über gesunde Ernährung gehört hat und seine eigene Ernährung umstellte. Er ist froh, dass er sich zu einer abstinenten Lebensweise entschließen konnte.

5.) Der Klient kann bei der Begutachtung beschreiben, wie es zu der Alkoholabstinenz kam und wie sie durchgehalten wird. Welche Motive (vor allem "innere Motive") gibt es, keinen Alkohol mehr zu trinken?

6.) Die Probleme aus der Kindheit, der Familie, der späteren Welt des Erwachsenseins sind wenigstens in Teilen bekannt und bearbeitet. Manche Gutachter geben im Untersuchungsgespräch zu diesem Punkt auch Hilfestellung. Allerdings kann nur ein sehr offener und kooperierender Klient diese Hilfestellung dann auch erkennen.

Nach den Richtlinien für die Gutachter (amtliche Begutachtungsleitlinien) werden zumeist regelmäßige ärztliche Untersuchungen von dem Klienten erwartet, bei dem die Leberwerte ermittelt werden müssen. Regelmäßig bedeutet ungefähr alle 6 Wochen. Die Namen dieser Labortests lauten Gamma-GT, GOT, GPT, MCV, CDT und Triglyzeride. Ihr Arzt kennt diese Bezeichnungen. Viele Leser werden sich vielleicht jetzt schon wie ein Schwerverbrecher vorkommen. Trotzdem, sie sollten diese Werte unbedingt bei der Begutachtung vorlegen. Wer bestimmte Medikamente nehmen muss, Hepatitis oder andere relevante Erkrankungen hat, die sich auf die Leberwerte auswirken, sollte sich die Erkrankung oder die notwendige Einnahme eines Medikamentes unbedingt von seinem Arzt bestätigen lassen und diese schriftliche Bescheinigung dem anwesenden Mediziner (oder dem auch anwesenden Psychologen) bei der Begutachtung vorlegen. Die Labortests müssen in der Regel stets selbst bezahlt werden. Natürlich können auch Personen eine positive MPU erzielen, deren Leber bereits durch den Alkoholgebrauch geschädigt ist. Diese Schädigung sollte ebenfalls in einem medizinischen Gutachten dargelegt und das Schreiben bei der MPU vorgelegt werden.

Vergleichen Sie Ihre Laborwerte (Leberwerte) mit den hier genannten Grenzwerten.

Name des Wertes	Norm	Normalisierung der Werte bei Abstinenz
GGT	Normwert bis 28 U/L Männer Normwert bis 18 U/L Frauen	2-5 Wochen
GPT	Normwert bis 23 U/L Männer Normwert bis 22 U/L Frauen	1-4 Wochen
GOT	Normwert bis 18 U/L Männer Normwert bis 15 U/L Frauen	1-3 Wochen
MCV	Normwert bis 93 FL Männer und Frauen	1-3 Monate

Sollten Ihre Grenzwerte nicht in diesen Bereichen angesiedelt sein, obwohl Sie schon 6 Monate keinen Alkohol mehr trinken, so lassen Sie sich von Ihrem Arzt beraten, woran dies liegen könnte.

Beachten Sie vorab schon einige wichtige Grundregeln:

1.) Seien Sie grundsätzlich kooperativ im Gespräch mit dem Gutachter, reden Sie offen und möglichst entspannt über ihr Leben. Vermeiden Sie in jedem Fall Aggression(en) gegenüber dem Psychologen. Verhalten Sie sich nicht vorsichtig taktierend, denn ein solches Benehmen ist eben nicht offen und authentisch (kein Schauspiel). Der Gutachter übt lediglich seinen Beruf aus und ist gehalten, sich an sein psychologisches Wissen und an die gültigen Richtlinien zu halten. Diskussionen mit dem Gutachter sind in der Regel sinnlos, da nahezu kein Klient vergleichbares psychologisches und soziologisches Expertenwissen vorweisen kann, geschweige denn die Begutachtungsrichtlinien kennt.

2.) Gehen Sie gut vorbereitet in das Gespräch, das heißt, mit dem nötigen Wissen über Alkohol, mit den erforderlichen Daten zu ihrer Person im Gedächtnis. Darüber hinaus gilt es, die wichtigsten Regeln zu kennen, die der Gutachter im Gedächtnis hat, um Sie zu beurteilen und seine Prognose (positives oder negatives Gutachten) zu treffen. Über diese Regeln informiert Sie das vorliegende Buch.

3.) Tragen Sie angemessene Kleidung, weder übermäßig gestylt noch in zerrissenen Jeans. Viele Gutachter gehen davon aus, dass Kleidung (wie auch die Körperhaltung) etwas über soziale Integration aussagt, darüber, wo Sie im Leben stehen. Darüber hinaus spielt die visuelle Wahrnehmung (wie sieht jemand aus) unbewusst eine Rolle. Natürlich gibt es auch Gutachter, die sich fragen, wieso löst Herr Grüner mit seinen 180 kg Körpergewicht, seinen fettigen Haaren und seiner dreckigen Jeans unangenehme Gefühle bei mir aus? Warum erscheint mir der Herr Niederke in seinem feinen Anzug und mit seinen großen goldenen Ringen an der linken und rechten Hand und seinen Lackschuhen, mit den Erzählungen über seine große Firma als arrogant und unsympathisch (siehe Narzissmus)? Was ich damit sagen möchte ist, dass Sie über Ihr äußeres Erscheinungsbild in dieser Situation nachdenken sollten.

4.) Gutachter sind Akademiker (haben studiert) und erwarten in aller Regel einige grundsätzliche Fähigkeiten von dem Begutachteten.

a.) Die Fähigkeit zur Selbstreflexion: Der Klient hat über sein eigenes Leben nachgedacht und ist dieses Nachdenken über das eigene Leben gewohnt. Viele Menschen leben als wären sie eine „Maschine", täglich dieselben Handlungen, die Jahre vergehen, immer dieselben Fernsehsendungen, aber fast keine Gedanken über den eigenen Lebensprozess. Zur Selbstreflexion ist Sprache nötig und grundlegend (auch stumme Menschen verfügen über eine „innere Sprache"). Es geht um die Fähigkeit, über das eigene Leben in einigermaßen zusammenhängenden Worten und Sätzen berichten zu können.

b.) Die Fähigkeit zur Differenzierung: Das Leben ist nicht nur gut oder nur böse. Niemand ist im Leben nur Gewinner oder nur Verlierer. Macht ist nicht einseitig verteilt. Lebenschancen sind nicht einseitig verteilt. Pauschalierungen und Generalisierungen sowie pauschale Abwertung von anderen Menschen und Gruppen sollten vermieden werden. Ein Klient sagte auf die Anfrage, wie es ihm bei den Anonymen Alkoholikern gefallen habe, „Das hat mir gar nichts gebracht". Dabei wird von ihm nicht wahrgenommen und bedacht, dass er dort zumindest einiges beobachtet haben müsste, Dinge gehört hatte, die grundsätzlich für das Leben von Bedeutung sein könnten. Diese Beobachtungen und Gedanken, die er sich dort gemacht hatte, hätten ihn doch zumindest nachdenklich machen müssen, haben also „etwas gebracht". Dies gilt auch dann, wenn er selbst nicht annährend in dem Umfang Alkohol konsumierte wie die Mitglieder der Gruppe Anonymer Alkoholiker.

Fallen und Schwierigkeiten im Untersuchungsgespräch

Manche Menschen, die in Ihrem Leben viel an Enttäuschungen, Verlusten und Ablehnung erfahren und eigene hohe Ideale (Beruf, Studium, attraktive Partner/in, Familie, finanzielle Sicherheit) nicht erreicht haben, entwickeln ein hohes Aggressionspotential gegen andere oder gegen sich selbst. Sie tun sich oft schwer, anderen Menschen zu vertrauen und gewöhnen sich manchmal eine aggressive, verletzende Sprache an. Nicht selten mangelt es ihnen an "Empathie". Wer sich in eine solche Sprache verstrickt hat steht sich letztlich oft selbst im Weg und kann diese Sprache auch während einer MPU nicht "abschalten", zieht möglicherweise "magisch" in seinem Leben noch mehr Ablehnung, Enttäuschung und Vertrauensbrüche auf sich. Benutzen Sie prinzipiell in dem Gespräch mit dem Gutachter keine Verallgemeinerungen und keine sogenannten "Killerphrasen". Folgende Negativbeispiele kommen in der Praxis leider immer wieder vor und begünstigen ein negatives Gutachten.

Herr Schmidt: Das ist ja unmöglich, bei 2 Bier pro Tag, bin ich da etwa Alkoholiker?

Frau Beierle: Wir haben auf Festen schon immer 5 bis 7 Bier getrunken, ist doch ganz normal.

Herr Kriegel: Es ist doch allgemein bekannt, dass Sie bei dem ersten Mal fast alle durchfallen lassen...

Frau Hindemit: Das geht Sie aber gar nichts an!

Herr Hubermann: Wenn Sie zugehört hätten, ich hatte doch schon gesagt...

Herr Maier:	Sie sind doch der Experte. Woher soll ich das wissen?
Frau Meisel:	Also gut. Jetzt erkläre ich es noch einmal.
Herr Törel:	Das sehen Sie völlig falsch.
Frau Herter:	Sie sitzen hier auf dem hohen Ross.

Es ist wichtig, sich bewusst zu machen, dass der Gutachter weder provozieren noch jemanden hereinlegen will. Er möchte sicherstellen, soweit das in maximal 45 Minuten (es gibt vereinzelt auch Gespräche, die deutlich über 60 Minuten dauern) möglich ist, ob Sie im Sinne der Gutachterrichtlinien gehandelt haben, das heißt in der Regel, keinen Alkohol mehr zu trinken und ihre Lebenssituation aufgearbeitet (bearbeitet) zu haben. Wenn Sie einen aggressiven Gutachter erwarten, dann werden Sie selbst aggressiv oder verängstigt und verschlossen reagieren, was nicht sinnvoll ist. Verallgemeinern Sie nichts, reden Sie nicht von "Normalität" ("Es ist doch normal, zwei Bier zu trinken"). In wissenschaftlichem Sinn ist "normal" ein sehr problematischer Begriff. Fragen Sie den Gutachter, wenn Sie eine seiner Fragen nicht verstanden haben. Agieren Sie auf keinen Fall wie Herr Herrmann, Frau Hieralda, Herr Müller oder Herr Schmidt.

Gutachter:	Wie kam es denn, dass Sie so viel Alkohol getrunken hatten?
Herr Herrmann:	Also das fragen Sie mich jetzt schon zum zweiten Mal. Ich meine, da muss man sich doch nicht wundern, wenn es an jeder Ecke Alkohol zu kaufen gibt. Da trägt doch die Gesellschaft Verantwortung. Ich bin nur einmal mit Alkohol Auto gefahren. Man wird behandelt wie ein

Schwerverbrecher. Aber LKW-Fahrer werden nicht kontrolliert. Und bei den ganzen Dorffesten kontrolliert kein Mensch. Ist ja klar, da sind ja auch die Freunde der Polizei und des Bürgermeisters anwesend. Und als bei uns der Landrat seinen Führerschein verloren hatte, der bekam den ganz schnell wieder. Aber mit uns kann man es ja machen, so war es schon immer.

Gutachter:	Wie kam es denn, dass Sie so viel Alkohol getrunken hatten?
Frau Hiralda:	Wenn man in seiner Familie in so einer Gesellschaft aufgewachsen ist, da hat man doch gar keine andere Wahl, da muss man trinken. Aber man hat ja jetzt auch alles getan, alle Kurse besucht, Selbsthilfegruppen, alles, jetzt will man aber auch den Führerschein wieder.

Das Wort "man" statt "ich" signalisiert in der Regel Abwehr. Gutachter sind darauf spezialisiert, Abwehr und Widerstand (psychoanalytische Begriffe) herauszufiltern. Viel Abwehr weist auf eine Lebenssituation hin, die kaum hinreichend aufgearbeitet (bearbeitet und in diesem Sinne reflektiert) wurde, was eher ein negatives Gutachten nach sich ziehen könnte.

Gutachter:	Herr Müller, wie wollen Sie in Zukunft verhindern, wieder mit Alkohol aufzufallen?
Herr Müller:	Also, ich bin mir da absolut sicher, dass mir so etwas niemals mehr passiert. In Zukunft passe ich auf. Es war einfach dumm und unüberlegt von mir, an diesem Abend noch in das Auto zu steigen. Eigentlich habe ich Alkohol im Straßen-

verkehr schon immer abgelehnt. Mittlerweile kann ich mich da gut abgrenzen. Ich stehe dann nach dem zweiten Bier einfach auf und gehe.

Diese pauschale Argumentation wird von vielen Gutachtern eher als "selbsttäuschender Optimismus" eingestuft. Warum sollte es jetzt plötzlich einfach sein, nach dem zweiten Bier aufzustehen? In Trinksituationen ist für Menschen, die Alkoholmissbrauch betrieben haben, die Verhaltenskontrolle nicht so "einfach" herzustellen. Der Klient sollte hier kritisch und konkret angeben, wie er in Zukunft mit Alkohol umgehen will und wo er diese neue Verhaltensweise gelernt und bereits erprobt hat.

Gutachter:	Herr Müller, sie sind am 15.11. von der Polizei in der Klugmannstraße gestoppt worden.
Herr Müller:	Die Polizei wollte mich wohl erwischen. Sie haben mich verfolgt. Das ist nicht das erste Mal. In meiner Gemeinde hatte mich die Polizei seit jeher beobachtet. Meinen Bruder haben sie auch schon einmal verfolgt. Erwischt haben sie ihn aber nicht, er war klüger und hatte nämlich nichts getrunken.

Die Polizei hat die Aufgabe, für Sicherheit und für eine gewisse Ordnung zu sorgen. Sie passt auf, stoppt und kontrolliert. Die Argumentation von Herrn Müller lässt erahnen, dass er sich als Opfer erlebt, das von der Polizei beobachtet, "verfolgt" und schließlich "erwischt" wurde. Es muss unbedingt davon abgeraten werden, sich bei der Begutachtung als "Opfer" zu präsentieren. Der Anteil eigener Verantwortung und vor allem der eigene Lebensprozess, der zu der

Trunkenheitsfahrt geführt hat, ist zusammenhängend zu beschreiben. "Killerphrasen" und Vorwürfe müssen vermieden werden. Dies gelingt, indem man sich rechtzeitig vor einer Begutachtung damit auseinandersetzt.

Ablauf der MPU

Die MPU besteht aus drei Teilen, a) dem Reaktionstest am Bildschirm (ähnlich einem Videospiel), b) der ärztlichen Begutachtung und c) dem Gespräch mit der Psychologin oder dem Psychologen. Die Reihenfolge von a, b oder c ist variabel. Der Arzt soll feststellen, und die Ergebnisse des Stress- und Reaktionstestes am Bildschirm sollen Hinweise liefern, ob Leistungsbeeinträchtigungen durch Alkoholmissbrauch vorliegen. Dies ist nur sehr selten der Fall. Die Mehrzahl der Begutachteten scheitert an Punkt c, dem Gespräch mit dem Psychologen. Daher bezieht sich dieses Buch vor allem auf das Zusammenspiel (die Interaktion) zwischen dem Psychologen (Gutachter) und dem Klienten (Begutachteten). Wenn tatsächlich jemand an dem Reaktionstest scheitert, so darf er diesen in der Regel noch einmal wiederholen. Gelingt dieser Test auch ein zweites Mal nicht, so ordnet der Gutachter voraussichtlich eine Fahrprobe bei einer Fahrschule an. Die Fahrprobe ist bei der Fahrschule und dem Begutachtungsinstitut extra zu bezahlen.

Vorbereitungsphase
In der Regel versucht der Psychologe in dieser ersten Gesprächsphase, kurz nachdem der zu Begutachtende hereingekommen ist, besonders nett zu sein. Sein Ziel ist es, Vertrauen aufzubauen (der Fachbegriff nennt sich "Empathie" (empathisches Verhalten (¦)). Die meisten Klienten sind in dieser Phase erst einmal aufgeregt, nervös, vorsichtig. Der Psychologe bringt Ihnen Wertschätzung und Verständnis entgegen, spricht möglicherweise kurz über das Wetter, den Tag, die Hobbies. Manche Klienten sind hier bereits etwas verwirrt, weil Sie den Gutachter netter und freundlicher erleben, als sie sich das ursprünglich gedacht und wie sie dies aus Erzählungen gehört hatten. Menschen, die ein negatives Gutachten bekommen haben, ärgern sich im Nachhinein oft

ganz besonders über die erste Phase des Gesprächsverlaufes und beurteilen dann in ihrer Wut Gutachter als "verlogen" und "falsch". Allerdings gibt es auch Gutachter, die sich geradezu distanziert und "kalt" verhalten. Davon sollte man sich keinesfalls beirren lassen, sondern offen und freundlich, aber auch bestimmt, die Fragen beantworten.

Darstellungsphase
Frei und ungezwungen sollen Sie hier, im zweiten Teil des Gesprächs, Ihre gegenwärtigen Lebensumstände darstellen. Dazu gehört, ob Sie verheiratet sind, wo Sie arbeiten, wo Sie wohnen. Anschließend sollen Sie schildern, wie es zu der Alkoholfahrt gekommen ist. Hier erwartet der Gutachter eine in sich stimmige Erklärung, den Bericht über Motive der Fahrt mit Alkohol, Besonderheiten an diesem Tag. Manche Klienten stellen sich als Opfer einer problematischen Entwicklung hin. Herr Bruneike erzählte, dass es geregnet habe, dass es keine Taxis gab und so sei er schließlich in sein Auto gestiegen. Die Straße war nass und an der Stelle, wo er von der Straße rutschte, passieren jedes Jahr schlimme Unfälle, weil die Verkehrsführung so ungünstig ist, aber die Verkehrsbehörde der Stadt nichts unternimmt. Dabei sagte Herr Bruneike, er sei ein sehr guter Autofahrer, der seit Jahren unfallfrei gefahren ist. Psychologen nennen diese Darstellung "externale Attribution" (Externalisierung von Problemen (¦)). Das bedeutet, die betreffende Person hat sich nicht mit sich selbst auseinandergesetzt, macht "Äußerlichkeiten" für das Geschehen verantwortlich und ist damit auf dem besten Weg zu einem negativen Gutachten. Herr Helbrecht sagte in dieser Phase des Gesprächs, dass er durch den Alkohol so enthemmt war, dass er, obwohl die Straße regennass war, ins Auto gestiegen sei. Er hat zwar schon gemerkt, dass es ihm schwer gefallen ist, die Kontraste auf der nassen Straße noch wahrzunehmen, aber der Alkoholspiegel war doch so hoch, dass er glaubte "irgendwie schaffe ich das schon". Dabei betont er, dass er an diesem Abend so viel Alkohol

36

trank, weil er sich allein gefühlt hatte und eifersüchtig auf seine Frau war. Er hat sich dabei so belastet gefühlt, dass er sich um das Autofahren oder Nicht-Fahren keine Gedanken mehr machte. Herr Helbrecht sucht die Gründe für seine Verkehrsteilnahme im alkoholisierten Zustand (und bei einem Unfall) bei sich selbst. Psychologen sprechen in diesem Fall von "internaler Attribution" (siehe Externalisierung von Problemen (¦)) und Herr Helbrecht ist damit eher auf dem Weg zu einem positiven Gutachten. In dieser Phase geht es letztlich auch darum, zusammenhängend a) das eigene Fehlverhalten darzustellen und einzugestehen, b) die Lösung des Problems (des Alkoholproblems) zu schildern und dabei die "inneren Motive", die zum Alkoholkonsum geführt haben, zu berücksichtigen (Angst, Überforderung, Unsicherheit, Einsamkeit, Wut, Enttäuschung, Ärger in Konflikten, Hilflosigkeitsgefühle, Gefühle des Ausgeliefertseins) und c) zu erklären, wie sich das eigene Verhalten geändert hat, was neu gelernt wurde (zum Beispiel, wie und wo Herr Helbrecht die Einsamkeit überwunden hat, und wie und wo er es geschafft hat, mehr Menschen kennen zu lernen; wo und wie Frau Delke gelernt hat, mit den Überforderungen in ihrer Arbeit und mit ihrem Chef und mit ihrer Angst vor Kritik fertig zu werden). Dabei muss berücksichtigt werden, dass diese Änderung im Verhalten, die Anwendung des neu Erlernten (zum Beispiel durch Offenheit Menschen kennen zu lernen) seit mindestens 6 Monaten realisiert sein sollte. Abschließend sollte in dieser Gesprächsphase das eigene frühere Fehlverhalten (zum Beispiel übermäßiger Alkoholkonsum) sehr kritisch angesprochen werden und die davon ausgehende Gefahr erkannt worden sein. Herr Trulka sagte: "Erst vor 8 Monaten, als ich begann, konsequent abstinent zu leben und auch Bücher über Alkoholmissbrauch gelesen habe, wurde mir wirklich klar, in welcher gefährlichen Situation ich war. Die Angst vor Einsamkeit, die Unfähigkeit, Kontakte aufzubauen, habe ich mit Alkohol betäubt. Ich stand mir selbst im Weg. Gleichzeitig hat der Alkohol verhindert, dass ich mich mit dem Problem, Angst Kontakte aufzubauen, abgelehnt zu werden, wirklich auseinander setzen konnte. Dann noch mit Alkohol Auto zu fahren bedeutet ja, mich selbst und andere in Lebensgefahr zu bringen, worüber ich damals nicht im Ansatz nachdachte. Seitdem hat sich mein Leben, ich möchte sagen, seit meiner Alkoholabstinenz, sehr positiv verändert". Offenheit, Ehrlichkeit und Selbstkritik sind in dieser Gesprächsphase mit dem Gutachter unverzichtbar.

Ergänzende Fragen und Rückmeldungen

In dieser Phase stellt der Gutachter Rückfragen und gibt Rückmeldungen. "Herr Schmidt, ich habe noch nicht verstanden, was ihr Alkoholkonsum mit ihrer Tätigkeit in diesem Betrieb zu tun hatte?" Viele Klienten empfinden sich plötzlich als Lügner, wenn der Psychologe zurückfragt. Deshalb beginnen Sie nun, sich zu rechtfertigen. "Es gab nur einen Grund zu trinken, weil mein Chef ein unmöglicher Mensch ist!" Rechtfertigung läuft dann oft so ab, dass Sie "mehr desselben" erzählen. "Mehr desselben" zu erzählen bedeutet, dass die einmal eingeschlagene Richtung bezüglich der erläuterten Rechtfertigungen beibehalten wird, obwohl der Psychologe weiterhin kritisch nachfragt. Der Chef wird als schwieriger Mensch beschrieben, und als ob das nicht reicht, wird nach weiteren Nachfragen des Gutachters auch die eigene Partnerin und persönliche finanzielle Situation als problematisch dargestellt. Wichtiger ist aber, genau darauf zu hören, was dem Psychologen noch fehlt, um Sie zu verstehen. Der Klient fragt den Gutachter: "Was genau, Herr Maier, ist Ihnen da noch nicht klar?". Gutachter: "Nun, mir ist noch nicht klar, welches Gefühl Sie in dem Betrieb, im Umgang mit Ihrem Chef hatten und wieso Sie dann zum Alkohol griffen?". Klient: "Ich habe mich überfordert gefühlt. Die Aufgaben wurden immer mehr, gleichzeitig hatte ich Angst, mich mit meinem Chef auszusprechen und gekündigt zu werden. Der Alkohol hat mich dann betäubt, mir die Ängste für einige Zeit genommen und ich konnte so entspannen, freilich war der Kopf am nächsten Morgen stets um so schwerer und meine eigene Verfassung entsprechend schlecht."

Sachstandsmitteilung und Beratung

Optimal ist, wenn der Gutachter am Ende eine Rückmeldung geben kann, ob er eine positive oder negative Prognose (positives oder negatives Gutachten) geben wird und erklärt, warum es sich so verhält. Manchmal war ein Gespräch jedoch so komplex und vielfältig, dass der Gutachter selbst noch Zeit zum Nachdenken benötigt und daher erklären wird, dass er im Moment noch keine Rückmeldung geben möchte, was für den Klienten Stress bedeutet, denn für ihn bleibt die Ungewissheit. Manche Klienten wollen am Schluss noch mit dem Gutachter diskutieren, davon ist auf jeden Fall abzuraten.

Bei dem Gespräch mit dem Psychologen können Sie sich auf folgende Teile vorbereiten:

Teil 1.:

Gutachter: Bitte schildern Sie doch kurz Ihren Lebenslauf und ihre gegenwärtige Lebenssituation, Ihre gegenwärtigen Lebensverhältnisse! Was machen Sie zur Zeit? Wie leben Sie? Was ist Ihr Beruf?

Hier reicht es, wenn Sie deutlich und offen sagen, ob Sie einen Beruf ausüben, verheiratet sind, eine Lebenspartnerin haben oder allein leben, Kinder haben (in welchem Alter?). Nicht zu vergessen ist, wo Sie wohnen. Abschließend sollten Sie betonen, dass Sie mit ihrem aktuellen Leben zufrieden sind. Das ist wichtig, weil der Gutachter erwartet, dass Sie ein Leben in einer "positiven Balance" führen, was die Wahrscheinlichkeit eines Rückfalls in den Alkoholmissbrauch eher verringert. Schon am Anfang des Gespräches sollten Sie offen und freundlich sein. Wer einen inneren Hass auf den Gutachter hat, der wird sich hier sehr schwer tun. Mangelnde Offenheit und fehlende Kooperationsbereitschaft des Begutachteten können Punkte sein, die ein negatives Gutachten später begünstigen.

Teil 2.:

Gutachter: Bitte schildern Sie Ihre Trunkenheitsfahrt, bzw. den Tag, als Sie mit Alkohol gestoppt wurden.

Sie sollten über die näheren Umstände berichten, die an diesem Tag zu der Alkoholfahrt geführt haben. Wichtig ist dabei, dass Sie am Ende Ihrer Ausführungen Ihre heutige Einstellung zu dem damaligen Vorfall kurz ausdrücken. Sie sollten die Fahrt unter Alkoholeinfluss aufrichtig bedauern und erkannt haben, in welche Gefahr Sie sich und andere Menschen gebracht haben.

Teil 3.:

Gutachter: Bitte berichten Sie über Ihre Konsumgewohnheiten! Welche Funktionen hat der Alkohol für Sie gehabt? Welche Bedeutung hat der Alkohol für Sie gehabt? Warum haben Sie ("viel") Alkohol getrunken?

Dies ist der umfangreichste und stark ausdifferenzierte Teil Ihrer Ausführungen. Folgende Aspekte sollten Sie berücksichtigen:
- Erzählung über den Beginn und die Entwicklung Ihres Alkoholkonsums,
- persönliche Ursachen und ("innere") Motive (!) des Problemverhaltens mit Alkohol (Einsamkeit, Angst, Überforderung, Wut, Verzweiflung, innere Leere nach einem Verlust bzw. Trauerfall, Überforderung und Verzweiflung bei ungelösten Konflikten, negative Erfahrung nach

Ablehnung der eigenen Person durch einen Partner, Freund ...),
- zwischenzeitliche Erfahrungen mit Alkohol und deutliche Distanzierung vom Alkohol,
- Verhaltens– und Einstellungsänderungen zum Alkohol erläutern,
- deutlich erläutern, warum ich keinen Alkohol mehr trinke ("innere Motive").

Teil 4.:

In einem möglichen letzten Teil sollte ich darauf vorbereitet sein zu erläutern, warum gerade ich anfällig für den Sucht-mittelmissbrauch war. Wenn ich auch diese Frage schlüssig erläutern kann, bin ich in aller Regel auf dem Weg zu einem positiven Gutachten. Dabei sind die eigene Kindheitssitua-tion, die eigene Entwicklung bis hin zum Alkoholsmissbrauch zu berücksichtigen. Die "Vorteile" des Alkoholmissbrauchs können benannt werden. "Vorteilhafte" Wirkungen sind, dass Ängste verschwanden, dass Hemmungen überwunden wur-den, dass Erwartungen hinsichtlich eigener hoher Ideale (zum Beispiel berufliche Karriere, glückliche Familie), die bis-her nicht erreicht wurden, nicht als so schmerzhaft empfun-den wurden. Auch innere Leere und mangelnde Motivation oder depressive Phasen können in der Phase des Alkohol-missbrauchs verschwunden sein. Daneben stehen freilich die Nachteile des Alkoholmissbrauchs. Neben den körperli-chen und sozialen Folgen ist auch entscheidend, dass das eigentliche Problem, zum Beispiel die Bewältigung eigener Ängste, mit Alkohol nicht dauerhaft gelöst wurde.

Das negative Gutachten

Gutachter:	Herr Mayer, wie kam es denn zu der Trunkenheitsfahrt?
Mayer:	Also, das weiß ich auch nicht mehr. Ich habe da gar keine Erinnerung.
Gutachter:	Sie sind noch 2 km gefahren?
Mayer:	Na wissen Sie, wie soll ich das wissen, wie weit das war. Irgendein Freund hat mich nach Hause gebracht, nachdem das Auto irgendwo im Straßengraben war.
Gutachter:	Was ist dann passiert?
Mayer:	Dann kam die Polizei.
Gutachter:	Und?
Mayer:	Na die wollten die Blutprobe. Am nächsten Morgen war das Auto auch schon abgeschleppt.
Gutachter:	Wie viele Promille hatten Sie?
Mayer:	Das muss doch in den Unterlagen stehen. Es war, hm...2,3 Promille, glaube ich.
Gutachter:	Wie viel haben Sie denn getrunken?
Mayer:	Also, normalerweise trinke ich nicht viel.
Gutachter:	Wie viel haben Sie an diesem Tag getrunken?
Mayer:	2 Bier und dann noch 2 Schnaps.
Gutachter:	Wie erklären Sie sich die hohe Promillezahl von 2,3 Promille?
Mayer:	Das hab ich mich auch schon gefragt. Vielleicht hat mir an dem Abend irgend jemand noch Schnaps in das Glas geschüttet. So etwas kommt ja vor.

Kommentar: Auch wenn Herr Mayer an die Trunkenheitsfahrt keine Erinnerung mehr hat, so hätte er später grundsätzlich die Daten recherchieren müssen. Wann habe ich an dem Tag, als ich gestoppt wurde, den ersten Schluck Alkohol getrunken? Wie viel habe ich im Verlauf dieses Tages getrunken? Wann bin ich in das Auto gestiegen? Wann bin ich losgefahren? Wie weit bin ich gefahren? Was ist noch an diesem Tag (in dieser Nacht) passiert? Da die Promillezahl amtlich verbürgt ist, sollte Herr Mayer auch errechnen, wie viel Bier und Schnaps er getrunken haben muss, um diese Promillezahl zu erreichen. Die Erklärung von Herrn Mayer, jemand habe ihm etwas in das Bier geschüttet, nennen Psychologen "Externalisierung" (¦), das bedeutet vereinfacht, die Verantwortung wird vom Klienten (Person, die begutachtet wird) an äußere Umstände abgeschoben. Letztlich ist es doch sehr unwahrscheinlich, dass Herrn Mayer etwas in das Bier geschüttet wurde. Wenn es tatsächlich aber doch so gewesen sein sollte, dann hätte er Strafanzeige stellen müssen.

Gutachter: Herr Mayer, erzählen Sie doch mal, wie es zu der Trunkenheitsfahrt kam.

Mayer: Ich bin damals, genau weiß ich das Datum nicht mehr, ins Auto gestiegen und nach Hause gefahren.

Kommentar: Ich muss das Datum meiner Alkoholfahrt genau kennen. Ebenso sollte ich wissen, welche Strecke ich mit dem Auto gefahren bin, wie viele Kilometer. Zu welcher Uhrzeit bin ich ungefähr losgefahren, und wann kam ich an? Es ist ausreichend, wenn ich diese Daten ungefähr weiß, ich muss es nicht auf die Minute genau festgestellt haben. Schreiben Sie sich diese Daten auf, gehen Sie in Gedanken die Strecke durch, die Sie gefahren sind! Welches Wetter war an diesem Tag? Wer hat noch in Ihrem Auto gesessen? Seien Sie auch hier in Ihrer Grundhaltung offen und gesprächsbereit, ohne Aggression. Je mehr Sie darüber wissen, um so deutlicher zeigt dies, dass Sie den Vorgang nicht verdrängt, sondern bearbeitet haben.

Gutachter: Ist an diesem Tag etwas Besonderes passiert?

Mayer: Eigentlich nicht.

Kommentar: Was bedeutet das Wort "eigentlich"? Der Gutachter hat genau gelernt, auf solche Zwischentöne zu hören, und er hat jahrelanges Training darin. Sie sind an diesem Tag gestoppt worden, und Sie hatten Alkohol im Blut. Da Sie sicher nicht jeden Tag mit einer solchen Dosis Alkohol Auto gefahren sind, war wahrscheinlich schon die Polizeikontrolle etwas Besonderes. In jedem Fall war dieser Tag anders als die anderen Tage. Sie haben Ihren Führerschein verloren, mussten in Folge einen Gerichtsprozess durchstehen und wurden zur Psychologischen Untersuchung gebeten. Irgend etwas war an diesem Tag anders. Vielleicht hatten Sie irgendeinen Ärger? Möglicherweise wollten Sie auf einer Party irgendeine Person ansprechen, emotional erreichen, und das hat nicht geklappt? Vielleicht war irgend etwas Besonderes vorgefallen? Vielleicht wollten Sie gerade an diesem Tag einige belastende Dinge vergessen und sich von einem Ärger erholen, entspannen?

Gutachter: Sind Sie schön öfter mit Alkohol Auto gefahren?

Mayer: Nein, nie.

Kommentar: Der Gutachter weiß, dass auf jede entdeckte Alkoholfahrt sehr viele nicht entdeckte Fahrten kommen (mehrere hundert Alkoholfahrten kommen statistisch auf eine entdeckte Alkoholfahrt). Er wird selten glauben, dass Sie nur ein einziges Mal mit Alkohol gefahren sind. Es gab sicher schon mehrere Situationen, bei denen Sie unter Alkoholeinfluss gefahren sind. Es schadet Ihnen nichts, wenn Sie dies an dieser Stelle auch offen sagen. Sollte es tatsächlich Ihre allererste Fahrt mit Alkohol gewesen sein, so müssen Sie sehr genau und im Detail begründen, was an diesem Tag vorgefallen ist. Denn jetzt ist klar, dass an diesem Tag etwas sehr Besonderes und Belastendes passiert sein muss. Ihre Leberwerte müssen beständig niedrig sein. Wer nur einmal mit Alkohol gefahren ist, keinen chronischen Alkoholkonsum hatte, also nicht seit längerer Zeit vermehrt Alkohol konsumiert hatte, der muss ja auch nicht abstinent leben, sondern kann weiterhin kontrolliert Alkohol trinken, weil er das Trinken von Alkohol und das Autofahren trennen kann. Das heißt, hier muss sehr differenziert begründet werden, wie er oder sie in Zukunft möglichst sicher verhindern wollen, dass wieder eine Alkoholfahrt vorkommt.

Gutachter: Herr Mayer, Sie sind mit 1,6 Promille gestoppt worden. Wie kam es zu dieser Promillezahl?

Mayer: Na ja, ich war mit einigen Kollegen nach der Arbeit noch in der Kneipe und habe dann 2-3 Bier getrunken.

Kommentar: Mit 2 bis 3 Bier kommen Sie nur dann auf 1,6 Promille, wenn Ihre Leber bereits angegriffen (oder geschädigt) und in ihrer Funktion beträchtlich eingeschränkt ist. Der Gutachter erwartet von Ihnen, dass Sie im Rahmen der Aufarbeitung Ihrer Geschichte ausgerechnet haben, wie viel Sie wirklich getrunken haben müssen. Wie man das macht, erfahren Sie in dem Kapitel Berechnung.

Gutachter: Berichten Sie bitte etwas über Ihre gegenwärtigen Lebensumstände.

Mayer: Ich lebe von meiner Frau getrennt, habe eine kleine Firma für Werkzeugmaschinen. Ich bin auf den Führerschein angewiesen, sonst kann ich die Firma schließen.

Kommentar: Prinzipiell sollten Sie nicht ausführlich darstellen, dass Sie den Führerschein unbedingt wiederhaben müssen. Erklärungen, dass ohne Führerschein Ihre Firma schließen muss, Ihr Arbeitsplatz verloren geht, Ihre Frau Sie verlässt und sonstige derartige Erzählungen vergessen Sie bei der MPU getrost. Sie haben Ihre Vergangenheit reflektiert (überdacht) und sind der Meinung, dass Sie nun keine Gefahr mehr im Straßenverkehr darstellen. Sie haben Vorkehrungen getroffen, damit Sie mit Alkohol nicht mehr auffallen. Bei einer positiven Prognose können Sie ja auch wieder als motorisierter Verkehrsteilnehmer am Straßenverkehr teilnehmen. Aber bitte merken Sie sich, der Gutachter soll das feststellen und Sie sollen zu diesem Zweck Fragen beantworten und etwas über sich erzählen! Sie sind nicht der Psychologe! Sprechen Sie dem Gutachter niemals seine Kompetenz in Fragen der Beurteilung ab. Sollte ihm die bisherige Aufarbeitung der eigenen Lebenssituation nicht ausreichen, dann möchten Sie gerne wissen, was sie weiter tun können. Und sagen Sie nicht, dass Sie den Führerschein unbedingt wieder brauchen, auch wenn das selbstverständlich in Ihrem Fall so sein mag. Zwar ist das unter Umständen ihre Wahrheit, ihr Anspruch interessiert den Gutachter aber selten oder gar nicht. Ihn interessiert, ob Sie in seinen Augen Ihre Lebensgeschichte aufgearbeitet und ihren Umgang mit Suchtmitteln geändert haben, damit sie zukünftig keine Gefahr mehr im Straßenverkehr darstellen.

Gutachter: Wie weit sind Sie denn mit dem Auto noch gefahren?

Mayer: Das waren nur 30 Kilometer, dann bin ich erwischt worden.

Kommentar: "Nur" 30 Kilometer? Wer mit 1,6 Promille und mehr unfallfrei 30 Kilometer fahren kann, der muss jahrelang

46

Alkohol trinken und Auto fahren unter Alkoholeinfluss trainiert haben. Zumindest denkt so der Gutachter. Jetzt wird er Ihnen eine gewisse Alkoholkarriere unterstellen. Beachten Sie, dass die Fahrstrecke oft in der Verkehrsakte festgehalten ist. Lügen lohnt sich hier nicht. Das bedeutet für Herrn Mayer, es waren nicht "nur" 30 Kilometer, sondern die beachtliche Strecke von 30 Kilometern. Außerdem sprechen Sie nicht davon, dass Sie "erwischt" wurden. "Erwischt" werden vielleicht Kinder, die in Nachbars Garten Kirschen stehlen, was tatsächlich eine lächerliche Bagatelle ist. Alkoholfahrten sind für den Gutachter niemals eine Bagatelle. Sagen Sie, "Ich bin gestoppt", "angehalten worden".

Gutachter: Wie sehen Sie die Alkoholfahrt heute?
Mayer: Na ja, es war Nacht, die Straße leer, da konnte nicht viel passieren.

Kommentar: Gerade in der Nacht nimmt die Fähigkeit zum Hell-Dunkel-Sehen, die Fähigkeit, Kontraste zu erkennen, erheblich ab. Die Blendempfindlichkeit nimmt erheblich zu. Es ist ein Wunder, dass niemand zu Schaden kam. Dass Herr Mayer insofern zu Schaden kam, dass er seinen Führerschein verloren hat, interessiert den Gutachter genauso wenig, wie die Geld- oder Freiheitsstrafe von Herrn Mayer. Den Gutachter interessiert: Hat Herr Mayer seine Lebens- und Alkoholgeschichte aufgearbeitet und kann somit möglichst ausgeschlossen werden, dass Herr Mayer wieder Alkohol trinkt und ein Fahrzeug unter Alkoholeinfluss fährt.

Gutachter: Sie sind an der Ampel Preisingstraße auf den Opel Corsa aufgefahren. Wie kam es dazu?
Mayer: Also, die Ampel war schon grün. Ich kam mit meinem BMW aus Richtung Drögelstraße, und die Frau in dem Opel Corsa fuhr einfach nicht los, obwohl Grün war.

Ich habe das Auto an der Stoßstange berührt und es ist etwas von der Straße gerutscht.

Kommentar: Wer mit einem großen Auto, in dem Fall BMW, auf einen kleinen Opel Corsa auffährt, dazu noch mit einem entsprechenden Blutalkoholgehalt, der kann vom Glück reden, wenn es keine Verletzten oder Toten gab. Der Frau die Schuld zuzuschieben, die nicht losfährt, obwohl die Ampel bereits auf Grün zeigt, ist nicht angemessen. Begriffe wie "leicht an der Stoßstange berührt" oder "etwas von der Straße gerutscht" sind ebenfalls zu vermeiden. Es bedarf dazu sehr großer Kräfte, und das Auto ist eher von der Straße katapultiert worden. Wenn trotzdem kein Personenschaden auftrat, dann war viel Glück im Spiel.

Gutachter: Sie haben ja einen Unfall verursacht. Wie kam es dazu?

Mayer: Die Kurve in der Lessingstraße ist absolut unübersichtlich. Hier hat es schon ganz viele Unfälle gegeben. Ich musste im Prinzip ausweichen, sonst hätte es einen viel schwereren Unfall gegeben. Zum Glück hatte ich viel Fahrpraxis und bin ein recht guter Autofahrer.

Kommentar: Herr Mayer scheint hier völlig zu vergessen, dass er alkoholisiert war. Jeder Autofahrer wird täglich mit schwierigen, unübersichtlichen und gefährlichen Situationen konfrontiert. Grundsätzlich ist und kann der Straßenverkehr nicht ungefährlich sein. Es lag wohl eher am Alkohol, dass er in der schwierigen Verkehrssituation einen Unfall verursacht hat. Alkoholisiert Auto zu fahren und sich als guten und erfahrenen Autofahrer zu loben, das passt für den Gutachter auf keinen Fall zusammen. Auch Argumente, dass Sie schon 20 Jahre unfallfrei fahren, sind untauglich. Schließlich konnten diese 20 Jahre unfallfreie Fahrpraxis nicht verhindern, dass Sie doch unter Alkoholeinfluss gefahren sind.

Gutachter: Herr Mayer, wann haben Sie zuletzt ähnlich viel Alkohol getrunken, wie an dem Tag der Alkoholkontrolle?

Mayer: Ich kann mich nicht erinnern. Gut, manchmal am Wochenende habe ich schon 2-3 Bier getrunken, aber das ist doch normal.

Kommentar: Man sollte seinen Alkoholkonsum genau kennen, wenn man zur Medizinisch-Psychologischen Untersuchung geht. Dass man nur einmal viel getrunken hat, und zwar an jenem Tag, wo man gestoppt wurde, glaubt der Gutachter eher nicht. Skeptisch wird er genau nachfragen. Vermeiden Sie prinzipiell Begriffe wie "normal". In der Wissenschaft kommt dieser Begriff nicht vor. Normal ist, wovon Sie glauben es sei "normal". Andere Menschen können völlige andere Vorstellungen haben, was "normal" ist, und deren Gedanken sind oft nicht weniger berechtigt als Ihre. Da helfen auch alle Logik, Ethik und Moral nicht weiter. Glauben kann jeder, was er will und der Begriff "normal" erscheint in diesem Zusammenhang nur schwammig, plakativ und verzerrend.

Gutachter: Herr Mayer, wie ist es denn zu der Trunkenheitsfahrt gekommen?

Mayer: Das hätte auf keinen Fall passieren dürfen. Ich habe einen Fehler gemacht.

Kommentar: Der Gutachter will wissen, WIE es dazu kam. Hier müsste Herr Mayer erzählen, was an diesem Tag passiert ist. Wo hat er den Alkohol getrunken? Wieso hat er Alkohol getrunken? Was für Gefühle haben Herrn Mayer an diesem Tag bewegt?

Gutachter:	Wie sahen denn Ihre früheren Trinkge-wohnheiten aus?
Mayer:	Ich habe eigentlich nie viel getrunken. Alkohol war schon in meiner Familie ver-pönt.

Kommentar: Wer mit 1,6 Promille gestoppt wurde, noch fähig war, in das Auto zu steigen, der musste schon seit Monaten oder gar Jahren einiges an Alkohol getrunken haben. Andernfalls wäre er kaum fähig gewesen, in sein Auto zu steigen und einige Kilometer zu fahren. Jemand, der nie Zigaretten raucht und dann plötzlich 2 Schachteln an einem Tag, der geht auch nicht mehr auf die Straße, sondern ver-bringt den Tag oder die Nacht auf seiner Toilette.

Gutachter:	Wenn Sie ganz ehrlich sind, hatten Sie schon einmal Alkohol getrunken und sind dann noch gefahren?
Mayer:	Nein, das war an diesem Abend das allererste Mal. Reiner Zufall.

Kommentar: An Zufälle glaubt der Gutachter nicht. Er geht davon aus, dass Sie nicht zum ersten Mal angetrunken oder betrunken Auto gefahren sind.

Machen Sie sich bewusst, dass Alkohol eine der bedeu-tendsten Unfallursachen ist und Sie lediglich Glück hatten, wenn keine Personen zu Schaden kamen. Auf jeden Fall können Sie dem Gutachter nicht erzählen, dass es Ihrem guten fahrerischen Können zu verdanken ist, dass nichts passierte. In Deutschland geht fast jeder fünfte Verkehrstote auf das Konto von alkoholisierten Kraftfahrern. Der Pro-Kopf-Verbrauch in Deutschland an reinem Alkohol liegt bei 10–12 Litern. Dabei werden von 10 Prozent der trinkfähigen Bevölkerung ganze 50 Prozent des Jahresverbrauchs an Alkohol konsumiert. All das weiß der Gutachter. Er hat die Bilder von Getöteten im Kopf. Er kennt die Krankenhäuser und Suchtkliniken, wo Menschen liegen und leben, deren Leber durch den Alkohol zerstört wurde, die an Krebs im Rachenraum oder Darm sterben, mögliche Begleiterscheinungen jahrelangen Alkoholkonsums.

Gutachter:	Frau Holthausen, hatten Sie Probleme mit Alkohol?
Holthausen:	Nein.
Gutachter:	Frau Holthausen, wie hat es sich gezeigt, wie haben Sie bemerkt, dass Sie keine Probleme mit Alkohol haben?
Holthausen:	Ich habe eigentlich nie besonders viel getrunken. Zur Zeit trinke ich gar keinen Alkohol.

Kommentar: Natürlich hatte Frau Holthausen Probleme mit Alkohol. Schließlich ist sie mit Alkohol Auto gefahren. Das ist für den Gutachter ein gravierendes Problem. Entweder sie ist mehrmals gestoppt worden oder sie ist einmal mit 1,6 Promille oder mehr angehalten worden. Dass sie "eigentlich" nie viel getrunken hat, glaubt der Gutachter keinesfalls. Dass Wort "eigentlich" gilt in diesem Zusammenhang als verharmlosend und bagatellisierend.

Gutachter:	Woran, Frau Holthausen, haben Sie beobachten können, dass Sie keine Probleme mit Alkohol haben?
Holthausen:	Hm, ich habe nicht mehr getrunken als die anderen.

Kommentar: Wer sind die anderen, Frau Holthausen? Vielleicht sind die "anderen" jene 10 Prozent der trinkfähigen

Bevölkerung, die 50 Prozent des Jahresverbrauchs an Alkohol in der Bundesrepublik trinken. Sich mit anderen Menschen bei der MPU zu vergleichen, ist in der Regel völlig unpassend.

Gutachter:	Herr Müller-Ende, woran merken Sie, dass Sie nicht mit Alkohol umgehen können?
Müller-Ende:	Ich bin einmal mit Alkohol am Steuer erwischt worden.

Kommentar: Benutzen Sie nicht Wörter wie "erwischt worden", oder "dumm gelaufen" , oder "ich habe Pech gehabt". Alkohol am Steuer ist für den Gutachter kein Bagatelldelikt. Sie sind mit Alkohol am Steuer "gestoppt" oder "angehalten" worden.

Gutachter:	Herr Müller-Ende, was hat sich bei Ihnen positiv verändert? Wann hat sich die Veränderung eingestellt?
Müller-Ende:	Eigentlich nicht viel.

Kommentar: Wenn sich nicht viel verändert hat, dann werden Sie auch kein positives Gutachten bekommen. Worte wie "eigentlich" sollte niemand in diesem Zusammenhang benutzen. Natürlich hat sich viel verändert. Wer auf Alkohol verzichtet, nach einem massivem Missbrauch, der wird gesünder sein, möglicherweise weniger Streit zu Hause haben, aktiver sein usw. Es hat sich viel verändert und diese positiven Veränderungen, die Ihnen gut tun, sollten Sie erläutern können. Wer auf Alkohol verzichtet, der muss in der Regel in seiner Beziehung auch einiges verändern. Menschen, die mit einem alkoholkranken Partner zusammenle-

ben, gelten als Co-Abhängige und bedürfen in der Regel
ebenfalls einer Therapie.

Gutachter: Sie sagen, Herr Blauer, in Ihrer Familie
                    hat sich viel geändert, seitdem Sie nichts
                    mehr trinken. Was hat sich geändert?
Blauer: Na, so viel auch nicht.

Kommentar: Das ist ein Widerspruch in sich. Es hat sich
doch wohl etwas geändert, zum Beispiel, dass man wieder
ernst genommen wird. Hier sollten konkrete Angaben
gemacht werden, beispielsweise, dass die betroffene Person
wieder auf den Elternabend ihrer Kinder geht, sich wieder um
Familienmitglieder kümmert, Verantwortung übernimmt.

Gutachter: Herr Hintermaier, ist Ihnen die Abstinenz
                    leicht gefallen?
Hintermaier: Ja. Es war für mich kein Problem, mit
                    dem Alkohol aufzuhören.

Kommentar: Es gibt Menschen, die hören von heute auf
morgen mit dem Alkohol geradezu zwanghaft auf. Sie
machen sich vor, dass ihnen das Aufhören leicht fällt. Wer
sich seine Lebensgeschichte in das Gedächtnis ruft, wer die
Gefühle, die mit dem Alkohol zusammenhängen, nicht
zwanghaft verdrängt, für diesen Menschen ist die Abstinenz
in den ersten Wochen und Monaten nicht leicht. Ein Suchtverhalten zu beenden ist in der Regel immer schwierig. Raucher wissen das genau. Es ist schwierig aufzuhören und
erfordert einen "eisernen" Willen und darüber hinaus noch
viel mehr, nämlich stimmige Motive. Angst vor Krebs wäre
ein solches Motiv, um zum Beispiel mit dem Rauchen aufzuhören. Um mit Alkoholmissbrauch aufzuhören, sind stimmige
und starke Motive notwendig. Man muss sich bloß den Spa-
ziergang am Biergarten im Sommer, die Gartengrillparty mit

den Freunden vorstellen, um zu wissen und zu spüren, dass Abstinenz anfänglich nicht leicht sein wird.

Gutachter: Frau Müller, was macht Sie so sicher, dass Sie nie mehr Alkohol trinken und fahren werden?

Müller: Na, ich bin da absolut sicher. Ich übe einen Beruf mit viel Verantwortung aus, habe zwei Kinder großgezogen. Ich weiß, was Verantwortung heißt, das können Sie mir schon glauben. Das ist mir nur einmal passiert.

Kommentar: Viele Personen erliegen in Ihren Darstellungen einem ausgebreiteten, "selbsttäuschenden Optimismus", wie Psychologen sagen würden. Wer zu einer MPU muss, hat in der Regel problematische Verhaltensweisen entwickelt und ist mit persönlichen Schwierigkeiten konfrontiert, die bereits seit (vielen) Jahren bestehen. Der Führerscheinentzug ist dann nur eine weitere "negative" soziale Rückmeldung. Frau Müller betrachtet sich innerlich als Verlierer, als gestraft und abgelehnt, stellt sich nach außen dann aber als erfolgreich und lebenserfahren dar, anstatt die wirklichen emotionalen Probleme, die Aspekte der eigenen Verletztheit, die neue Lernerfahrung und die damit zusammenhängenden "inneren" Motive darzustellen.

Probleme bei der Nennung "innerer" und "äußerer" Motive

Um zu handeln braucht jeder Mensch einen oder mehrere Antriebe. Wenn Sie zum Einkaufen in ein Lebensmittelgeschäft gehen, dann weil Sie Hunger haben. Oder Sie gehen los, weil Sie wissen, dass Sie bald Hunger haben werden. Das Motiv (¦), um einkaufen zu gehen, ist also Hunger oder das Bedürfnis nach Sicherheit, nämlich der Sicherheit, dass etwas zum Essen in ihrem Haus ist, wenn Sie Hunger bekommen. Hunger ist ein "inneres Motiv". Hunger entsteht in Ihnen, in Ihrem Körper, in Ihren Gedanken. Wenn Sie einkaufen gehen, weil Ihr Mann oder Ihre Frau gesagt hat, dass Sie doch bitte gehen sollen, so gehen Sie auf Grund eines "äußeren" Motivs zum Einkaufen, weil Ihre Frau es gesagt hat. Vielleicht gehen Sie auch zum Einkaufen, weil Sie ihre Frau lieben und etwas Gutes für sie tun wollen. Liebe ist ein "inneres" Motiv, weil Liebe in Ihnen entsteht. Diese Darstellung soll Ihnen lediglich helfen, sich über Ihre Motive klar zu werden. Für viele Wissenschaftler und viele kritisch denkende Menschen gibt es die Trennung zwischen "inneren" und "äußeren" Motiven nicht. Im Prinzip sind alle Motive "innere" Motive. Lediglich in unserem Alltagsdenken (im Gegensatz zum wissenschaftlichen Denken) können wir von inneren und "äußeren" Motiven sprechen. Hinter jedem Verhalten steht ein Gefühl, eine Emotion. Manchmal vermischen sich auch mehrere Gefühle. Gegensätzliche Gefühle können uns verwirren. Unsere Gefühle (Emotionen) treiben uns an und bestimmen unser Leben entscheidend. Es ist nicht möglich, keine Gefühle zu haben (nur bei einigen psychischen Krankheiten hat der Patient tatsächlich keine Gefühle). Jemand, der mit dem Rauchen aufhört, tut dies, weil er vielleicht Angst vor Lungenkrebs hat. Angst wiederum ist ein Gefühl und ein ("inneres") Motiv. Wer mit dem Rauchen aufhört, weil die Partnerin über das Rauchen schimpft, der hat vielleicht Angst, die Liebe seiner Partnerin zu verlieren. Auch Angst ist ein Gefühl und ein ("inneres") Motiv. Angst, die Liebe der Partnerin zu verlieren, ist das Motiv, um in dem Fall mit dem Rauchen aufzuhören. Wer im Gespräch erläutert, dass er wegen der Partnerin mit dem Rauchen aufhört, ohne das er über seine Angst spricht, sagt auch nichts aus über sein Motiv und damit über den ("tieferen") Grund seines Verhaltens. Viele Menschen bei einer MPU reden wie in ihrem Alltagsleben und wie in ihren Partnerschaften (die oft auch nur noch Alltag sind) über Erlebnisse und deren Deutung und Interpretation, aber nicht über die Zusammenhänge der Erlebnisse, der eigenen Einstellungen, über die eigenen Gefühle und Motive. Kritische Selbstreflexion, die bei einer MPU gefordert ist, umfasst auch die persönlichen Gefühle. Zu ihnen gehören Liebe, Ängste, Erfahrungen der Überforderung, Ängste vor Fehlern und Misserfolgen, Wut, Erfahrungen der Trauer, des Verlassenseins. Niemand benutzt einen Stoff (zum Beispiel Alkohol) in hohen Dosen und gewisser Regelmäßigkeit nur aus Spaß. Immer stehen tiefe Empfindungen dahinter und bilden die Motivation zum Substanzmissbrauch (!).

Fall 1:

Gutachter: Herr Mayer, warum sind Sie mit Alkohol Auto gefahren?
Herr Mayer: An dem Abend war ein Firmenessen. Da habe ich auch etwas getrunken. Das wird eigentlich so erwartet, dass man da auch mit auf den Firmenerfolg anstößt.

Fall 2:

Gutachter: Frau Niederklam, warum haben Sie an dem Abend Alkohol getrunken?

Frau Niederklam: Mein Mann hatte mich noch auf einen Wein eingeladen. Er selbst kann aber am Abend nicht Auto fahren, weil er so schlecht sieht bei Dunkelheit.

Fall 3:

Gutachter: Wie kam es denn, Herr Huber, dass Sie an diesem Abend noch etwas getrunken haben?

Herr Huber: Na, nach der Arbeit trinke ich gemütlich zu Hause manchmal noch 2 Bier. An dem Abend hat meine Frau dann aus dem Krankenhaus angerufen und gesagt, ich solle schnell kommen, das Kind sei unterwegs. Sie war damals gerade schwanger.

Fall 4:

Gutachter: Herr Somaier, wie kam es an diesem Tag zu der Alkoholfahrt?

Herr Somaier: Eigentlich wollte ich an diesem Abend auf keinen Fall fahren. Wir kamen mit der S-Bahn von einem Volksfest. Beim Aussteigen hat es in Strömen geregnet. Meine Freundin war sowieso schon erkältet. Da habe ich das Auto, das auf dem Parkplatz vor dem S-Bahnhof stand, genommen und bin die 800 Meter mit ihr nach Hause gefahren, wegen des Regens und weil sie schon krank war.

Kommentar: In allen vier Fällen werden "äußere" Gründe genannt. "Äußere" Gründe überzeugen kaum einen Gutachter. "Äußere" Gründe sind zweifellos wichtige und entscheidende Gründe. Hinter ihnen stehen aber immer die viel wichtigeren inneren Gründe. Wer sein Lebensweg wirklich bearbeitet hat, der kennt seine inneren Motive und benennt sie geradezu automatisch.

Ein Mensch trinkt auf einer Betriebsfeier Alkohol, obwohl er anschließend mit dem Auto nach Hause fahren muss. Das innere Motiv könnte sein, dass er Angst hat (auch ursprünglich unbewusste Ängste), das Betriebsklima zu stören, wenn er nichts trinkt. Er könnte denken, dass die anderen auf Ihn aufmerksam werden, er in den Mittelpunkt gerät und sich rechtfertigen muss. Er könnte Angst haben, dass er durch andere Betriebskollegen Ablehnung erfährt oder als schwach eingestuft wird. Angst wäre somit ein inneres Motiv, um mitzutrinken. Wer abends etwas getrunken hat und zu seiner Freundin ins Krankenhaus gerufen wird, weil sie ein Kind erwartet, hat vielleicht Angst, die Kontrolle über die Situation zu verlieren und ruft deswegen kein Taxi, sondern fährt lieber gleich selbst. Vielleicht ist er generell sehr ungeduldig und will (kann) nicht auf das Taxi warten. Vielleicht fühlt er sich mit der gesamten Situation (Frau im Krankenhaus, Geburt eines Kindes) überfordert und flüchtet in das Auto, ohne bewusst nachzudenken. Angst, die Kontrolle über eine Situation zu verlieren, Überforderung, Ungeduld sind innere Motive. Möglicherweise hat er auch in anderen Situationen Angst, die Kontrolle zu verlieren, und es bestehen in dieser Hinsicht schon eine Reihe von Problemen in seinem Leben.

Ein grundlegendes inneres Motiv ist, wie schon mehrfach angeklungen, Angst. In unserer Gesellschaft gelten Ängste im Urteil vieler Menschen als ein persönliches charakterliches Defizit. Angstfreiheit gilt oft - oberflächlich besehen - als positiver Wert. Ängste werden daher auch stark verleugnet (abgewehrt, verdrängt). Kaum jemand will Angst haben oder über seine Ängste reden. Viele Menschen verdrängen ihre Ängste (und Schwächen) in das Unterbewusstsein, können vorhandene Ängste nicht mehr spüren. Hinter Überforderung steht die Angst, bestimmten Erwartungen und Funktionen nicht entsprechen zu können. Einer meiner Klienten, der monatelang im Ausland auf Montage war, kam mit der Abwesenheit seiner Partnerin nicht zurecht. Das Zusammensein mit immer denselben Leuten, mit seiner Sehnsucht nach Liebe und Nähe, nach Berührung und nach Sexualität überforderten ihn, und im Kreis seiner Bauarbeiterkollegen versuchte jeder "cool" zu sein, so dass er diese Gefühle verdrängen musste. Die Verdrängung gelang durch Alkoholmissbrauch. Ängste, nicht das Leben zu leben, das man leben wollte, die Empfindung, dass etwas fehlt, können schnell zur Überforderung werden, die mit Alkohol bekämpft wird. Angst und Überforderung als innere Motive tragen entscheidend mit dazu bei, viel Alkohol zu trinken und in diesem Prozess die unangenehmen Gefühle für einen Moment zu verdrängen. Unerwünschte Empfindungen und Wahrnehmungen werden für eine gewisse Zeit nicht mehr gespürt. Wenn ein Gefühl dauerhaft fehlt, ein Bedürfnis zum Beispiel nach Nähe, Berührung, Geborgenheit lange nicht erfüllt wird, kann es unter Umständen zu einem unerträglichen Gefühl innerer Leere kommen. Gibt es für diese innere Leere keine Kompensation (keinen Ersatz, Ausgleich), beispielsweise durch eine Beschäftigung, die man besonders liebt (Briefmarken sammeln, Sport, tanzen, basteln am Auto, angeln, bergsteigen, lesen), dann ist der Einsatz eines psychotropen Stoffes (zum Beispiel Alkohol) wahrscheinlich. Psychotrope Stoffe sind Substanzen die auf die Wahrnehmungsfähigkeit und auf die Denkprozesse einwirken. Eine Klientin hat in Ihrem Beruf die schon lange gar nicht mehr gespürte (unterbewusste) Angst gehabt, Fehler zu machen, kritisiert zu werden. Sie war sehr genau und arbeitete mehr als die anderen ihrer Kolleginnen und Kollegen. Sie wollte immer alles richtig machen, aus unbewusster tiefer Angst vor Ablehnung (siehe auch Progression und Regression (↕)). Aber kein Mensch kann immer alles richtig machen und wenn man das Unmögliche trotzdem schaffen möchte, bedarf es eines riesigen Arbeitsaufwandes. Abends, wenn die Klientin nach Hause kam, musste Sie erst mal ausspannen. Das ging am besten mit Alkohol, denn dann verschwand die Angst vor Ablehnung, die tagsüber so stark war und am nächsten Tag wieder da sein würde, Tag für Tag. Ein anderer Klient hatte eine Angst, die noch aus den Kindertagen stammte, nämlich dass man ihm etwas wegnehmen könnte, dass jemand Liebes ihn verlassen würde, dass keiner für ihn sorgen würde. Er arbeitete wie ein Besessener, machte einen Karriereschritt nach dem anderen, erarbeitete ein Haus, Urlaube für die Familie, ein neues, noch größeres Auto. Die Angst trieb ihn an. Entspannung fand er nicht, es sei denn, er trank genügend Alkohol. Die Beziehung zur Frau wurde immer schlechter. Die Kinder wurden oft angeschrieen. Über Gefühle wurde nicht gesprochen. Die Angst, etwas zu verlieren, wurde durch die Angst, etwas nicht zu erreichen, ergänzt. Eine Klientin wird von ihrem dritten Ehemann verlassen. Sie hat keine Erklärungen, hat Angst vor dem Alleinsein, aber auch Angst, eine neue Beziehung einzugehen. Die Einsamkeit bekämpft sie mit Alkohol, denn nur dann spürt sie die Isolationsgefühle nicht mehr. Ein Klient findet kein Anschluss bei den Frauen. Er wünscht sich nichts mehr als eine Familie, eine Partnerin, mit der er am Morgen zusammen aufwacht, doch es ergibt sich keine Partnerschaft. Er hat Angst, keine Partnerin zu finden, immer alleine bleiben zu müssen und betäubt sich ebenfalls mit Alkohol. Eine Klientin ist mit 18 Jahren sexuell missbraucht worden. Niemand weiß davon. Sie hat Angst, auf die Straße und auf Feste zu gehen. Nur unter Alkoholeinfluss, wenn Sie ihre Angst betäubt hat, kann sie sich ungezwungen bewegen. Dabei macht sie wiederum schlechte Erfahrungen und trinkt noch mehr Alkohol, um sich wiederum stärker zu betäuben. Ein Ingenieur ist mit seiner Tätigkeit völlig überfordert. Er hat Angst, die Anerkennung seiner Eltern, seiner Frau und seiner Freunde zu verlieren, wenn er den prestigeträchtigen Job aufgibt. Die fachliche Überforderung ist so groß, dass er jeden Sonntag am Abend große Mengen Alkohol konsumiert. Aber auch die Angst, den Job loszulassen und dabei die Anerkennung anderer Menschen zu verlieren, spielt eine Rolle in seinem Leben.

Viele der hier beschriebenen Menschen würden zunächst erklären, dass Sie Alkohol trinken, weil er ihnen gut schmeckt. Dies bezweifelt in der Regel auch der Psychologe bei einer Begutachtung nicht grundsätzlich. Allerdings trinken die Menschen, die hier beschrieben sind, vor allem Alkohol, um eine Wirkung auf ihre Psyche oder "Seele" zu erzielen. Es ist wenig vorstellbar, dass jemand 5 Flaschen Bier trinkt oder zwei Flaschen Wein, nur weil es ihm so gut schmeckt. Niemand isst 3 Kilo Nudeln, weil Nudeln so gut schmecken, und niemand verspeist ein Kilo Eis, weil Eis so lecker ist. Auch raucht niemand zwei Schachteln Zigaretten, weil die so gut riechen und schmecken. Nach vier Tüten Chips würde uns übel werden. Viele Dinge konsumieren wir, weil sie eine Wirkung auf unsere Psyche haben. Hinter dem Konsum (der in hoher Dosis Missbrauch ist) steht ein inneres Motiv, aus bestimmten Gegebenheiten und Gründen heraus eine bestimmte psychische Wirkung erzielen zu wollen. Damit jemand für derartigen Substanzmissbrauch anfällig ist, muss er bestimmte Erfahrungen in der Kindheit gemacht oder nicht gemacht haben. Oft haben in der Kindheit wichtige Bezugspersonen gefehlt oder gewechselt, es wurde emotionale Kälte erlebt. Daraus lässt sich die für einen Substanzmissbrauch entscheidende Biografie (Lebensgeschichte) ableiten, worum es in den nächsten Kapiteln noch gehen wird.

Beispiele für passende und stimmige Antworten

Hier werden sogenannte passende Antworten angeführt, damit Sie ein Gefühl dafür bekommen, was bei einer MPU für ein positives Gutachten relevant ist und was nicht. Beginnen Sie aber nicht, hier dargestellte Antworten zu kopieren! Sie müssen, spätestens wenn Sie das Buch komplett durchgelesen haben, ihre eigene Geschichte in Gedanken oder auch schriftlich festhalten und reflektieren (überdenken). Die Fragebögen im Anhang werden Ihnen dabei helfen.

Herr Mayer bei dem Gutachter
[Hier wurde kein komplettes Gespräch abgedruckt, sondern nur einige bedeutsam erscheinende wichtige Gesprächsauszüge.]

Gutachter:	Wann haben Sie zuletzt Alkohol getrunken?
Mayer:	Das war im November letzten Jahres, genau an einem Sonntag. Ich kann mich noch so genau erinnern, da es doch ein wichtiger Schritt für mich war, mit dem Alkoholtrinken ganz aufzuhören.

Kommentar: Der Gutachter geht davon aus, dass Sie den Zeitpunkt des Abstinenzbeginns genau angeben können, wenn Sie abstinent leben.

Gutachter:	Warum haben Sie denn mit dem Alkoholtrinken aufgehört?
Mayer:	Ich habe mit den Jahren immer mehr Alkohol getrunken. Lange Zeit, mindestens 2 Jahre lang, habe ich die Alarmsig-

nale seitens meiner Familie und meines Hausarztes überhört und auch überhören wollen. Die Alkoholfahrt hat mir zum Schluss gezeigt, dass ich den Umgang mit Alkohol nicht mehr kontrollieren kann.

Gutachter: Hat sich in Ihrem Leben etwas geändert, seitdem Sie abstinent leben?

Mayer: Ja, ich mache viele Dinge wieder, die ich schon lange vernachlässigt hatte. So gehe ich wieder regelmäßig joggen. Ich kann mich mit meiner Familie unterhalten. Das hatte ich sehr vernachlässigt. Meine erwachsenen Kinder haben wieder Vertrauen zu mir. Auch wenn es schwer war, aber ich bin sehr zufrieden.

Gutachter: Wie hat Ihre Familie auf Ihre Abstinenz reagiert?

Mayer: Am Anfang waren alle skeptisch. Sie wussten, dass ich öfter den Versuch gemacht hatte, weniger zu trinken. Aber das war doch meist nicht von langer Dauer. Nach einigen Wochen hat auch meine Familie gespürt, dass mir das komplette Aufhören wirklich ernst ist. Sie haben mich dann unterstützt. Auch meine Frau und meine Kinder tranken die erste Zeit in meinem Haus keinen Alkohol mehr und zwar von sich aus, um mich in der ersten schwierigen Zeit zu unterstützen.

Gutachter: Ist Ihnen die Abstinenz schwergefallen?

Mayer:	Ja, die Abstinenz ist mir anfangs sehr schwergefallen. Ich hatte mir das lange Zeit überhaupt nicht so schwer vorgestellt. Die erste Zeit konnte ich überhaupt nicht mehr einschlafen. Nur weil ich wieder angefangen habe, am Abend joggen zu gehen, sind auch die Einschlafprobleme verschwunden. Ich musste meine ganze Ernährung umstellen, damit mein Magen damit zurecht kommt. Zu diesem Zweck habe ich dann auch einen Kurs an der Volkshochschule besucht, damit ich etwas über die Ernährungsumstellung lerne. Meine Frau hat mir bei der Ernährungsumstellung entscheidend geholfen. Wir kaufen anders ein, kochen anders. Die familiäre Atmosphäre ist heute insgesamt entspannt, was früher so nicht der Fall war.

Kommentar: Viele Menschen beantworten diese Frage, "Ist Ihnen die Abstinenz schwergefallen?", mit "nein". Für den Gutachter gilt, abstinent zu leben ist sehr schwer, besonders am Anfang. Die Bilder vom Biergarten, von der Almhütte und dem kühlen Weisbier, von der Grillparty mit Freunden und dem Kasten Bier, von der Weinprobe und von der Pizza mit Rotwein verschwinden nicht einfach so aus dem Kopf. Jeder Raucher weiß, wie schwer es ist, mit dem Rauchen aufzuhören. Das macht man nicht einfach so. Für Alkohol und eine abstinente Lebensweise gilt dasselbe.

Gutachter:	Hatten Sie irgendwelche körperlichen Veränderungen im Rahmen Ihres jetzt abstinenten Lebens?
Mayer:	Ja, ich fühle mich gesünder. Auch meine Leberwerte sind deutlich in einen gesun-

den Bereich gesunken, sagt mein Hausarzt.

Gutachter: Hatten Sie auch in der Vergangenheit schon einmal oder mehrmals versucht, abstinent zu leben?

Mayer: Ich habe mir ja lange vorgemacht, dass ich mit Alkohol umgehen kann. Ich dachte, ich kann kontrolliert Alkohol trinken. Erst, nachdem ich durch die Autofahrten und die Folgen begriffen hatte, dass ich es nicht kontrollieren kann, habe ich mich zu einer abstinenten Lebensweise entschieden.

Gutachter: Haben Sie manchmal noch ein Verlangen gespürt, nachdem Sie begonnen hatten, abstinent zu leben?

Mayer: Ja, auf jeden Fall. Am Anfang war es schwer. Ich habe mir dann Strategien zurechtgelegt. Ich habe gelernt, deutlich und direkt nein zu sagen. Für äußerste Notfälle habe ich mir Telefonnummern von Menschen notiert, die erreichbar sind und mir helfen können, Freunde, die meine Lebensgeschichte und Situation kennen. Allgemein habe ich begonnen, über mein Leben zu sprechen. Früher habe ich mit Menschen über alles Mögliche gesprochen, bloß nicht über mein Leben, meine Schwächen und Schwierigkeiten. Es ging immer nur darum, was ich besonders gut kann.

Gutachter:	Was machen Sie konkret, wenn Ihnen jemand auf einer Feier oder in einer Gaststätte Alkohol anbietet?
Mayer:	Ich sage deutlich, dass ich auf keinen Fall Alkohol trinke. Ich habe "Nein" sagen gelernt. Ich habe auch gelernt, mich ohne Scham um alkoholfreie Getränke zu kümmern. Besonders die Gespräche bei einem Therapeuten vor einem Jahr haben mir Strategien aufgezeigt, wie ich dieses "Nein" sagen durchsetzen kann.
Gutachter:	Erinnern Sie sich noch, wann Sie das erste Mal betrunken waren?
Mayer:	Ich habe einmal meine Lebensalkoholkurve gezeichnet. Im Alter von 16 Jahren habe ich das erste Mal ein Bier auf einem Volksfest getrunken. Geschmeckt hat es mir nicht. Regelmäßig Alkohol getrunken habe ich, seit ich mit 19 Jahren in die Lehre ging. Damals hat mir der Alkohol auch geholfen, mit Mädchen Kontakt aufzunehmen und den Druck aus der Lehre für ein paar Stunden zu vergessen. Aber das ist mir erst in den letzten Monaten bewusst geworden, als ich begonnen hatte, über meine Entwicklung nachzudenken.
Gutachter:	Wann hat sich Ihr Alkoholkonsum gesteigert?
Mayer:	Merkwürdigerweise in den ersten Jahren meiner Ehe. Wir hatten ein Haus finanziert und beide sehr viel gearbeitet. Die Schulden, die harte Arbeit, das habe ich nicht verkraftet. Wenn ich abends nach

Hause kam war ich müde, meine Frau ebenso. Geredet haben wir nur noch wenig. Ich hatte zunehmend größere Angst, das alles nicht mehr zu schaffen. Außerdem hatte ich Angst, meiner Frau nicht mehr genug Zuwendung geben zu können. Zu wenig Kraft hatte ich nach den langen Arbeitstagen. Mit dem Haus hatten wir uns übernommen. Ich hatte mir ein Zuhause gewünscht, und mich dabei völlig überschätzt. Der Alkohol kam mir gerade recht, um zu vergessen. Alles erschien dann halb so dramatisch. Das war aber ein Trugschluss, denn die Probleme waren selbstverständlich weiterhin da. Ich denke, ich habe mir ein Haus gewünscht, weil ich als Kind kein richtiges Zuhause hatte. Wir sind oft umgezogen, weil mein Vater Offizier war. Leistung war ein wichtiges Thema in meiner damaligen Familie. So war es nur plausibel, dass mein Haus für meine Familie und mich nicht groß genug sein konnte. Ich wollte mir und letztlich auch meinen Eltern etwas beweisen. Erst heute, wo ich hinter diesen Mechanismus schauen kann, ist es nicht mehr notwendig, dass ich mir in dieser Form etwas beweisen muss.

Gutachter: Wie viel haben sie an ganz gewöhnlichen Wochentagen vor der entdeckten Trunkenheitsfahrt getrunken?

Mayer: Na jeden zweiten Abend habe ich drei bis vier Bier getrunken. Am Wochenende mehr. Von Montag bis Sonntag waren es insgesamt drei, manchmal dreieinhalb Kästen Bier, die ich in den Anfangsjahren meiner Ehe konsumiert hatte. Allerdings habe ich in der Arbeit auch Bier angeboten bekommen. Ungefähr jeden dritten Tag trank ich in der Arbeit zwei bis drei Flaschen Bier über den Tag verteilt.

Gutachter: Erinnern Sie sich noch an den Tag, an dem Sie gestoppt wurden?

Mayer: Ja, ganz genau. Ich bin nach der Feier um 22.30 Uhr in das Auto gestiegen. Es hat geregnet. Ich hatte mich in eine Arbeitskollegin verliebt. Das Haus war nicht richtig finanziert. Meine Ehefrau arbeitete bis zum Umfallen, wie man so sagt. Ich flüchtete. Ich war verliebt und hatte doch Angst. Diese Angst, die Einsamkeit und das Gefühl, doch auf die Arbeitskollegin zugehen zu müssen, das hat mich zu sehr belastet. Ich wollte sie ansprechen, hatte aber nicht den Mut. Mit diesen Gefühlen bin ich nicht klargekommen. Ich habe dann immer mehr getrunken und die Kontrolle wieder einmal über den Alkohol verloren.

Gutachter: Haben Sie bei dem Trinken irgendwelche Vorkehrungen getroffen, um eine Trunkenheitsfahrt zu verhindern?

Mayer: Ich muss dazu sagen, dass ich nicht das erste Mal mit Alkohol im Blut Auto gefahren bin. Auf der einen Seite wollte ich mit dem Taxi nach Hause fahren, auf der anderen Seite hatte ich Angst vor den Schulden wegen meines Hauses. So habe ich mich, nachdem ich genug getrunken hatte, wieder für das Auto entschieden. Das war ein fataler Fehler, nicht nur an diesem Abend.

Gutachter: Aber Sie wussten, dass es verboten ist?

Mayer: Ja, das wusste ich, und trotzdem habe ich letztlich wieder die Kontrolle verloren. Andererseits denke ich heute, dass ich wohl immer wieder die Kontrolle verlieren würde. Dies ist auch ein Grund, warum ich mich für ein abstinentes Leben entschieden habe. Ich möchte niemals mehr ein solches Risiko eingehen, ganz zu schweigen von den gesundheitlichen Folgen und den Folgen in meiner Familie und an meinem Arbeitsplatz.

Gutachter: Trinken Sie heute alkoholfreies Bier?

Mayer: Nein, denn alkoholfreies Bier schmeckt dem alkoholhaltigen Getränk zu ähnlich, außerdem enthält auch das sogenannte alkoholfreie Bier Alkohol, wenn man sich damit auch nicht betrinken kann. Viele Alkoholiker trinken alkoholfreies Bier und kommen dann auf den Gedanken, wieder einmal "richtiges" Bier probieren zu können. Ich habe gelernt, dass dies nicht funktionieren kann. Es war für mich ein langer Weg zu verstehen, dass der kleinste Tropfen bewusst ausprobierten Alkoholkonsums ausreichen kann, um wieder in das alte Verhalten zurück zu fallen. Das will ich nicht.

Gutachter:	Sie können möglicherweise noch 40 Jahre Auto fahren. Und Sie wollen wirklich die nächsten 40 Jahre keinen Alkohol mehr trinken?
Mayer:	Ich denke, letzten Endes habe ich großes Glück gehabt. Noch 10 Jahre hätte ich nicht so weiter trinken können, ohne große gesundheitliche Probleme zu bekommen. Auch ist mir heute klar, wie viele Menschen ich mit meinen Alkoholfahrten in Gefahr gebracht habe. Es ist ein Wunder, dass niemand geschädigt wurde. Mir geht es mit meiner abstinenten Lebensweise nach den anfänglichen Problemen heute sehr gut. Ein "Zurück" gibt es für mich nach diesen Erfahrungen nicht mehr. Ich bin heute froh darüber, dass ich gelernt habe, ohne Alkohol zu leben, und ich lebe besser als vorher. Sollte ich je in Gefahr geraten, wieder zum Alkohol zu greifen, so weiß ich, wo ich Hilfe bekomme.
Gutachter:	Möchten Sie dem Gespräch noch etwas hinzufügen oder ist alles gesagt?
Mayer:	Ich habe, seitdem ich abstinent lebe, auch einen klaren Kopf, das heißt, ich habe mich mit meiner Frau ausgesprochen, die falsche Finanzierung des Hauses wurde verändert, eine Einliegerwohnung verkauft. Solche Entscheidungen konnte ich früher gar nicht treffen, aus Angst, nicht genug zu haben. Alles sollte perfekt sein, und dabei ging immer mehr kaputt. Es klingt für Sie vielleicht komisch, aber ich bin froh, dass ich die

Chance bekam, mein Leben zu verändern.

Herr Grüner bei dem Gutachter

Gutachter: Herr Grüner, wie zeigte es sich, dass Sie ein Problem mit Alkohol hatten?

Grüner: Ich hatte zeitweise Konzentrationsprobleme, das bedeutet, ich konnte Bücher nicht zu Ende lesen, was mir früher leicht gefallen ist. Bei dem Treppensteigen in den dritten Stock kam ich in den letzten zwei Jahren immer mehr aus der Puste. Ich hatte bei dem Schreiben von Briefen zunehmend eine zittrige Hand bemerkt. Am Wochenende hatte ich ohne ein Glas Wein in den letzten zwei Monaten vor der Abstinenz Einschlafprobleme.

Gutachter: Hat sich seit der Abstinenz bei Ihnen etwas verändert?

Grüner: Allerdings, ich spiele wieder regelmäßig im Verein Fußball. Ich meine, es war hart, aber jetzt kann ich wieder eine Stunde rennen. In der Zeit meines Alkoholmissbrauches war das für mich undenkbar. Ich weiß auch, das Alkohol für mich hoch gefährlich ist, das Suchtgedächtnis verschwindet ja nicht wieder. Dies habe ich erst in der Selbsthilfegruppe gelernt.

Gutachter: In welchen Situationen bemerken Sie, dass sich bei Ihnen mit der Abstinenz etwas geändert hat?

Grüner:	Besonders im Umgang mit meinen Kindern bemerke ich eine Veränderung. Ich werde wieder ernst genommen, das bedeutet, sie fragen mich bei schulischen Dingen wieder um Rat und Hilfe. Während der Zeit meines gesteigerten Alkoholkonsums kam das nicht mehr vor. Oft habe ich meine Kinder damals auch angeschrieen, weil ich überfordert war. Das ist heute nicht mehr so und hat damit zu tun, dass ich abstinent lebe.
Gutachter:	Wie hat Ihre Familie reagiert, als Sie mehr Alkohol getrunken haben?
Grüner:	Meine Familie hat sich mehr und mehr zurückgezogen. Vor meinem Alkoholmissbrauch haben wir fast jedes Wochenende etwas unternommen. In dem Jahr meines massiven Alkoholkonsums kam das kaum noch vor, dass wir als Familie etwas gemeinsam gemacht haben.
Gutachter:	Welche Beziehung haben Sie zu dem Geschädigten, dem Unfallopfer?
Grüner:	Ich fühle mich schuldig. Den Besuch im Krankenhaus konnte ich allein überhaupt nicht verarbeiten. Ich habe mich zunächst in psychologische Behandlung begeben. Es hat mindestens 5 Monate gedauert, bis ich über diesen Sachverhalt sprechen und mich bei den Betroffenen wirklich entschuldigen konnte. Zu dem Geschädigten selbst habe ich keine persönliche Beziehung. Allerdings bin ich

Mitglied bei einem Verein geworden, der Unfallopfer unterstützt. Ich will mich hier engagieren, auch wenn die Vergangenheit dadurch nicht wieder gut zu machen ist. Es hilft mir selbst.

Gutachter: Wer hat sich am meisten für Ihr Problem fahren und Alkohol interessiert?

Grüner: Es ist leider so! Die Polizei interessierte es am meisten. Erst durch den Führerscheinverlust und den Besuch der Selbsthilfegruppe, der Beratung in der Suchthilfestelle und dem Lesen einiger Bücher über Alkohol ist mir klar geworden, in welche Richtung sich mein Leben entwickelt hat.

Gutachter: Gab es Menschen, die mit Ihnen schon einmal über Ihren Alkoholkonsum gesprochen hatten?

Grüner: Ja.

Gutachter: Warum haben diese Menschen mit Ihnen gesprochen?

Grüner: Sie haben mir gesagt, dass Sie bemerken, dass ich nach Alkohol roch. Ich war darüber sehr erschrocken. Es waren Menschen aus meiner Arbeit, und ich habe ja immer versucht, ein positives Bild nach außen abzugeben.

Gutachter: Was würden Ihre Arbeitskollegen sagen, wenn Sie den Führerschein nach dieser geschilderten Zechtour wiederbekämen?

Grüner: Die würden sich wohl freuen und glauben: So einfach geht das also! Für mich war jedoch wirklich entscheidend, was ich aus dem Vorfall gelernt habe. Ich möchte nicht mit kaputter Leber in 10 Jahren im Krankenhaus liegen, und ich will niemals mehr so fahrlässig Menschenleben gefährden. Ich weiß jetzt erst wirklich bewusst, auf welchem Weg ich war. Für mich gibt es keinen Alkohol mehr. Ich war nahe am körperlichen und seelischen Ruin. Durch den Alkoholkonsum sind meine Probleme immer größer geworden.

Gutachter: Wie haben Sie bemerkt, dass sieben Bier an diesem Abend bei Ihnen zuviel waren?

Grüner: Beim Aufstehen wurde mir schwindlig. Ich musste mich zunächst wieder setzen. Ich wollte mich konzentrieren, den Freunden zuhören, doch das ging nicht. Ich habe immer nur noch Bruchteile verstanden.

Gutachter: Sie sagen, Ihre Frau hat Sie bei der Abstinenz unterstützt. Woran haben Sie bemerkt, dass Sie von Ihrer Frau unterstützt wurden?

Grüner: Meine Frau hat in den ersten 4 Monaten genau darauf geachtet, dass kein Alkohol im Haus ist. Sie hat mit mir ganz deutlich über ihre Gefühle gesprochen. Dabei hat sie mir gesagt, dass sie Angst hat, dass uns das Leben trennen wird, wenn ich weiter versuche, Probleme mit Alkohol zu lösen. Mich hat diese Offenheit damals zuerst sehr geschockt, aber letztlich war es für mich hilfreich, weil mir wirklich klar wurde, was ich will, nämlich ein anderes Leben führen.

Jeder Mensch erzeugt in sich zwei bedeutende Grundgefühle, die eng zusammenhängen, Liebe und Angst. Oft ist Angst vor etwas ein Grund für Alkoholmissbrauch, wie in den vorhergehenden Kapiteln auch beschrieben wurde. Zu der Angst kommen oft hohe Ideale und Erlebnisse persönlicher Überforderung aus der eigenen Kindheit.

1.) Angst kann entstehen, wenn bestimmte grundlegende Wünsche und Bedürfnisse nicht zugelassen werden oder unerfüllbar erscheinen.

Gutachter:	Welche Funktion hatte der Alkohol in Ihrem Leben?
Klient:	Ich saß nach der Arbeit zu Hause, und mir ist die Decke auf den Kopf gefallen. Allerdings hatte ich Angst, nach draußen unter die Menschen zu gehen. Wenn ich hinaus in die Umgebung gegangen bin, war ich auch alleine. Alkohol hat mir geholfen, meine Einsamkeit zu ertragen und diese nicht mehr wahrzunehmen. Ich hatte das Bedürfnis nach Kontakten. Schließlich, nach dem Führerscheinentzug, habe ich mich einer Selbsthilfegruppe angeschlossen. Ich hatte dort die Wahl. Entweder musste ich über meine Probleme sprechen oder ich musste wieder gehen. Dort habe ich begonnen zu lernen. Ich habe gelernt, ohne Alkohol aus mir herauszugehen, auf andere Men-

schen zuzugehen und in ihrer Gegenwart über mich zu reden.

2.) Ursachen von (vor allem sozialen) Ängsten liegen oft in einem verstärkten Minderwertigkeitsgefühl. Es fehlt an "gesundem" Selbstwertgefühl.

Gutachter: Welche Funktion hatte der Alkohol in Ihrem Leben?

Klient: Ich habe es nicht geschafft, am Abend allein unter Menschen zu gehen, in der Arbeit vor anderen Menschen auf einer Konferenz laut eine Rede zu halten, dem Chef die Meinung zu sagen. Ich hatte Angst vor Ablehnung, wollte alles immer zweihundert Prozent richtig machen, wie man sagt. Der Alkohol hat diese Angst bei mir betäubt. Plötzlich konnte ich mich ungezwungen bewegen. Während der Gespräche in Selbsthilfegruppen und durch den Besuch eines Familienseminars habe ich gelernt, mich selbst zu behaupten, sicherer zu sein und anders mit Kritik umzugehen.

3.) Angst ist zu einem gewissen Teil ein Ergebnis von Lernprozessen. Schließlich wird auch gelernt, die angstauslösenden Situationen zu vermeiden. Wenn das Vermeiden nicht so "einfach" geht oder auch mit sehr negativen Konsequenzen verbunden ist, dann kommt schnell ein betäubendes Mittel wie Alkohol ins Spiel.

Gutachter: Welche Funktion hatte der Alkohol in Ihrem Leben?

Klient: In der Abiturklasse habe ich mit Freunden vor schwierigen Prüfungen oft zwei

Schnäpse getrunken. Später habe ich vor Treffen mit Mädchen auch erst einmal etwas Alkohol getrunken. Schließlich begann ich vor allen Situationen, die mir sehr schwierig vorkamen, mit dem Trinken von Alkohol, zwei bis drei Schnäpse meistens. Irgendwann hatten aber zwei bis drei Schnäpse kaum noch eine Wirkung, was man wohl "Toleranz" nennt. So habe ich vor Situationen, die mir kompliziert und unangenehm vorkamen, immer mehr getrunken.

Weitere Beispiele:

Gutachter: Welche Funktion hatte der Alkohol in Ihrem Leben?

Klient: Ich habe oft Angst gehabt, Fehler im Unternehmen zu machen. Der Alkohol hat mich betäubt. Ich wollte immer alles perfekt machen. Dies geht natürlich nicht, aber etwas möglicherweise nicht perfekt zu machen, konnte ich lange nicht aushalten. Dann habe ich auch angefangen, später als ich Chef war, alles zu kontrollieren. Ich hatte Angst, dass die anderen Fehler machen und ich als Chef dafür einstehen muss und dann Kritik und Ablehnung von der Firmenleitung erfahre und nicht mehr als Chef akzeptiert werde.

Gutachter: Welche Funktion hatte der Alkohol in Ihrem Leben?

Klient: Ich hatte das Gefühl, mir wächst alles über den Kopf. Die Ansprüche der Familie schienen immer größer zu werden. Ich hatte das Gefühl, alles wird von mir verlangt. Die Ansprüche, die ich erfüllen wollte, konnte ich nicht erfüllen. Ich hatte allerdings auch nicht gelernt, über meine Sorgen und Probleme zu reden, die Dinge offen anzusprechen. Der Alkohol hat mich betäubt, mich meine Ängste für kurze Zeit vergessen lassen.

Gutachter: Welche Funktion hatte der Alkohol in Ihrem Leben?

Klient: Ich habe den Verlust meines Partners nicht ertragen können. Die Trauer war so stark, dass ich mich von anderen Menschen zurückgezogen habe. Ich habe es nicht mehr geschafft, anderen Menschen zu vertrauen. Letztlich hat sich das auch in einer feindseligen, skeptischen und verbitterten Haltung gegenüber anderen Menschen gezeigt. Mit Alkohol konnte ich diese Gefühle für kurze Zeit loswerden. Der Alkohol hat diese Gefühle betäubt.

Beispiel für ein positives psychologisches Gutachten (nur der psychologische Teil wurde dargestellt, nicht aber der ärztliche Teil und der Teil des Reaktions- und Stresstests, der am Automaten bearbeitet wurde).

Begutachtungsstelle für Fahreignung
Fahreignungsgutachten
Herr Michle Kombitelle
Geboren am 17.8.1945
Wohnhaft in 78665 Peterelisburg, Noterstraße 3

I. Anlass und Fragestellung der Untersuchung

Herr Kombitelle hat als uns als amtlich anerkannte Begutachtungsstelle für Fahreignung am 09.09.2001 mit der Erstellung eines Gutachtens beauftragt. Die Untersuchung wurde von der Fahrerlaubnisbehörde Kreisverwaltungsreferat Amalienburg (Az.B3-000988557) am 30.08.2001 veranlasst. Das Gutachten soll dazu beitragen, die bestehenden Zweifel der Verwaltungsbehörde an ihrer Fahreignung auszuräumen. Es dient der Behörde als Hilfsmittel für eine eigene Urteilsbildung. Herr Kombitelle ist Bewerber der Klasse A, BE. Der Auftrag umfasst folgende Fragestellung/en:

> Ist zu erwarten, dass Herr Kombitelle auch zukünftig ein Kraftfahrzeug unter Alkoholeinfluss führen wird und / oder liegen als Folge eines unkontrollierten Alkoholkonsums Beeinträchtigungen vor, die das sichere Führen eines Kraftfahrzeugs der Gruppe 1 in Frage stellen?

Die Untersuchung wurde am 15.10.2001 in der Niederlassung Amalienburg durchgeführt. Sie erfolgte anlassbezogen und unter Beachtung der Vorgaben der Fahrerlaubnisverordnung (§ 11 FeV Eignung in Verbindung mit Anlage 15 Grundsätze für die Durchführung der Untersuchung und die Erstellung der Gutachten). Weiterhin wurden die Begutachtungs-Leitlinien zur Kraftfahrereignung bei der Untersuchung beachtet.

Die Aufgabe der Untersuchung besteht darin zu prüfen, ob sich die aus der aktenkundigen Vorgeschichte herzuleitenden Annahmen im Hinblick auf das zukünftige Verkehrsrisiko widerlegen lassen und die Eignungszweifel der Behörde damit ausgeräumt werden können. Ärzte und Psychologen prüfen dabei, ob die in der Untersuchung ermittelten Einstellungen, Verhaltensweisen und sonstigen Befunde erwarten lassen, dass Herr Kombitelle in Zukunft nicht mehr in gleicher oder ähnlicher Weise verkehrsauffällig werden wird.

Das vorliegende Gutachten beinhaltet zunächst die verkehrsbezogene Vorgeschichte, welche die behördlichen Eignungszweifel begründet und die fachliche Bewertung der Vorgeschichte. Anschließend werden die Voraussetzungen einer günstigen Beurteilung beschrieben sowie die individuellen Befunde der verkehrsmedizinischen und verkehrspsychologischen Untersuchung wiedergegeben und interpretiert. Die Befundlage wird abschließend einer Gesamtwürdigung im Hinblick auf ein mögliches Wiederholungsrisiko unterzogen.

II. Überblick über die Vorgeschichte

Aktenübersicht
Die anlassbezogene (verwertbare) Eintragung gemäß der vorliegenden (aktuellen) Auskunft aus dem Verkehrszentralregister (KBA) vom 09.06.2001 lautet in den von der Fahrerlaubnisbehörde zur Verfügung gestellten Unterlagen – neben weiteren Informationen – wie folgt:

03.05.2000 Fahrlässige Trunkenheit im Verkehr (BAK: 1,61 Promille um 0.50 Uhr; Tatzeit 23.45 Uhr)
25.08.2000 Teilnahme am Verkehrsseminar in der Praxis von Deym und Klaus
25.11.2000 Wöchentlich Teilnahme an der Selbsthilfegruppe bei den Guttemplern

Erläuterung der Eignungsbedenken
Die erhobene hohe Blutalkoholkonzentration bei der Alkoholauffälligkeit am 03.05.2000 wird von Personen, die kontrolliert und mäßig Alkohol trinken, auch in Ausnahmesituationen nicht erreicht.

Eine derartige Alkoholkonzentration setzt eine vorhergehende entsprechende Alkoholzufuhr voraus. Bei weniger alkoholgewohnten Personen käme es nach vergleichbaren Trinkmengen zu unmittelbaren körperlichen Reaktionen. Die Umstände der Tat weisen somit bei Herrn Kombitelle auf einen gewohnheitsmäßigen starken Alkoholkonsum hin, also auf eine Gewöhnung mit Toleranzsteigerung. Die Konstellation der Befunde spricht gegen einen auf einen Ausnahmefall beschränkten exzessiven Alkoholkonsum.

Die bisherigen Ausführungen dienten der Darstellung der Problemlage (Anzeichen für Alkoholmissbrauch) bei Herrn Kombitelle auf der Grundlage fachwissenschaftlicher Erfahrungen. Die Ergebnisse der Untersuchung werden zu den oben angeführten Analysen in Beziehung gesetzt und in die prognostische Gesamtbeurteilung eingebracht.

Voraussetzung für eine günstige Prognose
Eine günstige Prognose setzt voraus, dass im Zusammenhang mit der Vorgeschichte weder im körperlichen Bereich noch im Bereich der psychischen Leistungsfunktionen überdauernde alkoholbedingte Beeinträchtigungen vorliegen. Auch darf kein Missbrauch von Alkohol mehr bestehen. Aus verkehrspsychologischer Sicht ist weiterhin zu prüfen, ob der Klient eine gründliche selbstkritische Aufarbeitung seiner verkehrsbezogenen Vorgeschichte und der persönlichen Voraussetzungen seines Fehlverhaltens geleistet hat und welche Änderungen in seiner Einstellung, seinem Verhalten sowie in der allgemeinen Lebensführung eingeleitet wurden, um den Konsum von Alkohol einerseits und das Führen von Kraftfahrzeugen im Straßenverkehr andererseits zuverlässig voneinander trennen zu können. Es müssen darüber hinaus Bedingungen vorhanden sein, die zukünftig einen Rückfall als unwahrscheinlich erscheinen lassen (Regelerfordernis nach FeV; Anlage 15).

Wenn Abstinenz – bei Alkoholabhängigkeit regelmäßig – unverzichtbar ist, muss diese in der Regel bereits ein Jahr vor der Untersuchung konsequent beachtet worden sein; es muss zudem zu erwarten sein, dass die Abstinenz dauerhaft eingehalten wird.

Auch gute Vorsätze und neue Einsichten bieten erst dann die Grundlage für eine günstige Verkehrsprognose, wenn die sich längerfristig und in verschiedenen Lebenssituationen bewährt haben. Sie müssen als selbstverständliche Gewohnheiten in die Lebensführung übernommen werden.

Nachfolgend werden die konkreten Befunde unserer Untersuchung und die daraus abzuleitenden Schlussfolgerungen dargestellt.

III. Untersuchungsbefunde
Herr Kombitelle erklärte am Untersuchungstag schriftlich, er fühle sich gesund und leistungsfähig.

A. Verkehrsmedizinische Untersuchungsbefunde
In der ärztlichen Untersuchung wurde die Aktenlage ausgewertet und durch eine Befragung von Herrn Kombitelle ergänzt. Diese umfasste Krankheiten und Symptome, die mit den anlassgebenden Tatsachen in Zusammenhang mit dem Untersuchungsanlass stehen können. Sie wurde durch eine körperliche Untersuchung abgesichert, welche – soweit erforderlich – auch die Überprüfung der Sinnesleistungen umfasste.

Die körperliche Untersuchung diente ferner zur Abklärung möglicher alkoholbedingter Erscheinungsbilder. Dabei wurde nach Organstörungen der Leber und nach Schädigungen anderer alkoholempfindlicher innerer Organe, des Nervensystems und nach Veränderungen der Haut gesucht.

Anhand einer laborchemischen Untersuchung wurde abgeklärt, ob eine alkoholbedingte Leberschädigung vorliegt.

Die Ausführungen gegebenenfalls vorliegender Fachgutachten und anderer Dokumente wurden bei der Bewertung berücksichtigt.

Darstellung der verkehrsmedizinischen Befunde
Die verkehrsmedizinische Befragung ergab bei Herrn Kombitelle Hinweise auf früheren Alkoholmissbrauch. Erhebliche, für die Fragestellung bedeutsame Nachwirkungen des früheren Alkoholmissbrauchs konnten bei der körperlichen Untersuchung jedoch nicht festgestellt werden. Für eine Prognose zukünftigen Verkehrsverhaltens sind diese Befunde für sich allein jedoch nicht ausschlaggebend. Angesichts der alkoholbedingten Vorgeschichte kommt den verkehrspsychologischen Untersuchungsbefunden in diesem Fall ausschlaggebende Bedeutung zu.

Die Laborwerte lagen im Normbereich:
GGR	=	9U/L Normwert bis 28
GPT	=	14U/L Normwert bis 23
GOT	=	13U/L Normwert bis 18
MCV	=	88U/L Normwert bis 93

Diagnostische Beurteilung aus verkehrsmedizinischer Sicht: Insgesamt ergeben sich aus der ärztlichen Anamnese, körperlichen Untersuchung und den Laborwerten keine Hinweise auf eine Alkoholerkrankung im Sinne einer körperlichen Substanzabhängigkeit (Entzugssyndrom) oder Alkoholfolgeschäden.

B. Verkehrspsychologische Untersuchungsbefunde
Im Rahmen der verkehrspsychologischen Untersuchung erfolgte eine psychologische Leistungsprüfung, um eventuelle Beeinträchtigungen als Folge eines unkontrollierten Alkoholkonsums zu erkennen.

Weiterhin erhielt Herr Kombitelle im Rahmen des Untersuchungsgesprächs Gelegenheit, seine Sicht der Vorgeschichte darzustellen, sich zur Entwicklung und den persönlichen Ursachen seines Problemverhaltens zu äußern und die zwischenzeitlich gemachten Erfahrungen zu vermitteln. Mögliche Verhaltens- und Einstellungsänderungen sowie deren Stabilität (Relevanz zur Kraftfahrereignung) wurden besprochen.

Ziel der Fahreignungsbegutachtung war es, auf der Grundlage der vorliegenden Befunde (Anhaltspunkte für Alkoholmissbrauch) festzustellen, ob Herrn Kombitelle ein gegenüber seiner Vergleichsgruppe deutlich gemindertes individuelles Wiederholungsrisiko bestätigt werden konnte.

Psychologisches Untersuchungsgespräch
Zu Beginn des Gesprächs wurde Herr Kombitelle über den Ablauf sowie über die Zielsetzung der Begutachtung informiert und über den Zweck der verkehrspsychologischen Untersuchung gemäß FeV § 11 (5), Anlage 15 (1) aufgeklärt. Es wurden ihm im Gesprächsverlauf wesentliche Gesichtspunkte zum Untersuchungsanlass durch ergänzende Fragen und Erklärungen nahegebracht.

Aus dem Untersuchungsgespräch mit Herrrn Kombitelle werden jetzt die für die Beurteilung wesentlichen Befunde zum Thema Alkoholauffälligkeit, die möglichen Ursachen (Alkohol-Vorgeschichte) sowie seine Überlegungen zur zukünftigen Vermeidungsplanung dargestellt.

Persönliche Lebensverhältnisse, berufliche Tätigkeit, Freizeitgestaltung und personenbezogene Selbstauskunft: Der Diplomingenieur hat 1 Kind. Er lebt derzeit als Single. Seine Hobbys sind Fahrrad fahren und lesen. Er beschreibt sich als ordnungsliebend.

(Zum Hergang der Alkoholfahrt): "an die Fahrt, ja, kann ich mich genau erinnern" / "an dem Tag, ich habe eine Freundin erwartet und sie kam nicht, ich habe noch gewartet und mir dann eine Flasche Wein aufgemacht" / "dann war ich wütend und bin ins Auto gestiegen und noch gefahren, gegen besseres Wissen". (Auf Nachfrage): "ja, aufgefallen mit Alkohol, bin ich nur einmal im Verkehr" / "vorher noch nie".

(Länge der beabsichtigten und / oder zurückgelegten Wegstrecke): "bis zu dem Haus eines Freundes, ungefähr 9 Kilometer". (Rückblickend geschätzte alkoholische Trinkmengen und Trinkzeitraum): "der erste Schluck Alkohol, hm   ich denke gegen 16 Uhr etwa, der letzte Schluck war so um 22.30 Uhr". (Auf Nachfrage): "insgesamt getrunken, hm, so 5 bis 8 Schoppen Wein, habe ich getrunken". (Besondere Vorkommnisse am Tag der Alkoholfahrt): "an dem Tag war sonst eigentlich nichts Besonderes los, nur dass eben dann auch gestoppt wurde". (Zur Höhe der erzielten Alkoholkonzentration): "ich habe dann 1,61 Promille gehabt":

(Emotional-affektive Beurteilung der Stimmungslage und Kritikminderung in Folge der Alkoholeinwirkung): "ich fühlte mich abgelehnt und auch hilflos". (Rückblickende Einschätzung des körperlichen Erlebens und der Befindlichkeit bezüglich damaliger absoluter Verkehrsuntüchtigkeit): "einen Rausch, nein, den hab ich nicht gehabt". (Alkoholtypische Normabweichungen oder –missbrauchsbedingte Störungen der Reaktionsfähigkeit bei kritischer Selbstprüfung): "dann beim Fahren selbst habe ich schon Probleme bemerkt". (Wissensstand zu Alkoholgehalt, verkehrsrelevanten Promillegrenzen und Alkoholabbau): "ein Viertel Wein so 0,3 Promille etwa" / "Abbau von Alkohol in der Stunde ist 0,15 Promille".

(Trinkanlass und erhöhte Trinkmenge bei der Alkoholfahrt 2000): "warum ich so viel getrunken habe, ich habe mich abgelehnt und traurig gefühlt". (Zur Inbetriebnahme des benützten Verkehrsmittels trotz beeinträchtigter Fahrsicherheit): "warum ich noch gefahren bin, ich wollte über die Sache mit einem Freund reden". (Kritische Einschätzung der Trink- /Fahrgewohnheiten im Hinblick auf das Verkehrsrisiko): "mit Alkohol im Verkehr, im ganzen Leben, öfter schon". (Zur Wirkungslosigkeit der Vorsätze und Erklärung für die Alkoholfahrt) "warum das gerade mir passiert ist, so eine Alkoholfahrt, ich denke, dass ich mich dann so allein, einsam gefühlt hatte".

(Trinkgewohnheiten und Alkoholmissbrauch im halben Jahr vor der Alkoholauffälligkeit): "im Schnitt in der Woche, 2 Schoppen Wein am Tag, am Wochenende dann mehr". (Toleranzsteigerung und persönliche Höchsttrinkmengen): "hm, ich habe eigentlich eher nur zu Hause getrunken, 6-8 Schoppen Wein". (Einschätzung der Häufigkeit erhöhten Konsums von Alkohol im Jahr vor der Alkoholfahrt): "hm, dass es mal wieder zuviel war, immer, wenn ich mich abgelehnt gefühlt habe, 30 Mal bestimmt". (Alkoholtrinkmengen in individuellen Belastungsphasen): "bei Problemen, hab ich eher nicht mehr getrunken, es sei denn, wenn wirklich Einsamkeit mit im Spiel war".

(Zu erlebten Schwankungen im Alkoholkonsum unter Bezugnahme auf Trinkpausen): "ich hab dann auch Wochen mal wieder gar nichts getrunken": (Zur kognitiven Bewertung der Trinkmengen aus heutigem Rückblick): "insgesamt, ich würde sagen, mein Alkoholkonsum war viel zu hoch und ich habe letztlich nicht aus Genuss, sondern um der Wirkung willen getrunken". (Problembewusstsein im Umgang mit Alkohol und selbstkritische Einschätzung): "mit Alkohol habe ich einen problematischen Umgang gehabt". (Zur körperlichen Gewöhnungs- und Toleranzentwicklung): "also, eine Alkoholgewöhnung habe ich auf jeden Fall gehabt". (Auf Nachfrage): "ich war wohl noch nicht alkoholabhängig, aber auf dem besten Weg zur Abhängigkeit".

(Letzter Alkoholkonsum) "hm, zum letzten Mal, am 10.05. 2000". (Alkoholtrinkverhalten nach der Alkoholfahrt 2000): "am Tag danach habe ich noch nicht aufgehört, es hat noch eine Weile gedauert, bis ich das Ganze begriffen hatte". (Motive für eine zu erzielende Gewohnheitsänderung bezüglich Alkohol): "ich trinke jetzt nichts mehr, Alkoholfreies, nein auch nicht, ich habe gelernt, anders meine Einsamkeit zu überwinden, mit Alkohol kann das gar nicht funktionieren".

(Abstinenzmotivation für eine Inanspruchnahme fachspezifischer Hilfe): "am Schluss habe ich eine Selbsthilfegruppe besucht, diese Gruppe besuche ich auch weiterhin, einmal die Woche". (Zukünftig-langfristig erwarteter Umgang mit Alkohol und Lernerfahrung bezüglich der Thematik Alkohol am Steuer): "gelernt habe ich über mich, dass ich mit Alkohol nicht umgehen kann und ihn letztlich nicht im Rahmen von Genuss, sondern wegen der Wirkung getrunken habe".

(Zur Festigung des Einstellungswandels und der Prävention bezüglich Alkoholmissbrauchs): "mir geht es jetzt ohne Alkohol viel besser". (Verkehrsbewährung und Einschätzung der zwischenzeitlichen Problematisierung bei der Verwirklichung der nunmehr erzielten Abstinenz): "mit Alkohol ganz aufzuhören, das ist mir nicht leichtgefallen".

(Verhaltensmuster und –planung bezüglich des zukünftigen Umgangs mit Alkohol): "meine Strategie für die Zukunft, ich habe jetzt die Chance, mein Leben neu zu planen, neu zu ordnen". (Strategien für die zuverlässige Einhaltung einer befriedigenden Alkoholkarenz in kritischen Situationen): "ich habe mir einen anderen Tagesablauf angewöhnt, ich nehme mir in meiner beruflichen Tätigkeit mehr Pausen, besuche Volkshochschulkurse". (Beurteilung der persönlichen Wiederholungsgefährdung und der Möglichkeit einer alkoholisierten Teilnahme am motorisierten Straßenverkehr): "ich trinke weder Alkohol im Verkehr noch sonst".

Zur Frage der Gesprächsdauer, ob der Untersuchte in der Begutachtung alles ansprechen konnte, was ihm wichtig war, meinte Herr Kombitelle abschließend: "die Wochenenden habe ich jetzt völlig anderes geplant" / "ich gehe unter Menschen, habe Freundschaften geschlossen" / "der Alkohol, er hat mich früher die Einsamkeit nicht so fühlen lassen". / "jetzt ist alles Wesentliche gesagt".

Daraufhin wurde Herrn Kombitelle der erhobene Sachstand der Untersuchung mitgeteilt. Das verkehrspsychologische Untersuchungsgespräch dauerte von 7.15 – 8.15 Uhr.

IV. Bewertung der Befunde
Bei der Leistungstestung hat Herr Kombitelle insgesamt normgerechte Ergebnisse im Bereich der Stabilität des Leistungsverhaltens (Reaktionsfähigkeit) und der Leistungskontrolle (Konzentration, Belastbarkeit) erzielt. Die erhobenen Leistungsbefunde ergeben somit keine Hinweise auf schwerwiegende eignungsrelevante Mängel.

Funktionale Beeinträchtigungen, die als Folge eines unkontrollierten Alkoholkonsums das sichere Führen eines Kraftfahrzeugs in Frage stellen, liegen somit nicht vor.

Der von Herrn Kombitelle angegebene hohe Alkoholkonsum in der Vergangenheit hat nicht zu medizinisch nachweisbaren Beeinträchtigungen geführt.

Aufgabe des psychodiagnostischen Gesprächs war es zu klären, ob sich die aus der Vorgeschichte abzuleitenden Hypothesen und Fragestellungen – anlassbezogen resultierend aus den behördlichen Eignungszweifeln zum Alkohol-

konsum (§13 FEV, § 24a (1) StVG) – im Untersuchungsgespräch entkräften ließen.
Folglich war zu prüfen, ob der Untersuchte sich mit den problematischen Verhaltensbereichen hinreichend auseinandergesetzt hat und ob er seine Alkoholproblematik seit der aktenkundigen Tatauffälligkeit (Anzeichen für Alkoholmissbrauch) eine Reflexion erfahren hat, die über aktuell gefasste gute Vorsätze hinausreicht. Für eine günstige Prognose war somit eine problemangemessene Veränderung der Bedingungskonstellation bisheriger Auffälligkeit im Sinne eines grundlegenden Wandels seiner Einstellung zum Führen von Kraftfahrzeugen erforderlich.

Die im psychologischen Untersuchungsgespräch von Herrn Kombitelle zu Beginn vorgetragenen Angaben zur alkoholbezogenen Verkehrsvorgeschichte stimmen weitgehend mit den aktenkundigen Tatsachen überein ("ja, aufgefallen mit Alkohol, bin ich nur einmal im Verkehr"), insbesondere enthielten seine Darlegungen keine oder wenig erkennbare Beschönigungen oder wesentliche Abweichungen zur Angabe der Höhe der gemessenen Blutalkoholkonzentration bei Alkoholauffälligkeit im Straßenverkehr, laut eigener Angabe: "1,61 Promille". Er zeigt heute diesbezüglich überzeugend die notwendige Bereitschaft, Verantwortung für sein Fahrverhalten im Straßenverkehr zu übernehmen.

So äußerte sich der Untersuchte zu seiner alkoholbezogenen Verkehrsauffälligkeit in anschaulicher und ausführlicher Weise und schilderte auch die zwischenzeitliche Veränderung seiner Einstellung und Haltung zum Alkohol in nachvollziehbarer Weise. In seiner Art der Darlegung stand das sichtliche Bemühen im Vordergrund, sich ungeschminkt und ohne Rücksicht auf mögliche (negative) Konsequenzen zu öffnen ("ich habe auf eine Freundin gewartet, und sie kam nicht, habe mir dann eine Flasche Wein aufgemacht und weiter gewartet" / "dann war ich wütend, habe mich abgelehnt gefühlt und bin trotzdem gefahren").

Für eine realitätsbezogene Auseinandersetzung mit seinem Alkoholmissbrauch spricht weiter, dass er an mancher Stelle mehr an Problemverhalten einräumte, als aus der Akte unmittelbar hervorging ("mit Alkohol im Verkehr, im ganzen Leben öfters schon"). Dabei waren seine Ausführungen in sich widerspruchsfrei, durchaus glaubhaft und mit fachpsychologischem Erfahrungswissen überwiegend zu vereinbaren. Die Darlegungen von Herrn Kombitelle waren somit als glaubwürdig zu akzeptieren. Aus den fortgesetzten Darstellungen war abzuleiten, dass Herr Kombitelle sich mit der erlebten alkoholspezifischen Verkehrsauffälligkeit konfrontiert hat, sein eigenes Fehlverhalten ausführlich und nachvollziehbar schildern konnte ("ich würde sagen, mein Alkoholkonsum war viel zu hoch...") und nun selbstkritisch, problembewusst und mittlerweile auch gefestigt aus der Zeit der Trunkenheitsauffälligkeit hervorgegangen ist. Gesprächsbefunde, die an der Korrektheit der Selbstdarstellung und einer realitätsgerechten Bewertung des damaligen Geschehens zweifeln lassen, konnten gutachterlicherseits nicht erhoben werden. Auch in Folge ergaben sich bei ihm heute keine Hinweise auf eine erhöhte diesbezügliche Rückfallgefährdung. Die erarbeiteten Überlegungen und Strategien zur Vermeidung eines möglichen Rückfalls sowie die eingeleiteten Verhaltensalternativen waren somit als stabilisiert einzustufen.

Seine eigenen Erklärungen der Tatumstände bewegten sich zwar überwiegend auf der Ebene konkreter Ereignisse (fehlende Vermeidungsplanung), vernachlässigten aber nicht die generelle Problematik des bisherigen Alkoholkonsums und hierdurch auch begünstigter Trink-Fahr-Konflikte ("also eine Alkoholgewöhnung, die habe ich sicher gehabt"). Herr Kombitelle hat somit klar erkannt, dass selbst die bestmögliche

Vermeidungsstrategie nicht verlässlich eine Alkoholauffällig-keit verhindern kann, wenn bei Trinkgelegenheiten in über-höhtem Maße dem Alkohol zugesprochen und die hieraus resultierende Einschränkung einer Selbstkontrolle von ihr in Kauf genommen würde.

Aus der Darstellung seiner Trinkgewohnheiten im Gesprächsverlauf der psychologischen Untersuchung, das wurde gegen Ende deutlich – und insbesondere der angebo-tene Hinweis auf die intensiv erlebten Schwierigkeiten bei der Umstellung der Trinkgewohnheiten - , sprechen somit für eine zutreffende Einschätzung des seinerzeitigen Alkohol-problems ("mit Alkohol ganz aufzuhören ist mir nicht leichge-fallen").

Erfahrungsgemäß ist es nämlich alles andere denn leicht, bei länger anhaltendem und kontinuierlichem Alkoholmiss-brauch und folglich eingeschliffenen Trinkgewohnheiten eine tatsächliche Umkehr zu Wege zu bringen und im Alltag der Lebensführung zu verankern. Das Risiko, dass von hohen Alkoholmengen der beschriebenen Ausnahmetage (Trinkex-zesse) ausging, ist ihm jetzt in angemessener Weise bewusst ("gelernt über mich und Alkohol habe ich, dass ich mit Alkohol nicht umgehen kann").
Zwischenzeitlich ist es ihm gelungen, seine neue Standfes-tigkeit und sein neu gewonnenes Durchsetzungsvermögen zu erproben und zu verbessern. Die hierbei erlebten positi-ven Erfahrungen haben ihn bestärkt und motiviert, die einge-leiteten Korrekturen auf Dauer beizubehalten. Die Glaubwür-digkeit der eingetretenen Verhaltensänderung, die Herr Kombitelle während der Sperrfrist in realen Situationen im Umgang mit Alkohol neuerdings unter Beweis stellen konnte, war deshalb als gegeben anzunehmen.

Seine jetzt höhere Sensibilisierung für die Problematik "Alko-holmissbrauch" (auch bezogen auf die Teilnahme im Straßeverkehr) erlaubt es ihm in der Tat, seine Aufmerksamkeit auf die Gefahren verleitender Situationen zu richten und bereits im Ansatz strategische Vorkehrungen auch für mögliche Trink-Fahr-Konflikte dergestalt zu treffen, um letzteren tatsächlich rechtzeitig und erfolgreich entgegenwirken zu können ("ich gehe auch weiterhin in die Selbsthilfegruppe einmal pro Woche").

Zusammenfassend ist davon auszugehen, dass ihm dies selbst dann gelingen wird, wenn er in unerwartete und für ihn unvorhersehbare Situationen kommt und das er durch seine neu gewonnene Selbstkontrolle nunmehr, auch wegen der Teilnahme an der eben genannten Reha-Maßnahme für alkoholgefährdete Menschen (die regelmäßige Mitarbeit in einer Abstinenzgruppe), in der Lage ist, seine erzielte Einstellungsänderung auch zukünftig stabil fortzusetzen ("ich trinke jetzt nichts mehr"). Die Wahrscheinlichkeit eines möglichen Kontrollverlustes ist – das kann hier von Seiten der Verkehrsverhaltensprognose sachbezüglich festgehalten werden - gutachterlich mittlerweile gesamtheitlich niedrig einzustufen.

Bei der konkreten Vorgeschichte des Untersuchten ist somit nach den vorliegenden wissenschaftlichen Erkenntnissen nicht von einer erhöhten Wiederholungswahrscheinlichkeit (günstige Verkehrsverhaltensprognose) auszugehen.

Eine günstige Beurteilung und Prognose setzten in der Zusammenschau psychologischer Befunde überzeugende Anhaltspunkte für Einstellungs- und Verhaltensänderungen voraus, die ein erneutes Auftreten der aus der Vorgeschichte bekannten problematischen Verhaltensweisen bei ihm unwahrscheinlich machen. Derartige Anzeichen einer positiven Persönlichkeitsentwicklung konnten bei Herrn Kombitelle hinreichend festgestellt werden. Er konnte in der Begutachtung glaubhaft darlegen, dass er die geforderte Umkehr bezüglich seiner Alkoholauffälligkeit in Einstellung und Verhalten in stabiler Weise vollzogen hat.

V. Beantwortung der Fragestellung

Wir beantworten deshalb die behördlichen Fragen (§ 13 (2) FeV) laut Begutachtungsveranlassung wie folgt:

Gemäß unseren Darlegungen ist <u>nicht</u> (mehr) zu erwarten, dass Herr Kombitelle (auch zukünftig) ein Kraftfahrzeug unter Alkoholeinfluss führen wird.

Hinweise für alkoholbedingte Leistungsbeeinträchtigungen, die als Folge eines unkontrollierten Alkoholkonsums das sichere Führen eines Kraftfahrzeuges in Frage stellen, sind <u>nicht</u> nachzuweisen.

Berechnung der Promillezahlen

Alkohol ist grundsätzlich ein Betäubungsmittel. Alkohol betäubt ab einer gewissen Dosis, die auch von der individuellen Verträglichkeit abhängig ist, Ängste, Sorgen, Hemmungen (Verklemmungen), die Bewältigung unerwünschter Erlebnisse und Erfahrungen. Wer Bier, Wein und andere "Drinks" wegen des Geschmacks konsumiert, wird selbst bei ausgedehnten Feierlichkeiten kaum Promillewerte erreichen, die über 1,0 Promille liegen, so die Verkehrspsychologie. Bei 1,1 Promille gilt juristisch die absolute Fahruntauglichkeit. Wer 1,3 Promille erreicht, zeigt ein Trinkverhalten, das nach den Grundsätzen der Beurteilung der Fahrtauglichkeit deutlich von der Norm (der Durchschnittsbevölkerung) abweicht. Wer also mehr als 1 Promille erreicht hat und argumentiert, er habe soviel getrunken, weil es geschmeckt habe und die Atmosphäre so gut war, der wird kaum einen Gutachter überzeugen. Wer sich im Alkoholrausch an das Steuer gesetzt hat, weiß in den seltensten Fällen, wie viel er denn nun eigentlich genau getrunken hat, um die 1,6 oder mehr Promille zu erreichen. Bei dem Münchner Oktoberfest schickt jedes Jahr die Firma "Promilla" hübsche junge Frauen mit Alkoholtestgeräten durch einige Festzelte der Wiesenwirte, und manch ein Gast ist bei dem Blasen in das Atemlufttestgerät erstaunt, wie viel Promille er schon erreicht hat. Vor einer MPU ist es wichtig auszurechnen, wie viel man denn getrunken haben muss, bis man schließlich am Steuer eines Fahrzeugs gestoppt wurde.

1.) Berechnung des Alkoholgehaltes von einem Getränk

Durchschnittlicher Alkoholgehalt spezifischer Getränke
Bier ca. 4,8 Vol. -%
Wein / Sektca. 11,0 Vol. -%

Spirituosenca. 33,0 Vol. -%
Warsteinerca. 4,8 Vol. -%
Brandyca. 36-40 Vol. -%
Camparica. 25 Vol. -%
Cognacca. 40 Vol. -%
Jägermeisterca. 35 Vol. -%
Kornca. 40 Vol. -%
Whiskyca. 40-43 Vol. -%

Der Alkoholgehalt des Getränks ist auf der Flasche in Vol. - % angegeben (Volumenprozent) und muss nun noch in Gramm Alkohol je Liter umgerechnet werden. Man muss nur den Volumenprozentgehalt mit 8 multiplizieren. Ein Bier mit 5 Vol. - % enthält somit 40 g Alkohol pro Liter. Ein halber Liter Bier enthält somit 20 g Alkohol. Ein Wein mit 10 Vol. - % enthält 80 g Alkohol pro Liter. Ein Glas mit 0,2 l diesen Weins macht dann immer noch 16 g Alkohol. Der Jägermeister mit 35 Vol- % enthält 280 g Alkohol pro Liter. Das einfache 0,02 l (2cl) Glas enthält somit 5,6 g Alkohol. Der Whisky schlägt mit mindestens 40 Vol. -% zu Buche. Ein Liter enthält somit mindestens 320 g Alkohol. Das 0,02 l (2cl) Glas schlägt mit mindestens 6,4 g Alkohol zu Buche.

2.) Berechnung der Blutalkoholkonzentration

Die Berechnung der Blutalkoholkonzentration erfolgt nach der sogenannten Widmark-Formel. Allerdings berücksichtigt die Widmark-Formel nicht, dass ein Teil des getrunkenen Alkohols nicht in den Blutkreislauf gelangt, Fachleute sprechen von dem Resorptionsdefizit. Es sind daher noch einige Schluck Alkohol mehr erforderlich, um die errechnete Promillezahl wirklich zu erreichen.

$$\text{BAK (Blutalkoholkonzentration)} = \frac{\text{Aufgenommene Menge Alkohol in g (Gramm)}}{\text{Körpergewicht in kg multipliziert mit Reduktionsfaktor (Kilogramm)}}$$

Für normalgewichtige Männer beträgt der Reduktionsfaktor ca. 0,75. Bei einem fettleibigen Mann würde man von einem Reduktionsfaktor von 0,65 ausgehen. Ein sehr dünner Mann hätte einen Reduktionsfaktor von ungefähr 0,85. Bei einer Frau beträgt der Reduktionsfaktor ungefähr 0,6 weil Frauen einen höheren Anteil an Unterhautfettgewebe besitzen als Männer. Herr Maier-Schmid wiegt 85 kg. Er ist 175 cm groß. Der sogenannte Reduktionsfaktor könnte mit 0,75 angenommen werden. Herr Maier–Schmid trinkt zwei Liter Bier, das einen Alkoholgehalt von 5,0 Vol. - % aufweist. Daraus ergibt sich, das 1 Liter Bier 40 g Alkohol enthält. Herr Maier-Schmid hat 1,25 Promille im Blut.

$$\text{Blutalkoholkonzentration} = \frac{80 \text{ g Alkohol (2 Liter)}}{85 \text{ kg mal } 0,75 \text{ Reduktionsfaktor}}$$

$$= 1,25 \text{ Promille (BAK)}$$

3. Abbau der Blutalkoholkonzentration

Wenn Herr Maier-Schmid am Steuer seines Autos gestoppt wird, ist seit dem letzten Glas Bier wahrscheinlich schon einige Zeit vergangen und ein Teil des Alkohols vom Körper bereits wieder abgebaut. In einer Stunde werden im Körper ungefähr 0,15 Promille abgebaut. Bei der Beurteilung der Fahrtüchtigkeit wird von 0,1 Promille ausgegangen. Bei strafrechtlichen Fragen wird mit 0,2 Promille gerechnet. Sind nach dem letzen Glas 2 Stunden vergangen, so hätte Herr Maier-Schmid wahrscheinlich noch 0,95 Promille im Blut, wenn man einen stündlichen Abbau von 0,15 Promille zugrunde legt.

Es wird also deutlich, dass man doch eine ziemliche Dosis Alkohol zu sich nehmen muss, um zunächst einmal 1,6 Promille, den Wert, ab dem man eine MPU machen muss, zu erreichen. Dabei ist zu beachten, dass die Aufnahme des Alkohols (Resorption genannt) durch den Körper sehr schnell erfolgt. Dagegen erfolgt die Ausscheidung (Elimination) recht langsam. Geht Herr Maier-Schmid um 23 Uhr mit 2,5 Promille ins Bett und setzt sich morgens um 8.00 Uhr in sein Auto, so hat er wahrscheinlich noch 1 Promille im Blut. Bei 1,1 Promille ist das Unfallrisiko aber bereits neunmal höher als bei einem nüchternen Autofahrer. Zu bedenken ist, dass selbst nach kompletter Ausscheidung des Alkohols aus dem Körper die Leistungsfähigkeit noch erheblich eingeschränkt sein kann (postalkoholische Phase).

Bin ich für den Gutachter ein Alkoholiker?

Bei einer Selbsthilfeorganisation gibt es den Satz "Man kann schon Alkoholiker sein, ohne je im Leben überhaupt einen Schluck Alkohol getrunken zu haben". Dieser Satz spricht jenen Persönlichkeitsbereich an, den ich in diesem Buch mit dem Begriff Risikobiografie (¦) oder Hochrisikobiografie bezeichne. Eine Risikobiografie kann vorliegen, wenn die folgenden Faktoren zusammen (nicht einzeln) gegeben sind und daneben spezifische Kindheitsprägungen (oder Kindheitserfahrungen) vorliegen (hoher Anteil Progression und sehr geringer Anteil "Regression" (¦)):

A) Ich bin sehr stark leistungsorientiert. Mir liegt viel daran, Karriere zu machen und dafür nehme ich zahlreiche "Opfer" und "Entbehrungen" auf mich. Karriere kann für mich auch bedeuten, Sicherheit zu erlangen. Oft und über sehr lange Zeiträume (mehrere Jahre) arbeite ich deutlich mehr als meine Kollegen.

B) Ich habe Angst, Fehler zu machen und versuche oft zwanghaft, Fehler und Kritik an "meiner Person" durch andere Menschen zu vermeiden. Durch Kritik fühle ich mich massiv verletzt, auch wenn andere Menschen sagen, dass die Kritik nicht meiner Person, sondern einem Ereignis gilt, das mit mir zusammenhängt.

C) Ich bin sehr sensibel und innerlich sehr leicht verletzbar, obgleich ich versuche, das nach außen keinesfalls zu zeigen.

D) Ich brauche sehr lange, um zu anderen Menschen Vertrauen und vor allem Vertrautheit und Nähe zu gewinnen. Über meine Gefühle spreche ich eher nicht. Ich versuche, im Alltag nicht den Eindruck zu erwecken, dass ich andere Menschen brauche. Andererseits falle ich manchmal in ein Verhalten der zwanghaften Anhänglichkeit und in die Bereitschaft, wichtige Dinge in meinem Leben für eine andere

Person aufzugeben, wenn ich dafür Liebe und Zuwendung erwarte und sporadisch erhalte.

Menschen, die so denken und handeln, werden möglicherweise eine Reihe von Schwierigkeiten erleben und durchleben müssen. Hohe Leistungsorientierung, alles richtig machen und nicht kritisiert werden wollen, Vorsicht bei der direkten Kontaktaufnahme zu anderen Menschen, Vermeidung von unbefangenen (spontanen) Gefühlsäußerungen in Gegenwart anderer Menschen, all das erzeugt einen wirklich unerträglichen Druck, von dem es bald keine Entspannung mehr gibt, es sei denn durch ein Suchtmittel. Das, was gesucht wird, Geborgenheit, Entlastung und Liebe, wird nämlich so kaum oder gar nicht gefunden. Um sich von den Ansprüchen, Erwartungen, Idealen und Verletzungen und dem daraus resultierenden großen und kaum erträglichen Druck auf die eigene Person zu erholen braucht es ein Mittel, einen Stoff. Alkohol in hoher Menge wirkt "wunderbar" dämpfend auf das Zentralnervensystem. Oft "hilft" Alkohol, eine Art soziale Phobie, das heißt, die Angst vor Ablehnung bei der Begegnung mit anderen Menschen (oft auch Menschen des anderen Geschlechts) und die Angst vor leistungsbezogenen Situationen, denen ich mich gefühlsmäßig gar nicht gewachsen fühle, zu unterdrücken. Hinter einer sozialen Phobie können auch zum Teil unbewusste Größenideale stehen. Dies kann der Wunsch sein, eine besonders schöne Partnerin zu erreichen ("zu besitzen") einen prestigeträchtigen Beruf zu erlangen, während mir meine alltägliche Situation zeigt, dass es für mich unmöglich scheint, dies real zu erlangen. Somit erlange ich keine Zufriedenheit und damit bei klarem Bewusstsein keine Entspannung, und somit brauche ich Alkohol. Leider benötige ich mit der Zeit immer mehr Alkohol, um diesen entspannten Zustand weiterhin zu erreichen. Psychologen sprechen von Toleranzentwicklung gegenüber dem Stoff (Alkohol). Manche Menschen pendeln nach einem durchzechten Alkoholwochenende erst einmal mental (seelisch) in einen positiveren (angenehmeren) Zustand, der Wochen oder Monate anhalten kann, ohne das sie hohe Dosen Alkohol trinken. Danach folgt das nächste durchzechte Wochenende. Andere Menschen trinken regelmäßig Woche für Woche oder Abend für Abend. Irgendwann, nach einer langjährigen Trinkphase geht es vielleicht nur noch darum, dass ich überhaupt einschlafen und aufstehen kann. Ohne Stoffzufuhr (Alkohol) schaffe ich nicht einmal den Weg zur Arbeit. Wenn ich nichts mehr trinken will, bekomme ich Entzugserscheinungen, Zittern, Übelkeit, Einschlafstörungen. Wer Entzugserscheinungen hat, gilt allgemein als alkoholabhängig, doch es ist noch etwas komplizierter. In der Fachwelt spricht man von gelegentlichem Alkoholkonsum, von Gewohnheitskonsum, von Missbrauch, von riskantem Konsum, von schädlichem Konsum und von abhängigen Konsum.

Gelegentlicher Konsum: Eine Person trinkt episodisch mal ein oder zwei Gläser Wein, Bier oder ähnliche Getränke. Das Getränk wird lediglich wegen des Geschmackes gewählt. Die Person verwendet Alkohol nicht, um Durst zu löschen, trinkt Alkohol nicht auf nüchternen Magen und nicht morgens, aber auch nicht jeden Abend. Alkohol wird nicht getrunken, um zu entspannen und generell nicht zur Stimmungsbeeinflussung und auch nicht aus Gefühlen "innerer Leere" oder aus Langeweile heraus. Es wird nicht unter Alkoholeinfluss Auto gefahren. Für die Person ist es völlig unproblematisch, Alkohol abzulehnen.

Gewohnheitskonsum: Bei dem Gewohnheitskonsum wird bereits regelmäßig und in ähnlichen Situationen zum Alkohol gegriffen, zum Beispiel nahezu täglich zum Abendessen.

Missbrauch: Alkohol wird gezielt eingesetzt, um die Stimmung zu heben, zu verbessern, um zu entspannen und abzuschalten, um besondere (oft hohe) Leistungen (nahezu fehlerfrei in der eigenen Vorstellung) zu erbringen. Menschen mit einer Risikobiografie (!) haben oft Angst, Fehler im Beruf zu machen und nicht gelernt, ohne ein potentiellen Suchtstoff zu entspannen.

Riskanter oder gefährlicher Konsum: Alkohol wird getrunken, und es wird Auto gefahren, oder Alkohol wird konsumiert, obwohl man ein Medikament einnehmen muss, dessen Einnahme Alkohol verbieten würde.

Schädlicher Gebrauch: Es kommt zum Beispiel zu einem Black Out (keine Erinnerung) nach einem Rausch. Man verletzt sich im Rausch. Es kommt zu Gewalt. Schäden gelten in dem Zusammenhang als etwas Unangenehmes, Bleibendes. Eine Störung ist eher eine negative Folge des schädlichen Gebrauchs und geht wieder vorüber.

Abhängigkeit: Es treten erhebliche Entzugserscheinungen auf, wenn der Stoff (Alkohol) nicht mehr verfügbar ist.

Abhängigkeit von einem Stoff wird in Deutschland vor allem nach dem ICD 10 (International Classification of Disease (Diagnoseschlüssel und Glossar psychischer Krankheiten)) festgestellt (diagnostiziert). Wenn jemand während seines Stoffkonsums (im letzten Jahr) drei der folgenden Merkmale gleichzeitig erfüllte, kann von Abhängigkeit gesprochen werden. Der Begriff Sucht steht für Abhängigkeit.

(1)   Ein starker Wunsch oder eine Art Zwang, Alkohol zu konsumieren.
(Frau Maier-Müller kommt am Abend erschöpft nach Hause. "Verdammt" denkt sie, "es ist kein Alkohol, kein Wein, ja nicht mal mehr Bier im Haus". Die Geschäfte haben schon zu, und ihr Auto hat gerade der Sohn. Da es regnet ist auch kein Taxi zu bekommen. Obwohl Frau Maier-Müller stark erschöpft von der Arbeit ist, macht sie

sich auf, um im Regen zu der zwei Kilometer entfernten Tankstelle zu laufen und Wein zu kaufen.)

(2)   Verminderte Kontrollfähigkeit bezüglich des Beginns, der Beendigung und der Menge des Alkoholkonsums.
(Herr Huber-Schmid sitzt mit Freunden in der Kneipe. Er hat sich vorgenommen, heute Abend zwei Bier zu trinken und dann nach Hause zu seiner Partnerin zu fahren. Es ist gemütlich, Herr Huber-Schmid trinkt ein drittes und ein viertes und ein achtes Bier. Erst dann geht er zum Auto und macht sich auf den Heimweg.)

(3)   Ein körperliches Entzugssyndrom bei Beendigung oder Reduktion des Konsums, nachgewiesen durch die substanzspezifischen Entzugssymptome oder durch die Aufnahme der gleichen oder einer nahe verwandten Substanz, um Entzugssymptome zu mildern oder zu vermeiden.
(Als Herr Körperle Opa wird beschließt er, wenigstens in der Woche, wo seine Tochter das Kind bekommt, ein Enkeltöchterchen, keinen Alkohol mehr zu trinken. Allerdings stellen sich Zittern und Magenkrämpfe ein. Als er daraufhin wieder mehrmals einen großen Schluck aus der Flasche nimmt, verschwinden die Magenkrämpfe und das Zittern.)

(4)   Nachweis einer Toleranz. Um die ursprünglich durch niedrige Dosen erreichten Wirkungen der psychotropen Substanz (Alkohol) hervorzurufen, sind zunehmend größere Dosen erforderlich (eindeutige Beispiele hierfür sind die Tagesdosen von Alkoholikern und Opiatabhängigen, die bei Konsumenten ohne Toleranzentwicklung zu einer schweren Beeinträchtigung oder sogar zum Tode führen würden).

(Frau Linde trank vor einem Jahr regelmäßig am Abend ein bis zwei Gläser Wein. Daraufhin konnte sie gut und zufrieden einschlafen. Dies funktioniert seit einigen Monaten jedoch nicht mehr. Seitdem trinkt sie acht bis zehn Gläser Wein, damit sie einschlafen kann.)

(5)   Fortschreitende Vernachlässigung anderer Vergnügen oder Interessen zugunsten des Substanzkonsums (Alkohol). Erhöhter Zeitaufwand, um die Substanz zu beschaffen, zu konsumieren oder sich von den Folgen zu erholen.

(Herr Dölle war früher ein begeisterter Motorradfahrer. Seit drei Jahren steht die Maschine jedoch meistens in der Garage. Am Wochenende hat Herr Dölle oft soviel Alkohol getrunken, dass er sich nicht mehr auf die Maschine traut. Öfters konnte er am Montag auch nicht in die Arbeit gehen, weil er sich erst von dem Wochenende, an dem er stets mehrere Kästen Bier trank, erholen musste. Schon am Donnerstag machte er sich Gedanken, ob denn genug Bier da sei, kontrollierte den Keller und die Küche. Anschließend fuhr er zum Getränkemarkt, wobei er jede Woche einen anderen Getränkemarkt ansteuerte, damit niemand seinen hohen Konsum bemerken kann und er sich nicht schämen muss.)

(6)   Anhaltender Substanzkonsum trotz Nachweises eindeutiger schädlicher Folgen, wie z.B. Leberschädigung durch exzessives Trinken, depressive Verstimmungen infolge starken Substanzkonsums oder drogenbedingte Verschlechterung kognitiver Funktionen. Es sollte dabei festgestellt werden, dass der Konsument sich tatsächlich über Art und Ausmaß der schädlichen Folgen im Klaren war oder dass zumindest davon auszugehen ist.

(Herr Rudi Maierhammer war schon vor einem halben Jahr bei seinem Hausarzt. Der sagte ihm, dass seine Leberwerte viel zu hoch seien und dies von seinem Alko-

holkonsum käme. Auch der Arbeitgeber kritisierte, dass Herr Rudi Maierhammer oft wegen gesundheitlicher Probleme fehle. Herr Maierhammer hatte oft Magenprobleme und blieb dann zu Hause. Der Arzt gab ihm Vitaminspritzen und legte ihm nahe, eine Entgiftung im Krankenhaus und möglichst eine stationäre Rehabilitationsbehandlung für Suchtkranke zu machen. Doch auf Alkohol verzichten, das wollte und konnte sich Herr Rudi Maierhammer nicht vorstellen, selbst dann nicht, wenn ihn der Arbeitgeber wegen seinen Fehlzeiten entlassen sollte. Zu hohe Leberwerte können ihn ebenso wenig überzeugen wie der Verlust des Führerscheins wegen Alkohol im Straßenverkehr).

Wer vom Alkohol abhängig ist, der darf keinen Alkohol mehr trinken, um eine positive Prognose von dem Psychologen bei der Medizinisch-Psychologischen Untersuchung zu erzielen. Aber auch wer Alkohol missbraucht hat, so stark missbraucht hat, dass kaum ein wirklich kontrollierter Umgang mit Alkohol mehr zu erwarten ist, müsste abstinent leben, wenn der Gutachter bestätigen soll, dass er wieder die Voraussetzungen zum Führen eines Kraftfahrzeuges im Straßenverkehr erfüllt. Psychologen gehen davon aus, dass Menschen, die Alkohol lediglich als Genussmittel gebrauchen, unauffällig bleiben. Sie können jederzeit mit dem Konsum aufhören und trinken nicht mehr, als sie sich vorgenommen haben. So wie niemand 3 Kilo Knödel oder 1 Kilo Eis isst, weil es in diesen Mengen nicht mehr schmeckt, wird ein "normaler" Alkoholkonsument auch nicht 10 Bier trinken. Wenn jemand Alkohol trinkt, um eine spezielle Wirkung zu erzielen, zum Beispiel, um lockerer zu werden und dabei mehr trinkt, als er verträgt, dann setzt bereits der Missbrauch ein. Dieser Missbrauch kann zu einer regelmäßigen Erfahrung werden, beispielsweise, wenn immer in der Diskothek oder am Stammtisch oder bei dem Kegeln Alkohol getrunken wird und man am nächsten Morgen doch zumeist mit einem schweren Kopf aufwacht, also stets mehr konsumiert hat, als man eigentlich verträgt. Der Weg vom Missbrauch zu Abhängigkeit dauert oft Jahre, und kaum jemand gesteht sich selbst seine Abhängigkeit ein, so lange keine massiven körperlichen Schäden vorliegen. Abhängigkeit, die nicht behandelt und nicht durch Abstinenz gestoppt wird, führt in der Regel zum Tod.

Was hat die Kindheit mit der MPU zu tun?

Grundsätzlich gilt, dass ab einer Promillezahl von 1,3 bzw. 1,6 Promille belastende Lebensumstände der letzten Jahre allein nicht (oder nur sehr selten) den Alkoholmissbrauch erklären können. Wenn eine Frau (oder ein Mann von Männern) vergewaltigt wurde, so ist dies eine starke Belastungssituation, die einen Alkoholmissbrauch durchaus erklären könnte. Anders ist es, wenn jemand angibt, wegen wiederkehrenden Streites mit der Partnerin oder Problemen mit den Kindern oder dem Arbeitgeber oder wegen Stress in der Arbeit habe er vermehrt Alkohol getrunken. In diesen Fällen reichen die ungünstigen Lebensumstände allein nicht aus, um den übermäßigen Alkoholkonsum zu erklären. Vielmehr geht der Psychologe in der Regel in diesen Fällen davon aus, dass es eine in der Person liegende Neigung zum Missbrauch bewusstseinsverändernder Mittel gibt. Neigungen, die besonders tief gehen, also besonders eingeschliffen und besonders stark sind, entstehen nicht selten in der (frühen) Kindheit. Die Ursachen und Gründe für die eigene Neigung zum Betäubungsmittelmissbrauch (Alkoholmissbrauch) bzw. dem Missbrauch einer psychotropen Substanz wenigstens in Ansätzen zu (er-)kennen, ist also durchaus günstig, wenn man sein Verhalten und die eigene emotionale Befindlichkeit verändern will. Viele Psychologen sprechen von einer "inneren Aufarbeitung", oder "inneren Bewältigung".

Gutachter: Warum waren gerade Sie anfällig für den Alkoholmissbrauch?

Mayer: Ja, darüber habe ich auch schon nachgedacht, es war eben Gewohnheit.

Kommentar: Nein, lieber Herr Mayer! Gewohnheit war es nicht, jedenfalls nicht nur. Die Bemerkung, dass es Gewohn-

106

heit war, besagt lediglich, dass Sie ihr Leben wohl kaum aufgearbeitet (hinreichend reflektiert) haben.

Viele Menschen sind anfällig für den Gebrauch eines Mittels
als Suchtmittel. Alkohol, Zigaretten, Schokolade, fette Nah-
rung, viele Dinge (Stoffe) können zu Suchtmitteln werden.
Kaum jemand ist jedoch aus Gewohnheit, aus Spaß, oder
gar allein durch Vererbung besonders anfällig für den
Gebrauch eines Suchtmittels. Vererbung kann eine
(un)günstige Disposition sein, aber allein Vererbung ist keine
Erklärung für eine Suchtentwicklung.

Fall 1. – Frau Neumaier
Frau Neumaier wuchs in einer kleinen Stadt auf. Als sie 2
Jahre alt ist, muss sie mit ihrer Mutter Polen verlassen. Der
Umzug nach Deutschland findet in den Nachkriegswirren
statt. Der Vater kam im Krieg um. Die Mutter blieb allein. In
einer kurzen Beziehung mit einem Bauarbeiter wird ein zwei-
tes Kind gezeugt. Die Mutter geht sehr viel arbeiten. Frau
Neumaier wächst hauptsächlich bei ihrer Großmutter auf. Als
Frau Neumaier 5 Jahre alt ist, stirbt die Großmutter. Frau
Neumaier ist jetzt meistens alleine. Sie kümmert sich allein
um ihre Schulsachen, um ihr Mittag- und Abendessen. Oft ist
Sie traurig und weiß gar nicht recht warum. Aussiedler werden am Wohnort von Frau Neumaier sehr stark ausgegrenzt.
Als Frau Neumaier erwachsen ist, versucht sie, alles richtig
zu machen. Sie will bloß niemals negativ auffallen. Fleißig
sein, ordentlich sein, nicht kritisiert werden, pünktlich sein
sind ihre Werte. Die erste Ehe geht schief. Der Mann verlässt
sie. Frau Neumaier beginnt, Alkohol zu trinken. Ein Glas
trinkt sie jeden Abend. Der Schlaf wird ruhiger. Ein Glas trinkt
sie vor wichtigen Besprechungen. Frau Neumaier möchte
niemals im Mittelpunkt stehen. So lässt sich die Besprechung
gleich leichter ertragen. Mit den Jahren freilich trinkt Frau
Neumaier immer mehr. Eines Tages wird ihr bewusst, dass

ohne Alkohol gar nichts mehr geht. Fortan legt sie Alkoholreserven an.

Fall 2. – Herr Schönert

Herr Schönert wächst in einem kleinen Dorf mit 700 Einwohnern auf. Der Vater, ein Viehhändler, trinkt regelmäßig am Abend seine 2 bis 3 Bier. Am Wochenende, auf dem Markt der Viehhändler, auch mal 5 bis 8 Bier. Nach einem richtig guten Geschäft trinkt er noch mehr. Die Mutter von Herrn Schönert trinkt kaum Alkohol. Über den Alkoholkonsum des Vaters wird nicht gesprochen. Über Gefühle wird in der Familie allgemein nicht geredet. Als Herr Schönert erwachsen ist und seine Mutter und seinen Vater charakterisieren soll, hat er dabei große Probleme. Auch den Charakter seiner langjährigen Freundin kann er kaum beschreiben. Seine Freundin kritisiert, dass er kaum mit ihr spricht, schon gar nicht über Probleme und Gefühle.

Viele Patienten zeigen besondere Merkmale, die auf eine Biografie hinweisen, die ich **Risikobiografie** (¦) oder Hochrisikobiografie nenne. Im Prinzip ist jede Biografie eine Risikobiografie. Das Leben und das Universum, in dem wir uns befinden, sind so kompliziert und unerforscht, dass wir immer schon überfordert sind, nicht mit dem Verstand wissen können, wer und wo wir sind, wie dies alles zusammenhängt. Auch aus diesen Gründen suchen sich Menschen seit jeher Dinge, an denen sie sich festhalten können (Suche nach Ordnung). Religionen und Partnerschaften spielten hier eine große Rolle. In früheren Zeiten waren körperlich starke Männer mit viel Gruppenmacht begehrte Lebenspartner. Heute zählen bei der Partnerwahl auch äußeres Erscheinungsbild, Besitz, berufliche Position und Gesundheit. Andererseits sichern Institutionen wie Versicherungen die persönliche wirtschaftliche Stabilität ab, und das geregelte Einkommen gewährleistet die selbständige Existenz. Auf Dauerhaftigkeit angelegte Partnerschaften und Familien werden immer brüchiger. Kommt es zu Katastrophen wie der Zerstörung des World Trade Center, dann verzeichnen Partnervermittlungen in der betroffenen Gegend in den Monaten danach eine verstärkte Nachfrage. Das Leben ist eine ungewisse Sache, und selbst der tiefgläubigste Mensch kann nicht "wissen" wie das Leben endet und was "nach" dem Tod passiert, er kann nur "glauben" dass dies oder jenes passiert, wobei Glauben im Sinne von Logik keine Gewissheit erzeugen kann (es gibt auch viele alkoholkranke Priester und Mönche). Seit der frühesten Kindheit erfahren wir starke Enttäuschungen. Am Anfang des Lebens ist für jedes Kind noch alles eins, es fühlt sich eins mit dem Universum, wirft seinen Brei, den es essen soll, durch die Luft, dass er an die Wand fliegt, weil Brei und Wand und Saft und Teppich doch alles eins sind. Die Eltern verlangen jedoch bald Selbstbeherrschung von dem Kind. Es kann und darf nicht mehr machen, was es will, wenn es die Liebe der Eltern nicht verlieren möchte. Und diese Liebe und Zuwendung möchte das kleine Kind auf keinen Fall verlieren, denn ohne Liebe und Zuwendung würde es sterben. Da Eltern nicht nur mit dem komplizierten Wesen eines Kindes überfordert sein müssen, sondern nicht selten auch mit sich selbst und der Gesellschaft, in der sie leben, überfordert sind, bekommen viele Kinder das Gefühl, nicht geliebt oder nicht erwünscht zu sein oder nur für bestimmte Leistungen (Versorgung des Bauernhofes, gute Zensuren in der Schule, für möglichst "nichts sagen" und zu Hause immer leise sein) geliebt werden. Eltern legen ihren Kindern unter Umständen auf besonders "einfühlsame" Weise dar, das sie sich ein "problemfreies" Kind wünschen. Diese Erfahrungen des Kindes schaffen aber gerade Probleme für das weitere Leben. Viele Menschen haben für sich genug Ressourcen, um mit einem sie überfordernden Leben doch noch fertig zu werden, es auszuhalten und sogar genießen zu können (Schutzfaktoren oder protektive Faktoren). Man könnte es auch so ausdrücken und sagen, viele Kinder können es sich erlauben, weil sie genug Ressourcen haben, emotional unempfindlich (und unsensibel) gegenüber den Ansprüchen der Eltern zu bleiben. Andere sind sensibel und durch ihre Lebensumstände schnell massiv überlastet (überfordert). Wer eine Biografie besitzt, die sich als Risikobiografie beschreiben lässt, der muss nicht zwangsläufig eine Substanz (Alkohol) als Suchtmittel missbrauchen, aber die Gefahr, dass er es irgendwann doch tut, ist wahrscheinlich größer als bei einer Vergleichsgruppe, die keine Risikobiografie aufweist und Ressourcen in Form von vielen guten Freunden, befriedigenden sexuellen Beziehungen und Erfahrungen innerer Zufriedenheit aufweist. Viele Menschen haben genug Ressourcen, genug Notanker und damit günstige Fähigkeiten, um eine Risikobiografie in der Balance zu halten. Ein Wissenschaftler, der jenseits der Alltagswelt lebt, viel allein ist und forscht und eine solche hier beschriebene Risikobiografie hat, ist vielleicht mit einer Frau zusammen, die ihm viel emotionale Unterstützung und Zuwendung gibt, so dass sein Leben in der Balance bleibt und er kein Suchtmittel benutzt. Besonders wichtig ist jedoch, bereits in der frühen Kindheit Ressourcen zu haben, die Belastungen aus einem Teil der Umwelt, zum Beispiel durch trinkende oder gewalttätige Eltern ausgleichen (kompensieren), zum Beispiel, wenn liebevolle Großeltern zu einem Ansprechpartner des Kindes werden.

1. Wer in der frühen Kindheit massiv allein gelassen wurde trägt unter Umständen ein besonderes Risiko. Das bedeutet, die Mutter oder der Vater waren kaum verfügbar oder sind früh gestorben. Die Großeltern, die Geschwister oder die Onkels und Tanten konnten nicht zu wirklichen Bezugspersonen werden, zu denen das Kind Vertrauen entwickelte. Das Kind musste schon sehr früh mit sich allein zurechtkommen.
Gutachter: Was hat sich geändert?

Patient:	Ich habe gelernt, auf andere Menschen zuzugehen. Ich fühle mich nicht mehr bei jeder Kritik sofort gekränkt. Meine Angst, einmal im Mittelpunkt zu stehen, angreifbar zu sein, ist viel geringer geworden. Vor allem brauche ich keinen Alkohol mehr, um mit diesen Ängsten klarzukommen.

2. Wer in einer Familie oder Umgebung aufwächst in der Gefühle kaum in Sprache gefasst und geäußert werden, trägt unter Umständen ein besonders hohes Risiko. Viele Menschen haben große Probleme, sich selbst, ihre Eltern und Freunde zu charakterisieren. Sie können die Beziehung zu Freunden oder Eltern nicht mit Worten beschreiben, und die Gefühle, die in der Familie Realität waren und sind, können sie nur nach intensivem Nachfragen zögerlich und oft unscharf benennen.

Gutachter:	Was hat sich geändert?
Patient:	Ich habe gelernt, über meine Gefühle zu sprechen. Die Erfahrung hat mir schon in der Kindheit gefehlt, was ich lange Zeit noch nicht einmal gewusst habe. Zuerst habe ich gelernt, wenigstens zu meinen Freunden über Gefühle zu reden. Jetzt schaffe ich dies sogar gegenüber fremden Personen. Das bedeutet für mich auch, dass ich gelernt habe, meine Gefühle erst einmal wahrzunehmen. Das war früher schwer. Wut, Hass, Liebe, Sympathie, Angst, das habe ich alles eher unterdrückt.

3. Wer in einer Familie aufgewachsen ist, in der Liebe, Zuwendung und Anerkennung nur dann gegeben wurde, wenn das Kind eine Leistung erbracht hatte, der trägt unter Umständen ein besonders hohes Risiko. Kritisch ist auch, wenn das Kind hinsichtlich seiner Leistungen, zum Beispiel in der Schule, von den Eltern mit anderen Kindern ständig verglichen wird. Viele Menschen, die in einer solchen Familie aufwachsen, werden später sehr leistungsorientiert leben. Sie orientieren sich selbst an hohen Leistungen (und Idealen), versuchen um nahezu jeden Preis, hohe Leistungen zu erbringen. Oft werden auch die Mitmenschen nach ihrem Status und ihrer Leistung beurteilt. Allerdings verfallen manche Menschen auch in das Gegenteil und verweigern gerade dann jede Art von Leistung. Sie flüchten unter Umständen in Welten aus Videospielen, Musik und Drogen.

Gutachter:	Was hat sich geändert?
Patient:	Ich weiß heute, dass ich auch wichtig bin, wenn ich einmal keine Leistung erbringe, zum Beispiel dann, wenn ich Entspannung brauche. Ich wollte immer der Beste sein, in der Schule, in der Ausbildung, im Beruf. Mit halben Dingen konnte ich mich nie zufrieden geben. Ich musste die attraktivste Partnerin, das beste Auto, das meiste Geld, den besten Job haben, egal, wie stressig es war, hinter diesen Dingen hinterherzulaufen. Für diese Ideale habe ich viel riskiert. Fehler wollte ich nie machen. Alle sollten denken, dass ich alles verstehe und alles im Griff habe. Mittlerweile weiß ich, dass Fehler dazu gehören, dass es unmöglich ist, immer der Beste zu sein. Ich habe gelernt zu entspannen, abzuschalten. Ich weiß heute, dass die Bedeutung meiner Per-

son nicht von dem Urteil anderer Menschen abhängen muss.

4. Wer in einer Familie aufwächst, wo er schon als Kind zahlreiche Aufgaben samt der kompletten Verantwortung dafür übernehmen muss, trägt unter Umständen ein besonders hohes Risiko. Wer so aufwächst, gerät in die Gefahr, keine wirklich sorgenfreie Kindheit zu durchleben. Kind sein bedeutet aber, lange Zeit weitgehend sorgenfrei und unbefangen sein. Jemand, der mit vielen Sorgen und mit viel Verantwortung aufwächst, lernt oft nicht, anderen zu vertrauen, dem Leben zu vertrauen. Er ist mit seiner durch die Familie zugeschriebenen Rolle dauerhaft überfordert. Ohne Vertrauen in das Leben, ohne Vertrauen in andere Menschen und Institutionen wird der Druck, den ich als Mensch fühle, jedoch unerträglich groß, so dass Alkohol ein willkommenes "Medikament" (mit auf Dauer furchtbaren Nebenwirkungen) ist, um den Druck wenigstens kurzfristig los zu werden.

Gutachter: Was hat sich geändert?
Patient: Ich habe gelernt, dass ich nicht für alles Verantwortung tragen kann. Oft hatte ich das Gefühl, dass mich die Verantwortung erdrückt. Ich wollte meiner Familie ein Haus finanzieren, ein lieber Papa für meine Kinder, ein guter Ehemann sein und viel Geld nach Hause bringen und im Beruf vorwärts kommen. Aber alles geht nicht. Ich kann nicht überall perfekt sein. Auf viele Dinge kann ich gar keinen Einfluss haben. Akzeptieren kann ich das erst heute. Das musste ich lernen. Ich wollte alle Erwartungen immer erfüllen. Ich hatte das Gefühl, dass ich alle Erwartungen erfüllen muss. Ertragen konnte

ich dies nur, wenn ich Alkohol trank, um mich wieder zu entspannen. Gelernt habe ich, gelassener zu sein, andere Menschen auch in die Verantwortung zu nehmen, Verantwortung abzugeben und vor allem zu vertrauen.

5. Wer in einer Familie aufwächst, in der gesunde Grenzen zwischen den Generationen fehlen, in der Freiräume fehlen, um sich von den Eltern abzugrenzen, in der Geheimnisse nicht möglich sind, der trägt ein hohes Risiko. Wenn Badtüren nicht geschlossen werden, wo der Vater mit der pubertierenden Tochter das Bad gemeinsam benutzt, wo die Mutter das Tagebuch der Tochter liest, wo sich die Mutter vor dem Sohn umzieht, da wird es für das Kind möglicherweise problematisch, die eigene "intime" Identität zu finden. Wer sich über die eigene Identität im Unklaren ist, der fühlt sich unter Umständen oft hilflos und leer und sucht (oft verzweifelt und mit riesigem Aufwand) nach dem eigenen Sein, der eigenen Existenz, ohne sich zu finden.

Gutachter: Was hat sich geändert?
Patient: Lange Zeit habe ich mich völlig leer und orientierungslos gefühlt. Alkohol hat mir geholfen, diese Gefühle der Leere zu ertragen. Ich habe heute gelernt, Räume, Freiräume für mich selbst zu beanspruchen. Ich habe kein schlechtes Gewissen mehr, wenn ich Freiräume für mich beanspruche. Ich kann heute Dinge tun, die mir Spaß machen, ohne dass ich dabei Schuldgefühle habe. Aber ich musste dies erst lernen.

6. Wer in einer Familie aufwächst, in der dem Kind keine Möglichkeit gegeben wird, sich gegenüber den Eltern abzu-

114

grenzen, trägt unter Umständen ein besonders hohes Risiko. Wo die Eltern sich modern geben, wo das Kind bunte Haare haben darf, und die Eltern immer signalisieren, dass sie das Kind verstehen, wo grenzenlose Liberalität herrscht und das Kind es nicht schafft, Widerspruch seitens der Eltern zu bekommen, wird es schwierig, die eigene als sicher erlebte Identität zu bilden.

Gutachter: Was hat sich geändert?

Patient: Der Alkoholmissbrauch war eine Möglichkeit, mich von meiner Familie abzugrenzen, endlich anders zu sein. Meine Eltern hatten immer für alles Verständnis, nur nicht für Drogen. Irgendwann konnte ich dieses liberale Milieu mit Verständnis für alles, wo alles gleichberechtigt diskutiert werden konnte, nicht mehr ertragen. Ich wollte ich selbst sein, ich wollte mich abgrenzen und Widerspruch. Ich dachte, mit Alkohol könnte ich dies erlangen. Am Anfang hat dies auch funktioniert, aber auf lange Sicht war es der verkehrte Weg. Heute kann ich mich abgrenzen, ich habe auch die Situation meiner Eltern letztlich verstanden. Durch den Alkohol wollte ich Widerspruch erzielen, endlich wahrgenommen werden. Ich wollte ehrliche Zuwendung, aber auch Abgrenzung. Ich wollte anders sein dürfen als meine Eltern, und ich wollte auch ein wenig Bewunderung, Bewunderung auch dann, wenn ich nicht so bin wie sie. Bewunderung auch dann, wenn ich eigen bin, wenn ich "ich" bin. Ich wollte nicht immer nur das Signal: Wir verstehen Dich doch. Ich bin eine andere Generation, mit anderen Zielen, anderen Meinungen, anderen Fehlern. Bei meinen Eltern hatte ich immer das Gefühl, wir sind alle genauso, wir haben uns alle lieb. Dass zur Liebe Konflikte gehören, dass zur Liebe die Abgrenzung gehört, das ist mir heute klar, aber der Alkohol war der falsche Weg dahin.

Bei der Medizinisch-Psycholgischen Untersuchung wird oft gefragt, was sich denn nun (in der Regel seit der Abstinenz) verändert hat. Viele Klienten zucken dann nur mit den Schultern, und viele Menschen fragen oft völlig hilflos, was sie denn nun verändern sollten und warum der Verzicht auf den Stoff, der zum Suchtstoff geworden ist, nicht ausreicht, um den Psychologen zu überzeugen.

1.) Lernen Sie über Ihre Gefühle zu sprechen! Das ist schon viel, wenn Sie ihren Mitmenschen etwas über ihre Gefühle sagen können. Herr Kunrath hat es niemals fertiggebracht, in den ganzen 22 Jahren seines Berufslebens nicht, seinen Arbeitskollegen am Montag einmal zu erzählen, mit welchen Gefühlen sein Wochenende verbunden war. Wer mit anderen Menschen sehr nah so lange zusammen ist und doch viel Distanz aufrecht erhält, kann an diesem Ort, wo er berufstätig ist, kaum glücklich werden und kann möglicherweise keine Zufriedenheit entwickeln. Den Arbeitsort, der solch ein wichtiger zeitintensiver Teil des eigenen Lebens ist, als unschönen Ort dauerhaft zu erleben ist jedoch schwer zu ertragen. Das Problem dabei ist, dass wir Dinge, die wir nicht gelernt und nicht erfahren haben, unter Umständen auch nicht vermissen. Zumindest vermissen wir diese Dinge im Bewusstsein oft nicht, auch wenn sie in verschlüsselter Form, zum Beispiel in Träumen, in das Bewusstsein gelangen. Das ändert nichts daran, dass die Rede über Gefühle und der Ausdruck von Empfindungen zum Menschen dazugehört und gesundheitsfördernd ist. Viele suchtkranke oder suchtgefährdete Menschen suchen eine Sprache (Kommunikation) der Gefühle, oft, ohne diese Art der Kommunikation je kennengelernt oder erfahren zu haben, und andererseits weichen sie einer solchen Verständigung oft panisch und fluchtartig aus und werten Gefühle ab.

2.) Lernen Sie nicht nur über Ihre Gefühle zu sprechen, sondern lernen sie auch und fangen sie damit an, Gefühle (Emotionen) unmittelbar auszudrücken. Wenn sie sich freuen, dann freuen sie sich eben, auch wenn sie gerade in einer Besprechung in der Arbeit sind. Ihre Freude aufzuschieben, so zu tun als wäre nichts, ist auf Dauer und regelmäßig praktiziert (in dem sie ihre erlebten Gefühle nicht ausleben und konsequent unterdrücken) ungesund und unerträglich. Genauso ungesund ist es, wenn sie sich dann fragen, "aber was werden denn die anderen da denken". Orientieren sie sich nicht ständig an den Erwartungen der anderen Menschen, sondern lernen sie, sich an Ihren Bedürfnissen nach Zufriedenheit, nach Unterhaltung, nach Liebe, nach Entspannung, nach Geborgenheit, nach aufregenden Erlebnissen und Phantasien zu orientieren.

3.) Mit Regression (¦) wird in der Psychoanalyse eine Rücker in kindliche Verhaltensweisen bezeichnet. Erwachsensein steht für uns allzu oft für Kontrolle des eigenen Verhaltens, für Zielstrebigkeit, für die Übernahme von Verantwortung. Erwachsensein ist oft "Dreckarbeit", aufwaschen, Wäsche ordnen, Müll entsorgen, managen, organisieren, Verantwortung tragen. Kindheit ist im "Optimalfall" viel Spielerei, viel Sorglosigkeit, viel Leben ohne Druck und ohne Sorgen und ohne zu viel Verantwortung für sich selbst und für andere (zum Beispiel für die Geschwister). Auch als Erwachsener brauche ich Nischen, wo ich derartige kindliche Bedürfnisse verwirklichen, leben kann, sorgenfrei leben, mich im Spiel vergessen, schwach und hilfsbedürftig sein kann. Besonders problematisch ist, wenn die Kindheit in eine Leistungskultur umgewandelt wird, wie es in der westlichen Gesellschaft oft vorkommt. Zwar kann so etwas wie Schule durchaus sehr früh beginnen, jedoch nur als Spiel ohne jeden Leistungsdruck, alles andere erweist sich als hochgefährlich. Viele Kinder versuchen, auch über Leistung Zuwendung ihrer Eltern zu erlangen und die Familie zu steuern, um die gefühlte Überforderung der Eltern zu begrenzen. Eltern wollen oft etwas Gutes für ihr Kind, wenn sie dieses überreden, Ballettunterricht zu nehmen, Klavier zu spielen und Literatur zu lesen. Doch diese Art des frühen Überredens und Anbindens an eine Hochleistungskultur erscheint psychisch gefährlich für jedes Kind. Sogenannte hochbegabte Kinder müssen im übrigen nie zu etwas überredet werden. Sie stürzen sich von selbst auf Dinge und überreden ihre Bezugspersonen, ihnen Dinge zu lehren und sie zum Beispiel mit Büchern oder Musikinstrumenten zu versorgen. Besonders in Familien mit einer langen Familientradition (z.B. Adel, Akademiker- und Unternehmerfamilien mit Familienlegenden) kommt es vielfach zu einer extremen Anbindung der Kinder an spezifische familiäre Leistungs- und Verhaltenskulturen. Die Kinder lernen früh, ihre Familie zu "bewundern" (was mit "Achtung" umschrieben wird), sie als selbstwertfördernd und selbstwertstabilisierend zu erleben und "hecheln" der Familienkultur manchmal dann lebenslang hinterher. Zurück bleibt oft, trotz aller beruflichen und intellektuellen Erfolge, eine große innere Leere und abgespaltene Aggression, dazu kommen nicht selten Suizidphantasien (Selbstmordgedanken) und die "Unfähigkeit" (und Angst) zu lieben. "Bürgerliche" Kinder überwinden eher ihre Familie zeitweise und genießen Regelverstöße und Experimente. Allerdings versuchen sie oft, Dinge zu erreichen, die von den eigenen Eltern nicht erreicht wurden. Waren die Eltern sehr erfolgreich und wird dieser Erfolg beispielsweise, wenn der Vater Manager ist, in der Familie zelebriert, gleiten die Kinder nicht selten in ein sehr regressives Lebensweltmilieu ab, wie es am ehesten noch gesellschaftlich in der Künstler- und Designerszene toleriert wird. Eine weitere Spielart wäre auch hier Drogensucht oder Terrorismus. So erklärt sich auch, dass viele so genannte Terroristen aus wohlhabenden und gebildeten Familien stammten.

4.) Demut lernen, das heißt vor allem auch, darauf zu verzichten, andere Menschen permanent zu beurteilen und zu verurteilen. Demut heißt Gelassenheit lernen und auch gelassen mit Ablehnung (und zuweilen auch mit Zuwendung) durch andere Menschen umzugehen. Wenn ich wütend oder verletzt bin, dann kann ich laufen gehen, auf einen Berg klettern, schwimmen gehen und die Wut somit abbauen und so zu meiner Gelassenheit zurückkehren. Ein wenig in Demut zu leben, kann mich von Ansprüchen befreien, besser, wichtiger und mächtiger als andere Menschen sein zu wollen. Besser, erfolgreicher und gesünder als so viele andere sein zu wollen sind oft narzisstische Wünsche (siehe Narzissmus), die letztlich niemals absolut erreichbar sind.

5.) Lernen los zu lassen gehört zu einem erfüllten Leben. Partner verlassen einen, Kinder werden groß, Freunde sterben. Ich brauche nicht zu erwarten, dass sich andere Menschen für mich oder dass sich die Welt für mich ändert. Ein wenig kindliche Unbefangenheit, Naivität kann helfen, Dinge los zu lassen. Ich kann darum trauern, mich dann aber auf neues konzentrieren, neue Partnerschaften, neue Hobbys, einen neuen Lebensabschnitt.

6.) In der Gegenwart leben. Wer Idealen (Karriere, Geld, Sicherheit, immer mehr Kontakt, immer mehr Freunde, immer mehr Action, immer mehr Bildung) ständig hinterher rennt, der kann kaum wirklich in der Gegenwart leben. Wer zur MPU geht, sollte doch am besten mit einer gewissen Neugier dahin gehen, auch mit dem Gedanken, eine besondere Erfahrung zu machen und nicht mit dem zwanghaften

Wunsch, um jeden Preis den Führerschein zurück erkämpfen zu müssen. Die MPU ist keine Spielwiese für Kämpfe mit Psychologen. Wer etwas erzwingen will, der lässt andere an diesem Zwang teilhaben und schreckt andere Menschen damit ab. Wer eine Partnerschaft erzwingen will, sorgt bereits am Anfang dafür, dass es keine Partnerschaft wird oder dass diese möglicherweise alsbald unbefriedigend verläuft. Oft werden Chefs emotional abgelehnt, weil sie etwas zu erzwingen versuchen. Manch eine Angestellte verliebt sich in dem Irrglauben in einen Chef, dass sie eine Beziehung vom Zwang des "Untergebenseins" (der Asymmetrie), dem Zwang, der vom Chef und ihr selbst erst miterzeugt wurde, befreit und an der Macht teilhaben lässt und so Sicherheit erlangt. In der Gegenwart leben hängt auch mit loslassen können zusammen.

7.) Menschen sind soziale Wesen, die Liebe, Geborgenheit und Kontakt (Wärme) benötigen. Liebe, wenn sie gesund und wohltuend sein soll, ist keine Tauschbeziehung. Ich habe Geld, dafür bekomme ich deine Liebe, ich bin hübsch und mache mit dir Sex, dafür sorgst du für mich und hast mich lieb. Dies sind Tauschbeziehungen. In "gesunder" Liebe geht es nicht in erster Linie darum, "wenn du mir das eine gibst, erhältst du das andere". Wer glaubt, er könne einen anderen Menschen so verändern, dass er sich selbst entspannen und ausruhen könne, der irrt allzu oft und kann die Liebe, die er sich so sehr wünscht, nicht finden. Wer dagegen gelassen ist, ohne Zwang und idealisierte Erwartungen auf andere Menschen zugeht, der findet oft etwas wie Liebe und Freundschaft, manchmal ohne damit gerechnet zu haben. Aber solch ein Mensch drückt sein Gefühl auch spontan aus, in dem er einfach sagt, "ich finde dich sympathisch", "ich habe dich lieb", "ich liebe dich", "ich möchte mit dir zusammen sein", "ich finde dich schön" "ich höre dir gerne zu", "es macht mir Spaß, mit dir zu diskutieren". Eine Metapher könnte sagen, wer in seinem Kopf ein "kleines Männchen" sitzen hat, das permanent beobachtet und fragt und beurteilt "darf ich das auch sagen", "macht das auch einen klugen Eindruck", "sollte ich das besser nicht tun", "wie verhalte ich mich am besten klug und mache mich attraktiv und begehrenswert", der macht sich sein Leben sehr schwer, erzeugt Stress und verstärkt jedes negative (zuweilen auch jedes positive) Signal aus seiner Umgebung. Das bedeutet unter Umständen, dass Ablehnungen, Kritik und Antipathien doppelt so stark erlebt werden, als sie eigentlich sind. Um sich von diesen Belastungen wiederum zu "befreien", greifen Menschen, die zu wenig an Halt und Balance haben, unter den hier beschriebenen Umständen zu Suchtmitteln, wie etwa dem Alkohol.

Viele Gutachter sind der Meinung, dass die eigene "innere Bewältigung" bei gravierendem Alkoholmissbrauch nur mit Hilfe therapeutischer Hilfe gelingen kann. Verhaltenstherapie kann dabei vor einem Rückfall schützen und das Lernen von Entspannung ohne Suchtmittel fördern. Tiefenpsychologische Therapie kann helfen, die Ursachen und Gründe für die eigene Neigung zum Suchtmittelmissbrauch zu erkennen und begünstigt, dass diese Neigung kontrollierbar wird oder vielleicht sogar ganz verschwindet. Da in diesem Buch letztlich die "innere Bewältigung" eine wichtige Rolle spielt, bietet es sich an, einen kurzen Exkurs (Abstecher) in die Psychoanalyse zu unternehmen. Sigmund Freud nannte die ersten 18 Lebensmonate eines Kindes "orale Phase". Das Kind scheint sich hier noch mit allem eins zu fühlen. Es beschmiert die Wände mit Creme, haut den Löffel in den Brei und schmiert mit seinen Exkrementen. In der "analen Phase" lernt das Kind sich zu kontrollieren, seine Exkremente immer kontrollierter auszuscheiden und sich mehr und mehr an die Normen der Eltern oder Bezugspersonen anzupassen. Die sogenannten "Es-Impulse" sind Bedürfnisse, Triebe und Impulse. Das "Es" will machen, wozu es Lust hat, Creme an die Wand schmieren, mit den Stiften die Tapete anmalen,

Nähe bekommen, wenn "Es" sie will. Die Eltern wollen Normen und Regeln einführen, so dass jenes "Es" des Kindes eben nicht immer machen kann was es will. Schnell lernt das Kind, dass es nicht immer tun kann, was das "Es" will, dass es nicht immer und überall seine Wünsche und Impulse ausleben kann. Das "Ich" des Kindes beginnt die "Es" Impulse zu steuern, denn es will die Zuneigung und Liebe der Eltern (Bezugspersonen) nicht verlieren. Das "Ich" erkennt, wann das Kind seinen Wünschen, Impulsen und Trieben folgen kann, ohne dass es mit negativen Konsequenzen durch die Eltern (Liebesentzug, Gewalt, anderen Konsequenzen) rechnen muss. Wenn das Kind schreien möchte, schreien aber in der Familie streng bestraft wird, dann entwickelt das "Ich" Abwehrmechanismen, zum Beispiel kann es den Wunsch bzw. Impuls zu schreien verdrängen. Das Kind verinnerlicht (introjiziert) die Wünsche der Eltern, es bildet sich ein "Über-Ich", eine Art Gewissen, das regelt, wann wir uns bei einer Handlung eher gut oder schlecht fühlen (vereinfacht ausgedrückt). In all diesen Phasen kann es zu vielfältigen Problemen (Störungen und Schäden) kommen, die sich auf das spätere Leben ganz deutlich auswirken können. Die Eltern kommunizieren vielleicht keine Gefühle, vielleicht erlebt das Kind Gewalt zwischen den Eltern oder große Hilflosigkeit der Eltern. Sind die Eltern schon mit ihrem eigenen Leben überfordert, so wird das Kind mit seiner Rolle als Kind dieser Eltern überfordert. Später als Erwachsener kommt es möglicherweise zu regressiven Verhaltensweisen in Form von Arbeitsverweigerung oder dem Wunsch, keine Familie zu gründen, um keine Verantwortung übernehmen zu müssen. Man sucht sich einen reichen Partner und lässt sich aushalten oder konsumiert Drogen (Alkohol) und wird obdachlos (oft auch im Sinne einer "Regression"(¦)). Manche Eltern kommunizieren sogenannte "Doppelbotschaften" (double-bind-Situationen (¦)), zum Beispiel, wenn eine Mutter das Kind ruft und es in den Arm nehmen will, weil sie denkt, dass eine Frau das eben so macht als Mutter, gleichzeitig aber das Kind emotional nicht wirklich liebt und sich körperlich abwendet, wenn sie sagt: "komm, ich will dich in den Arm nehmen!". Solche Dissonanzen und Brüche in unserer menschlichen Entwicklung gibt es viele, und uns sind die Bruchstellen unserer eigenen Kindheit nur selten bekannt oder bewusst. Aber der Einfluss dieser Bruchstellen kann so massiv sein, dass wir aus zunächst scheinbar "geheimnisvollen und magisch unerklärlichen" Gründen später zum Beispiel eine Neigung entwickeln können, bewusstseinsverändernde Mittel zu brauchen (zu missbrauchen), ohne selbst genau zu wissen warum. Da sich in diesem Milieu gute Therapeuten auskennen sollten, können sie uns manchmal helfen, die "inneren Gründe und Zusammenhänge" für unser Verhalten, für unsere Erlebnisse, für Erfolge und Misserfolge zu finden. Aus diesen Gründen ist eine therapeutische Unterstützung bei der Aufarbeitung oder dem Versuch der Bewältigung des eigenen Lebens durchaus empfehlenswert und die Medizinisch-Psychologische Untersuchung eigentlich ein sehr "günstiger" Anlass, sich in eine solche "Behandlung" oder besser in eine solche Erfahrung zu begeben. Geht es dabei um Dimensionen der tiefergehenden Vergangenheit, kommt man um die Betrachtung der Kindheit und des Elternhauses nicht herum, wenn man sein Verhalten als Erwachsener verstehen und beschreiben will. Der Umgang mit der Kindheit, mit dem Aufwachsen und erwachsen werden ist einer der empfindlichsten Bereiche, und Eltern wissen allzu oft nicht, was sie tun, weil sie zwar im Funktionieren, Arbeiten und Leisten ausgebildet worden sind (zumal in unserer westlich orientierten Welt), die Fähigkeit zur Liebe aber selbst nicht angemessen erlebt haben und verinnerlichen und reflektieren konnten. Nicht umsonst ist schon lange nachgewiesen, dass besonders viele Menschen mit Alkoholproblemen aus Familien kommen, die wiederum mit Alkoholproblemen oder ähnlich großen Schwierigkeiten behaftet waren. Diese "Weitervererbung" eines Problems hat nichts mit "Genetik" oder "Vererbung" zu tun, sondern sie hat etwas mit der "Konstruktion" von Emotionen (Empfindungen) und Lebenswelt zu tun (siehe auch emotionale Kälte (¦)). Freilich verändern sich die Problematiken ganz leicht von Generation zu Generation. Lange Jahre waren wir im therapeutischen Seeting (in der Situation der Therapie) mit Menschen konfrontiert, die sich zwanghaft extremen Regeln und Leistungsanforderungen von Firmen unterwarfen. Diese Menschen sind in Familien aufgewachsen, wo Trennung nicht vorkam. In den Familien galten Stabilität, wenig Emotionalität, die Einhaltung von Regeln als Werte. Kinder aus diesen Familien überwanden derartige Familienprägungen als Erwachsene in dem einen oder anderen (oft leichten) Alkoholrausch, waren darüber hinaus aber das, was sie selbst als pflichtbewusst umschreiben. Heute haben wir es selten mit emotional stabilen und doch hinreichend flexiblen Familien zu tun. Familien zerbrechen nach einigen Jahren, die Erwachsenen scheitern an der Stabilisierung ihrer intimen Beziehungen und vierzig Prozent der Scheidungskinder weisen ein Jahr nach der Trennung der Eltern bereits Verhaltensstörungen auf. Ganze dreißig Prozent der Scheidungskinder erkranken physisch an Neurodermitis, Allergien, Gürtelrose, chronischem Husten, weil sie psychisch gestresst und verunsichert sind und ihr Immunsystem damit nicht fertig wird. Kinder, die sich in den ersten Lebensjahren unsicher fühlen, werden überängstlich, neigen schnell zu Infekten. Das Leid äußert sich in Allergien, grundlosem Weinen, Angstträumen. Fehlt eine generelle, körperlich ausgedrückte liebevolle Bindung der Kinder an die Eltern schon im Kleinkindalter, so entwickelt sich aus dem Kind später oft ein sehr aggressiver Mensch oder Draufgänger (dies trifft vor allem auf Jungen zu, wenn die Aggressionen für andere Menschen gut wahrnehmbar nach außen gerichtet werden). Es werden massive extreme Reize benötigt, um sich selbst wirklich wahrnehmen, fühlen und genießen zu können. Jedes kleine Kind sucht die Bindung zu einer Bezugsperson. Wird diese Bindungssuche von einer wichtigen Person, zum Beispiel der Mutter, immer wieder enttäuscht, so kann es später noch zu einem anderen Phänomen kommen. Geringste Anlässe können dann im Erwachsenenalter zu massiven Stressreaktionen führen. Eine Berührung des intimen Partners zu einer als unpassend empfundenen Zeit wird als massive Bedrohung erlebt und es kommt zu sofortiger Aggression, ohne das die eigenen Bedürfnisse und Wünsche in Worte gefasst werden. Derartige Menschen fallen später auf, weil sie sehr leicht gekränkt werden können, leicht verletzbar sind und überzogen schnell mit Aggression oder Flucht und Rückzug reagieren. Nicht selten wechseln sie besonders häufig Wohnort, Arbeitsplatz, Beziehungen und Freundeskreis. Manche Klienten vereinsamen. Stabilität erscheint unmöglich. Therapien brechen sie immer wieder ab. Die extremste Erkrankung in diesem Zusammenhang wird Borderline–Störung (¦) genannt.

Regression und Progression

Fall 1. Herr Schmidmaier ist ein Mensch, der besonders leistungsorientiert erscheint. Er arbeitet viel. Sich selbst bezeichnet Herr Schmidmaier als fleißig, ehrlich, ordentlich. Obwohl er schon 55 Jahre alt ist, will er noch viel erreichen. Seine Ideale sind hoch. Er arbeitet in der Gastronomie und möchte in einer Nebenstraße des Zentrums sein eigenes Café eröffnen.

Fall 2. Herr Müller ist Architekt. Er arbeitet vor allem auf dem Land, ist selbständig und hat zusammen mit seinem Partner ein eigenes Architektenbüro. Er hat oft mehr Aufträge, als er bewältigen kann. Er nimmt auch mehr Aufträge an, als er bewältigen kann. Urlaub kann er sich nicht leisten, sagt er. Auch am Wochenende nimmt er seinen tragbaren Computer mit nach Hause, konstruiert, rechnet und besucht Kunden. Aufträge, die er nicht mehr schafft, gibt er an Studenten weiter, allerdings muss er hier immer genau kontrollieren, nachrechnen und nacharbeiten. Herr Müller meint, so behält er wenigstens die Übersicht.

Fall 3. Herr Dreifuss ist Fuhrunternehmer. Sein Arbeitstag beginnt Montag um 6.00 Uhr und endet Samstag gegen 15.00 Uhr. Dann kommen seine Kinder zu Besuch, denen er auch einiges an Freizeitaktionen anbietet. Er lebt von seiner Frau getrennt. Sie war der Meinung, dass er zu wenig Zeit für die Familie hat. Allerdings ist er für seine Mitarbeiter und für seine Kunden auch am Wochenende über sein Handy erreichbar. So kann er oft bis tief in die Nacht noch Dinge, die in Zusammenhang mit seinem Unternehmen stehen, klären und regeln.

Herr Schmidmaier, Herr Müller und Herr Dreifuss, alle drei sind sehr progressiv orientierte Menschen, das heißt, sie

126

sind leistungsorientiert, denken konsequent in Richtung Zukunft, nehmen Verantwortung wahr, kalkulieren, überlegen. Sie üben Kontrolle aus, managen, organisieren. Im Bereich der Progression sind sie sehr gut, haben hier ihre persönlichen Stärken. Das Gegenteil von Progression ist "Regression" (hier in vereinfachter Darstellung beschrieben), damit ist der kindliche, unbefangene, sorglose Anteil des Lebens gemeint. Die hier beschrieben Form von Regression ist eine Regression im "Wirkungskreis des Ich", und damit eine gutartige, wohltuende, wichtige Form von Regression. Eine krankhafte Regression ist, wenn eine Frau nach dem sie verlassen wurde, übermäßig lange Zeit fette Speisen zu sich nimmt, erheblich an Gewicht zunimmt. Es handelt sich dann um eine Regression auf die orale Phase (Psychoanalyse). Kindheit bedeutet in dem zuerst genannten Zusammenhang, sorgenfrei in den Tag hinein zu leben, nicht an abends denken, sich keine Gedanken um Verantwortung und Zukunft zu machen, einfach zufrieden zu sein, abzuwarten, was geschieht. Unbefangenheit und "Naivität" stehen ebenfalls für Kindheit.

"REGRESSION"	PROGRESSION
Sorglosigkeit	Managen
Keine Verantwortung	Organisieren
In den Tag leben	Kalkulieren
Sich fallen lassen	Bestimmen
Keine Kontrolle ausüben	Kontrollieren
Spielen	Vernunft
Spontan sein	Moral, Ethik, Regeln
Chaos	Ordnung
Gegen Regeln verstoßen	Verantwortung
(vernachlässigter Bereich	**(hoch bewerteter Bereich) in der westlichen Welt)**

"Ungesunde", sich selbst schädigende Lebensweise – wenn im Leben die Progression überwiegt. Progression und "Regression" sollten in der Balance sein.

Viel Progression und wenig "Regression" machen krank, sind ungesund. Auch erwachsene Menschen benötigen ein gesundes Gleichgewicht zwischen Progression und "Regression". Wer besonders leistungsorientiert (progressiv) ist, benötigt also, um gesund bleiben zu können, auch einen hohen regressiven Anteil, wo er nichts für den Beruf oder die Karriere wichtiges tut, zufrieden ist, entspannen kann. Viele sehr progressive Menschen haben nicht gelernt, sich fallen zu lassen, keine Kontrolle auszuüben, mit wenig oder "nichts" zufrieden zu sein. Oft wird dann ein Suchtmittel benutzt, damit Entspannung doch noch möglich wird. Alkohol und Zigaretten gehören zu den am "erfolgreichsten" (und legal) eingesetzten Mitteln, um sich zu entspannen, einschlafen zu können, um allein oder in Gemeinschaft für kurze Zeit Sorgen, Ängste zu vergessen, Druck nicht mehr zu spüren.

In therapeutischen Situationen ist es oft beängstigend, wie wenig diese Thematik selbst in professionellen Suchtkliniken beachtet wird. Viele Menschen kommen aus der stationären Therapie und lassen sogleich verlauten, wie sie jetzt ihr Leben in Ordnung bringen. Die Ideale werden ohne Aufforderung sofort benannt. Da wird an der beruflichen Situation gearbeitet, die Wohnung modernisiert, ein Auto angeschafft, die Beziehung geregelt. Bloß die Elemente der Entspannung, der Zufriedenheit, des sich Fallenlassens fehlen nach wie vor. Wenn Menschen sehr progressiv orientiert sind, ihre regressiven Anteile aber nicht pflegen und genauso hoch bewerten wie ihre Leistungs- und Managementfähigkeiten, kommt es in der Regel zu deutlichen körperlichen Problemen. Übergewicht, Herz-Kreislauferkrankungen, Diabetes, Magenprobleme, Rückgang der Muskulatur, Knochenprobleme gehören dazu. Viele jener Hochleister und "Vieltrinker" haben für ihre kindliche, emotionale und körperliche Seite keine Sensibilität entwickelt. Menschen kaufen ein Auto, eine Wohnung oder ein Haus für gigantische Summen, sparen aber an jeder Ausgabe für ihren Körper und für ihre Gesundheit. Eine andere, aber gegensätzliche Auffälligkeit bei Menschen, die ihre regressive Seite vernachlässigen, ist, dass sie auch in ihrer Freizeit ihren Körper als Leistungsmaschine einsetzen. Sie machen Sport bis zum Umfallen und versuchen auf diese Art, ihren "Kopf frei zu bekommen". Noch mehr Gewichte, noch eine schnellere Zeit spielen eine ganz besonders bedeutsame Rolle. Auch sie haben nicht gelernt, sich zu entspannen, ihren Emotionen zu folgen, etwas nur zu tun, weil es "gut tut". Sie müssen permanent etwas "Sinnvolles" tun, sich entwickeln oder etwas entwickeln. Die beschriebenen Phänomene waren in der Vergangenheit im Prinzip eher eine männliche Problematik. Es gab Zeiten, wo besonders Frauen sich regressiv verhalten konnten und auch entsprechend hohe Lebensalter erreichten. Es war ein Privileg der Frauen, einfach nur zu reden (zu "quatschen" und zu "ratschen"), auch wenn es um nichts "Bedeutsames" ging, eine "beste" Freundin zu haben, die sie anrufen konnten, wenn es ihnen schlecht ging und sie somit nicht alles mit sich selbst allein ausmachen mussten, ohne die Hoffnung, von der Freundin eine Lösung zu bekommen. Erst nachdem die hoch funktionalisierte Leistungswelt verstärkt die Frauen erreicht hat, stellen wir auch hier vermehrt Suchtprobleme, Nähe-Angst-Probleme und die oft frauenspezifischen Essstörungen fest. Männer haben ihre regressiven Anteile zumeist an "Stammtische" verlegt, wo unter gleich "Erfolgreichen" oder "Gescheiterten" unter dem Einfluss von viel Alkohol "Politik" gemacht wird und jeder versucht, sich in der Gemeinschaft gut, groß, klug und erfolgreich zu fühlen, was aber zumeist nur unter erheblichen Alkoholeinfluss gelingt.

Gutachter: Herr Müller, warum oder wieso haben Sie in Ihrem Leben besonders viel Alkohol getrunken? Wieso haben Sie mehr Alkohol als andere Menschen getrunken?

Herr Müller: Das ist eine Frage, damit habe ich mich auch sehr lange beschäftigt. Ich habe mit 35 Jahren mit einem

Partner ein kleines Architekturbüro auf dem Land eröffnet. Architektur, das ist für mich immer mehr als nur Arbeit gewesen. Wir bekamen immer mehr Aufträge und leisteten auch hervorragende Arbeit. Dann lernte ich meine Frau kennen, und wir bekamen zwei Kinder. Ich hatte jetzt Verantwortung, und wir finanzierten uns nun auch ein Haus. Dafür musste ich noch mehr arbeiten. Damals meinte ich, dass ich Alkohol trinke, weil es mir schmeckt. Abends trank ich regelmäßig mit meiner Frau ein Glas Wein. Bei den Geschäftsessen trank ich Wein oder Bier. Ich hatte eine Familie und musste mich um Beziehungen nicht mehr kümmern. Ich arbeitete noch mehr, nahm Arbeit am Wochenende mit nach Hause, empfing am Wochenende auch Kunden oder besuchte die Baustelle. Der viele Stress verhinderte, dass ich zunahm, obwohl ich mich schon sehr ungesund ernährte. Als ich 39 Jahre alt war trank ich jeden Abend zwei Flaschen Bier, oft noch ein paar Gläser Wein dazu. Im Geschäft war immer Sekt vorhanden, mit meinem Partner begann ich auch hier jeden Freitag, noch zwei bis fünf Bier zu trinken. Wenn ich mir in der Rückschau mein Leben anschaue, so ist mir heute klar, dass ich nicht gelernt hatte, Entspannung zu finden, zufrieden zu sein, mich zurückzulehnen. Ich sah nur noch Arbeit. Ich machte Druck, damit meine Frau die Kinder "richtig" erzieht. Schon bei meinem Vater waren Intelligenz und Erfolg die wichtigsten Werte. Nichts zu tun, sich gehen zu lassen, zu "spielen", sich einfach nur zu freuen und glücklich zu sein, das waren keine Werte. Meine Mutter, die sich manchmal so verhielt, wurde von meinem Vater in ihrem Verhalten eher abgelehnt. So habe ich diese Vorstellungen übernommen. Von mir wurden nur noch Leistung und Karriere gesehen. Ich wollte mir immer mehr leisten, das Haus noch schneller abzahlen, meine Rente schon heute sichern. Angst, etwas wieder zu verlieren, hat eine Rolle gespielt. Ich wollte wohl auch meinem Vater etwas beweisen, nämlich gut genug zu sein.
Heute habe ich gelernt, mit meiner Frau über Probleme, aber auch wieder über Gefühle zu sprechen. Ich versuche nicht

mehr, alle Probleme und Schwierigkeiten in mich hinein zu fressen und alles mit mir selbst aus zu machen. Ich habe gelernt, über Schwierigkeiten und Ängste zu sprechen, was mir früher unmöglich war, da wollte ich nach außen immer als der erfolgreiche Architekt dastehen, der es geschafft hat. Ich konnte mich nur als etwas Besonderes fühlen, wenn mein Haus immer schöner aussah, ich regelmäßig ein neues Auto hatte und alle sich so verhielten, wie ich es gern hatte. Ich bekam Einschlaf- und Magenprobleme. Selbst in den Urlaub nahm ich meinen Computer mit. Entspannung fand ich nur noch, wenn ich Alkohol trank. Heute gehe ich mehrmals in der Woche langsam joggen, ich besuche auch die Sauna. Unser Architekturbüro nimmt längst nicht mehr jeden Auftrag an. Mehr als 40 Stunden arbeite ich nicht, auch wenn das weniger Geld bedeutet. Ich kann mich heute damit abfinden, wenn das Haus erst 8 Jahre später abbezahlt ist. Wahrscheinlich musste ich durch den Alkohol zu diesem Tiefpunkt kommen, um das alles zu begreifen. Es hätte nicht so weitergehen können. Irgendwann hätte ich meine Familie verloren, meine Frau hätte meinen Verfall und meine Art mit der Familie umzugehen, nicht mehr lange ertragen.

Probleme gehen wir heute gemeinsam an, als Familie sind wir viel näher zusammengerückt und so komisch das jetzt klingt, nach den Veränderungen, die nach dem Entzug meiner Fahrerlaubnis eingetreten sind, waren wir seit langem das erste Mal wieder glücklich. Die Kinder sagen, ich sei viel ausgeglichener und wieder richtig lieb. Trotzdem, diese ganze Veränderung war für mich verdammt schwer, ohne einen Bekannten, der als Psychologe und Therapeut arbeitet und mit dem ich zahlreiche Gespräche geführt habe, hätte ich diese Veränderungen kaum bewältigt und umgesetzt. Auch die Zusammenarbeit mit meinem Partner musste ich völlig neu gestalten. Die Abstinenz vom Alkohol tut mir heute sehr gut, ich merke sogar, dass ich leistungsfähiger bin, trotzdem habe ich gelernt, dass ich auf mich aufpassen muss, trotz größerer Leistungsfähigkeit gezielt für Entspannung und Ruhe sorgen muss, dass ich darauf achten muss, in meinem Privatleben und in der Arbeit das richtige gesunde Maß zu finden und nicht wie früher nur noch in Extremen zu leben.

Besondere Schwierigkeiten treten auf, wenn Kinder durch die Eltern stark animiert werden, sich bereits in ihrer Kindheit ausschließlich progressiv zu verhalten. Herr Heitermann ist so ein Fall. Schon als Kind musste Herr Heitermann auf seine jüngeren Geschwister aufpassen. In der Familie bekam er viel Verantwortung. Beide Eltern stehen für ein geordnetes, gradliniges und zielstrebiges Leben. Zweimal in der Woche führt die Familie am Esstisch eine Frage-Antwort-Runde durch, in der die Kinder den Eltern gezielte Fragen stellen dürfen (müssen). Die Familie unternimmt viel, Reisen, Wanderungen, Besuche bei Verwandten. Es entsteht der Eindruck einer harmonischen Familie. Herr Heitermann lernt früh "gutes" Benehmen, gilt als vorbildliches und liebes, verantwortungsbewusstes (pflegeleichtes) Kind. Auch später wird Herr Heitermann seine Kindheit als schön und harmonisch beschreiben. Auffällig ist aber, dass Herrn Heitermann die Erfahrungen der "Regression" in der Kindheit fehlen. Wann hat Herr Heitermann als Kind einfach in den Tag gelebt, wann hat er einfach gemacht, wozu er Lust hatte (statt sich an die Regeln und Erwartungen der Eltern zu halten), wann hat er sich mal vom Vater ausschimpfen lassen für eine eingeschlagene Scheibe und innerlich einfach über den wütenden Vater gelächelt (Grenzen übertreten). Diese grundlegenden wichtigen Erfahrungen fehlen Herrn Heitermann. Als Herr Heitermann die erste Freundin hat, zu der er auch intime Kontakte pflegt, ist er 28 Jahre alt. Er heiratet sie und gibt für sie seine Karrieremöglichkeit als Manager bei einer großen Firma auf. Als sich die Frau nach der Geburt des ersten gemeinsamen Kindes scheiden lässt, fällt Herr

Heitermann in ein tiefes Loch. Der Karriereschritt lässt sich nicht mehr nachholen. Während die intimen Kontakte mit der Frau ihm das erste Mal in seinem Leben eine Erfahrung der "Regression" (der nicht funktionalisierten Liebe) vermittelt hatten, die so stark war, das er seine ganze Karriere (Progression) spontan dafür aufgab, hat er nicht gelernt, sich auch ohne seine Frau regressive Anteile zu bewahren. So nimmt der Alkohol diese Stelle ein. Unter Alkohol kann sich Herr Heitermann entspannen, sorgenfrei sein. Unter Alkohol schafft es Herr Heitermann, alle Erwartungen und allen gespürten Druck zu verdrängen. Da er ohne Alkohol zu "regressiven" Verhaltensweisen und Gefühlszuständen nicht fähig ist, weil diese Befähigung in der Kindheit nicht erworben wurde, ist Alkohol für Herrn Heitermann extrem wichtig, und er trinkt immer wieder, trotz Therapien, bis zur Bewusstlosigkeit. Letztlich müsste Herr Heitermann lernen, nicht immer "mehr des selben" zu tun. Nach Therapien hat Herr Heitermann immer wieder versucht, die Integration (den Einstieg) in das Berufsleben zu schaffen (keine "Regression", nur Progression). Die Ideale aus der Kindheit (Progression) waren Zielstrebigkeit, Verantwortung, etwas leisten, Ehrgeiz. Als die Beziehung (mit den früher nie erfahrenen und in der Familie realisierten regressiven Anteilen) scheiterte, begann der exzessive Alkoholkonsum ("Ersatz-Regression"), wodurch die eigenen Ideale wie Zielstrebigkeit und Verantwortungsübernahme, berufliche Karriere (Progression) noch weniger umsetzbar wurden. Schließlich hatte Herr Heitermann das Gefühl, dass er gar nichts kann und zu nichts nütze ist (scheitern der Progression). Mangelnde "Regression" und favorisierte Progression (aus der Kindheit) führen immer wieder neu in den Kreislauf aus Abstinenz, beruflichem und privatem Erfolg und Rückfällen in den Alkohol und damit verbundenem Scheitern in Beruf und Beziehung. Einen Ausstieg aus solch einem Kreislauf kann meiner Erfahrung nach eine Psychotherapie mit tiefenpsychologischen und aufdeckenden, vorsichtig konfrontierenden Anteilen begünstigen. In diesem Zusammenhang darf nie vergessen werden, dass Menschen mit einer Hochrisikobiografie mehr und intensiver über ihr Leben reflektieren müssen als (Alltags-) Menschen, deren regressive und progressiven Anteile einigermaßen in der Balance sind. Dieses Langfristige mehr an Reflexion (Introspektionsfähigkeit) kann eine tiefenpsychologisch fundierte Therapie stark unterstützen. Mir scheint, dass oft unbewusst auch bei einer MPU dieses mehr an Reflexion vom Klienten vorausgesetzt wird, aber zugleich wird dieser Bereich wie ein Tabu-Thema betrachtet. Die Forderung nach einem "mehr" an Reflexion gegenüber der Lebenswegreflexion eines Alltagsmenschen (ohne Hochrisikobiografie) wird nämlich nicht offen ausgesprochen. Viele Psychologen betrachten eine tiefe Introspektionsfähigkeit als hohen Wert. Problematisch wird diese Betrachtung aber dann, wenn dieser Wert als völlig selbstverständlich vorausgesetzt wird.

Muss ich einen Vorbereitungskurs für die MPU oder eine Therapie machen?

In vielen Fällen fragt der Gutachter, ob Sie eine ambulante oder stationäre Entwöhnungsbehandlung gemacht oder sonstige therapeutische Hilfen erfahren haben. Vor allem ist dies relevant, wenn Sie angeben, dass Sie bei Beginn der Abstinenz Entzugserscheinungen gehabt haben. Massive Einschlafstörungen, morgendliches Erbrechen oder allgemeines Zittern können solche Entzugserscheinungen sein. Ein "Entzugsdelir" oder "Delirium tremens" (!) bedeutet eine tiefe geistige Verwirrung, ein extrem getrübtes Bewusstsein, nicht selten verbunden mit Halluzinationen. Ein solches Delirium kann bei chronischen Alkoholikern in den ersten drei Tagen, nachdem sie das Alkoholtrinken beendet haben, auftreten. In diesen Fällen ist in der Regel eine ambulante oder stationäre Therapie angesagt. Wenn Sie eine solche professionelle Behandlung gemacht haben, so müssen Sie nach Abschluss der Behandlung in der Regel ein Jahr verstreichen lassen, bevor Sie eine positive MPU erzielen können. Die Psychologen und Juristen sprechen von der sogenannten "Legalbewährung". Auch wenn Gutachter in einigen Bundesländern hin und wieder von dieser Regel abweichen, so sollten Sie bedenken, dass sich die Mehrzahl der Gutachter daran hält und ein Jahr Abstinenz nach Therapieabschluss erwartet. Auch bei analytischen Therapien oder Verhaltenstherapie können Gutachter ein Jahr Abstinenz nach Abschluss der Therapie verlangen, wenn Sie diese Therapie bei der Begutachtung angeben und im Zusammenhang mit ihrer Alkoholproblematik durchführten.

Die Schwierigkeit besteht für die meisten Klienten jedoch darin zu erklären, wieso sie keine Therapie gemacht haben. Bundesweit werden von Suchtberatungsstellen, Psychologen in verkehrspsychologischen Praxen und anderweitigen Institutionen und Personen freiwillige Vorbereitungskurse für die MPU angeboten. Von Suchtberatungsstellen und verkehrspsychologischen Praxen werden solche Maßnahmen in der Regel bescheinigt, und Klienten können diese Bescheinigung bei der MPU dem entsprechenden Institut vorlegen. Vorbereitungskurse sind aber keine Therapie. Sinn hat solch eine bescheinigte Vorbereitung, wenn die Suchtberatungsstelle oder Praxis dem Gutachter bekannt sind, was nur der Fall ist, wenn ein fachlicher Informationsaustausch zwischen anerkannter Beratungsstelle und Begutachtungsinstitut besteht. Viele verkehrspsychologischen Praxen arbeiten zum gegenseitigen Vorteil mit Rechtsanwälten zusammen, die dann eine bestimmte Praxis zur Vorbereitung empfehlen. Dies kann in Einzelfällen problematisch sein, da viele verkehrspsychologischen Praxen sehr hohe Preise für Kurse haben, was verständlich ist, da sie von ihren Vorbereitungskursen nicht selten zu leben versuchen. Insgesamt gibt es in vielen Städten mehr Rechtsanwälte als Kunden für Rechtsanwälte. Gute Rechtsanwälte begründen ihre Empfehlung für eine bestimmte verkehrspsychologische Praxis. Daneben gibt es Privatpersonen, die auf dem freien Markt Vorbereitungsmaßnahmen, nicht selten zu sehr hohen Preisen, anbieten und nicht immer über die dafür eigentlich erforderliche therapeutische Grunderfahrung und Qualifikation verfügen. Deren schriftliche Bestätigungen haben oft keinen Wert. Das fast durchgängig hohe Preisniveau der Vorbereitungsmaßnahmen erklärt sich durch die langwierige und extrem teure zusätzliche therapeutische Ausbildung der Psychologen oder Sozialpädagogen. Manche Patienten suchen einfach einen beliebigen zugelassenen Psychotherapeuten auf und lassen sich die Gespräche von der Krankenkasse finanzieren. Danach besteht aber die besagte einjährige Abstinenzpflicht und zwar nachdem die Gespräche abgeschlossen sind. Dazu kommt, dass zum Beispiel viele ausgebildete Psychotherapeuten (Psychologen, die von den Krankenkassen zur Behandlung von Patienten zugelassen sind) mit der MPU selbst zumeist überhaupt keine Erfahrung haben, was für den betroffenen Patienten im Nachhinein sehr problematisch sein kann, weil er dann auch nicht im Sinne der Gutachterrichtlinien vorbereitet wurde, obwohl vielleicht viele seiner seelischen Belastungsfaktoren durch die Behandlung entschärft wurden.

Manche Patienten denken, ein Vorbereitungskurs wäre eher negativ, besonders wenn man bei dem Gutachter angibt, dass man einen solchen Kurs gemacht hat. Dem ist aber nicht so. Professionelle Hilfe wird von jedem Gutachter anerkannt. Professionell helfen kann nur, wer entweder die Berufsbezeichnung Dipl. Sozialpädagoge (FH) mit Zusatzausbildung oder Dipl. Psychologe (Universität) trägt oder Arzt ist mit Zulassung als Psychotherapeut. Lassen Sie sich nie von anderen Personen oder gar von Laien vorbereiten. Gute Vorbereitung ist nur möglich, wenn die Personen außerdem langjährige Berufserfahrung haben. Sie würden auch niemals von einem Laien ihre Zähne behandeln lassen. Gleiches sollte auch für die Psyche gelten. Ganz problematisch ist die freiwillige Vorbereitung für die medizinisch-psychologische Untersuchung durch Rechtsanwälte. Selbst ein Anwalt mit dem Schwerpunkt Verkehrsrecht verfügt in der Regel auch nicht im Ansatz über ausreichendes psychologisch-soziales und medizinisches Wissen, um solch eine Vorbereitung durchführen zu können. Ein Rechtsanwalt kann die Begutachtungsleitlinien und gesetzlichen Regelungen erklären.
Seit 1999 gibt es den gesetzlich anerkannten Beruf des amtlich anerkannten verkehrspsychologischen Beraters, und einige wenige Vorbereiter werben mit diesem Titel, der nach § 71 Fahrerlaubnisverordnung definiert ist. Andere Vorbereiter werben mit Professoren- oder Doktortiteln. Gerade in Deutschland gibt es einen erheblichen Namens- und Titelnarzissmus, bei dem es letztlich oft nur darum geht, viele Kunden zu werben und auch ein Alibi zu besitzen, wenn Kunden doch keine positive Prognose erhalten. Man kann sich

dann nämlich unter Umständen entspannt zurück lehnen und behaupten, man sei ja nachgewiesener Maßen sehr gut qualifiziert und es sei eben die "Schuld" des Klienten. Bei einer Vorbereitung kommt es im Endeffekt aber besonders darauf an, dass der therapeutisch ausgebildete Sozialpädagoge, Arzt oder Psychologe einen schnellen Zugang zu seinem Klienten findet, schnell erkennt, woraus die lebensbezogenen Schwierigkeiten des Klienten resultieren und dass er ihm dies annehmbar und in verstehbaren und sinnvollen Zusammenhängen zurückspiegeln kann, so dass es vom Klienten verstanden, kritisch überdacht, hinterfragt und möglicherweise angenommen werden kann. Für dieses Können des Therapeuten gibt es keine Garantie, keine vorschreibbare Ausbildung (außer ein Grundlagenstudium, Therapieerfahrung und regelmäßige Supervision), denn diese Fähigkeiten kann man nicht so lernen, wie man lernen kann, Autos oder Computer zu bauen. Professoren und Doktoren sind zumeist Wissenschaftler und müssen daher ganz andere Dinge beherrschen, zum Beispiel forschen. Dazu kommt, dass das Studium der reinen Psychologie extrem naturwissenschaftlich orientiert ist und aus viel Mathematik und Medizin besteht. Die Fähigkeit, mit Menschen umzugehen und therapeutisch zu arbeiten, kann erst in jahrelangen, sehr teuren Zusatzausbildungen erworben werden, die aber viele Dipl. Psychologen und Sozialpädagogen gar nicht vorweisen können. Keinem Klienten nutzt die 40 Stunden umfassende Einzelberatung bei einem Professor für mehrere tausend Euro etwas, wenn er danach nur einen Bruchteil verstanden hat. Die Gutachter lassen sich von Titeln, Prestige und Status eines Vorbereiters nicht beeindrucken. Es zählt nur, was der Klient selbst vermitteln und beschreiben kann. Verkehrspsychologische Berater, die ihren Klienten nach Abschluss der Vorbereitung lange Berichte zur Vorlage bei der Gutachterstelle erstellen, schicken ihren Klienten damit auf das "Glatteis", denn Gutachter lassen sich ihre Arbeit niemals abnehmen und reagieren auf solche Berichte skeptisch, nicht selten sogar verärgert. Die Vorbereitungsmaßnahme sollte lediglich in einer kurzen Bestätigung dargelegt werden, in der Umfang und Inhalte der Maßnahme aufgeführt sind und die einen ordentlichen Stempel sowie die genaue Anschrift enthält.

Passende Antworten auf die Therapiefrage (persönlichkeitsabhängig):

Gutachter:	Haben Sie eine Entwöhnungsbehandlung gemacht?
Mayer:	Nein. Ich hatte während der ersten Monate der Abstinenz intensiven Kontakt zu meinem Hausarzt. Daneben habe ich eine Gruppe bei der örtlichen Suchtberatungsstelle der Caritas besucht. Die Gespräche in der Gruppe haben mir über die schwierigste Zeit hinweggeholfen. Von den Therapeuten der Beratungsstelle wurde mir empfohlen, regelmäßig eine Selbsthilfegruppe zu besuchen. Diese tue ich, obwohl ich am Anfang sehr skeptisch war. Es tut mir mittlerweile doch sehr gut, mit Menschen in Kontakt zu sein, die aus einem ähnlichen Problemfeld stammen. Die Gruppe möchte ich auch weiterhin regelmäßig besuchen.
Gutachter:	Frau Bletzke, was haben Sie getan, um Ihre Abstinenz zu stabilisieren?
Bletzke:	Ich habe einen Kurs für alkoholauffällige Kraftfahrerinnen bei Psychologen besucht. Zuerst war ich skeptisch. Aber ich habe viel über die Funktionen des Alkohols und über Alkoholismus gelernt. In der Gruppe habe ich gemerkt, dass ich

mit meinen Problemen nicht allein bin. Ich habe auch verstanden, auf welch gefährlichem Weg ich war und was ich wie verändern kann. Bei der Veränderung hat mir die Gruppe dann auch sehr geholfen, so habe ich gelernt, offener über meine Gefühle zu sprechen.

Gutachter: Herr Niedermaier, Sie haben keine Entwöhnungsbehandlung gemacht?

Niedermaier: Als ich mit meiner Abstinenz begonnen habe, da habe ich unterstützende Gespräche mit dem Psychologen Dr. Mürr geführt. Wir haben 10 Gespräche geführt. Herr Mürr hat mir dann geraten, dass ich mich der Selbsthilfegruppe anschließen soll, um meine Abstinenz zu festigen, was ich auch getan habe.

Fragen Sie immer nach der genauen Berufsbezeichnung, wenn Sie den Eindruck erhalten, das Vorbereitungsangebot könnte unseriös sein. Auch der simple Begriff "Therapeut" sagt nichts über die Seriosität aus. Nur Diplom-Sozialpädagogen, Diplompsychologen und Ärzte können als anerkannte Therapeuten arbeiten, wenn sie entsprechende Zusatzausbildungen absolvierten. Lassen Sie sich nicht von Titeln wie Professor oder Doktor täuschen. Wissenschaftler bereiten Sie in den seltensten Fällen besser vor als langjährige Praktiker aus der Suchtkrankenhilfe. Achten Sie aber darauf, dass nicht jeder, der sich Therapeut nennt, auch einer ist. Heilpraktiker können ebenfalls therapeutisch arbeiten, sollten allerdings für MPU-Vorbereitungen nicht in Anspruch genommen werden. Die Gutachter erkennen in der Regel für die freiwilligen Beratungsschulungen nur Vorbereiter mit Diplom einer Fachhochschule oder Universität an. Es gibt aber viele Menschen, die sich gerne Therapeut nennen, ohne dafür die angemessene Ausbildung zu besitzen. Auf Bescheinigungen für Maßnahmen, an denen Sie teilgenommen haben, sollte nicht der Begriff "Therapie" auftauchen, sonst müssen Sie in der Regel nach Abschluss der Maßnahme nochmals ein Jahr warten, bevor Sie eine positive MPU erzielen können. Trotzdem sollte der Vorbereiter eine therapeutische Qualifikation besitzen. Viele Gutachter sagen, das, was Sie in einer "Therapie" gelernt haben, das müssen Sie im richtigen Leben ohne Therapie (nach Abschluss der Therapie) erst einmal umsetzen lernen. Im ersten Jahr nach Abschluss einer Therapie kommt es zu den meisten Rückfällen. Anders verhält sich dies bei dem Besuch von Selbsthilfegruppen oder freiwilligen Vorbereitungskursen. Diese Maßnahmen sollten Sie zwar im günstigsten Falle auch schon während der Sperrfrist beginnen, aber es fällt nicht wie bei einer Therapie ein ganzes Jahr Wartezeit nach Abschluss der Maßnahme an. Der Gutachter erfährt bei der Begutachtung für Fahreignung nur von Ihrer Therapie, wenn Sie ihm davon erzählen oder bei der Führerscheinstelle Unterlagen bezüglich Ihrer Therapie abgeben.

Für den einen oder anderen Leser stellt sich an dieser Stelle möglicherweise die Frage, wie man an eine stationäre oder ambulante Therapie überhaupt herankommt. Eine stationäre Therapie, genannt stationäre Rehabilitation (stationäre Entwöhnung), hat einen höheren "Erholungsfaktor" als eine ambulante Therapie. Es gibt für alkoholkranke Menschen in der Bundesrepublik eine Reihe hervorragender Kliniken, die allerdings keine Verwandtschaft zu altbekannten Krankenhäusern haben. Viele Kliniken erinnern an hochmoderne Hotels mit hellen, freundlichen Einzelzimmern, gelegen oft in traumhafter Landschaft, umgeben von Natur. Unter den vielen Einrichtungen seien hier die Saaletalklinik in Bad Neustadt, die Salusklinik in Friedrichsdorf, die Fachklinik Furth im Wald oder die Fachklinik Bad Tönnisstein erwähnt. Es gibt noch viele andere sehr gute Kliniken. Diese Häuser ermöglichen es vielen Menschen oft das erste Mal in Ihrem Leben, sich tiefgehend unter fachlicher Begleitung und ohne Druck mit sich selbst auseinander zu setzen. Vielen Patienten kommt eine solche Klinik nach Abschluss der Therapie paradiesisch vor, besonders wenn sie sich für die dortigen Angebote emotional öffnen konnten. Alle Kliniken werden Ihnen gerne Informationsmaterial zusenden. Um einen Platz zu bekommen, sollten Sie sich zuerst an eine anerkannte Suchtberatungsstelle wenden. In vielen Städten gibt es auch Stellen zur Sofortvermittlung ("Therapie Sofort"), die allerdings auch von sehr vielen Drogensüchtigen überlaufen sind, und man muss nicht selten mit mehrstündigen Wartezeiten und manchmal unschönen Situationen rechnen. In einer anerkannten Suchtberatungsstelle wird ein Diplom-Sozialpädagoge mit Ihnen einen speziellen "Sozialbericht" erstellen und das komplizierte Verfahren der Kostenbeantragung einleiten, denn ihre Therapie müssen Sie in Deutschland bisher noch nicht selbst bezahlen. Therapien werden entweder von den Rentenversicherungen bezahlt, wenn sie lange genug Beiträge einbezahlt haben oder von den Krankenversicherungen. Im Zweifelsfall zahlt als letzte Instanz der Träger der Sozialhilfe. Bei der Kostenbeantragung arbeiten Suchtberatungsstellen allerdings oft langwierig und vom Entschluss, eine Therapie zu machen bis zur Umsetzung kann eine gewisse Zeit vergehen. Schließlich werden Sie zu einem Arzt geschickt, entweder dem Arzt der Beratungsstelle oder ihrem Hausarzt, der für die Übernahme der Kosten einen Arztbericht erstellen wird. Anders als eine stationäre Therapie ist eine ambulante Therapie anstrengender und oft unbequemer, allerdings für den Kostenträger auch viel billiger. Sie gehen dann mehrmals in der Woche in die Suchtberatungsstelle zu Einzel- und Gruppentherapiestunden. Der Rahmen wie in einer stationären Therapie (zum Beispiel gesteuerte Freizeitangebote) fehlt weitestgehend. Darüber hinaus entstehen durch die große Nähe gerade in stationären Therapien oft Freundschaften und Beziehungen, die viele Jahre halten und Kraft geben. Dafür können sie bei einer ambulanten Therapie weiterhin ihrer Arbeit nachgehen, allerdings ist das möglicherweise belastend für Sie. Schon vor Abschluss der Therapie sollte man sich um Nachsorgemaßnahmen bemühen, das bedeutet, aus der Therapie heraus Kontakte zu Selbsthilfegruppen zu knüpfen oder zu analytisch oder verhaltenstherapeutisch orientierten Psychologen der Heimatstadt aufnehmen. Die weiterführende Maßnahme bei dem Psychologen wird von der Krankenkasse bezahlt, vorausgesetzt, der Psychologe hat auch eine Zulassung bei den Krankenkassen. Den Psychologen können Sie wechseln, wenn Sie bemerken, dass Sie miteinander nicht klarkommen, die Krankenkasse ist darauf eingerichtet und wird dann weiter bezahlen. Menschen sind hoch komplizierte Wesen, keine Maschinen, so kann es gut sein, dass der Austausch zwischen zwei Menschen nicht immer passt, auch zwischen Therapeut und Patient nicht. Das bedeutet aber nicht, dass der Therapeut unfähig oder der Patient nicht therapierbar ist.

Muss ich eine Selbsthilfegruppe besuchen?

Wenn jemand mit über 1,6 Promille gestoppt wurde, keinen Vorbereitungskurs besucht hat, keine Suchtberatungsstelle aufgesucht hat und keine Selbsthilfegruppe besuchen wollte, so ist dies für den Gutachter möglicherweise problematisch. Gut, aber nicht zwingend notwendig ist es, eine Gruppe zu besuchen, wenn man mit mehr als 1,6 Promille gestoppt wurde. Sinnvoll ist, wenn die Gruppebesuche bescheinigt werden. Die Bescheinung legt man später bei der MPU vor. Die Selbsthilfegruppen, die bei einigen Suchtberatungsstellen der Caritas stattfinden, werden in der Regel auf Wunsch schriftlich bescheinigt, wenn die entsprechende Person regelmäßig teilgenommen hat. Eine Teilnahme bei den Selbsthilfegruppen der Anonymen Alkoholiker wird nie bescheinigt (daher ja auch der Begriff "anonym"). Bei dem Blauen Kreuz, dem Kreuzbund, den Freundeskreisen der Suchthilfe und den Guttemplern wird oftmals von Fall zu Fall entschieden. Hier liegt es oft an den Gruppenleitern, ob Sie eine Teilnahmebescheinigung erhalten. Aber grundsätzlich gilt, bei den Anonymen Alkoholikern finden Sie in der Regel Menschen, die schwer chronisch alkoholabhängig waren. Viele Menschen, die zu einer MPU müssen, haben einen solchen Grad der Abhängigkeit nie erreicht und fühlen sich bei den Anonymen Alkoholikern dann manchmal etwas fehl am Platz. Durch die Teilnahme als Gast oder regelmäßiger Besucher einer Selbsthilfegruppe konnten in Deutschland tausende Menschen ihren Suchtmittelkonsum verändern bzw. sich völlig von ihm lösen, und das wissen die Gutachter. Daher muss auch nicht jeder Betroffene eine Therapie machen. "Heilung" kann prinzipiell auf vielen (oft unbekannten) Wegen erfolgen. Aber auch ein unbekannter Heilungsweg kann von einem Patienten, nachdem er diesen Weg gegangen ist, beschrieben werden. Wenn Sie an einer

Selbsthilfegruppe teilnehmen, ohne eine Bescheinigung zu erhalten, so sollten sie glaubhaft die Umstände der Teilnahme erläutern. Dazu kommt auch, dass viele Selbsthilfegruppen sehr eigene Regeln, Rituale sowie Einstellungen zur Sucht haben. Es ist sehr von der Persönlichkeit abhängig, ob man sich in eine spezielle Gruppe begibt und sich dort wohl fühlt. Aber Vorsicht: Sagen Sie bei der MPU nicht, das Sie die Anonymen Alkoholiker besuchen, wenn Sie in Wirklichkeit nie dort waren. Der Psychologe könnte Sie fragen, wie es ihnen dort ging. Wenn Sie die dortigen Rituale und Einstellungen nicht genau kennen, können Sie hier kaum glaubhaft antworten. Der Psychologe kennt die Unterschiede der Selbsthilfegruppen in der Regel. Wichtig ist auch, dass Sie angeben, die Gruppe dauerhaft besuchen zu wollen. Patienten, die behaupten, sie besuchen die Gruppe nur zur Vorbereitung auf die MPU, können ihr negatives Gutachten dann möglicherweise gleich mitnehmen. Jeder, der lange Zeit (chronisch) hohe Dosen Alkohol in Zeiten seelischer Belastungen und Krisen konsumiert hat, sollte sich, wenn möglich, zum regelmäßigen Besuch einer Selbsthilfegruppe entschließen.

In den Selbsthilfegruppen wird man Sie fragen, warum Sie an der Gruppe teilnehmen wollen. Alle die unten genannten Gruppen werden sehr skeptisch reagieren, wenn Sie teilnehmen wollen, um später die Medizinisch-Psychologische Untersuchung leichter zu bestehen. Die meisten Personen in den Gruppen der unten genannten Organisationen sind schwer vom Alkohol abhängig gewesen, haben körperliche Defizite wie Organschäden beibehalten, haben Familie, Arbeit und Freunde verloren. Bei der Caritas gibt es hin und wieder Gruppen, die sich stärker mit der Problematik Führerschein und Alkohol auseinandersetzen. Adressen der Caritas-Beratungsstellen in ihrer Stadt finden Sie in ihrem Telefonbuch. Anderseits unterscheidet sich oft das Publikum in einer Caritas-Beratungsstelle von dem Publikum in einer verkehrspsychologischen Praxis. Generell finden sich nach meinen Erfahrungen Selbständige, Manager, Ingenieure und weibliche Klientinnen eher in privaten Praxen.

Bei den folgenden Adressen erfahren Sie, ob es in Ihrer Stadt Selbsthilfegruppen gibt.

Träger von Selbsthilfegruppen in Deutschland:

Deutscher Caritasverband e.V.
Ref. Besondere Lebenslagen
Karlstr. 40
79104 Freiburg
Tel.: 0761 – 200-0
www.caritas.de

Anonyme Alkoholiker (AA)
Lotte-Branz-Str. 14
80939 München
Tel.: 089-3169500
www.anonyme-alkoholiker.de

Kreuzbund e.V. – Selbsthilfe- und Helfergemeinschaft für Suchtkranke und deren Angehörige
Bundesverband
Münsterstraße 25
59065 Hamm
Tel.: 02381 – 672720
Fax: 02381 - 6727233
E-Mail: info@kreuzbund.de
www.kreuzbund.de

Blaues Kreuz der Evangelischen Kirche Bundesverband e.V.
Märkische Straße 46
44141 Dortmund
Tel. / Fax: 0231 – 5864132
E-Mail: bke@blaues-kreuz.org
www.blaues-kreuz.org

Freundeskreise für Suchtkrankenhilfe
Bundesverband e.V.
Selbsthilfeorganisation
Kurt – Schumacher –Straße 2
34117 Kassel
Tel.: 0561 – 78 04 13
Fax: 0561 – 711282
E-Mail: mail@freundeskreise-sucht.de
www.freundeskreise-sucht.de

Guttempler in Deutschland
Adenauerallee 45
20097 Hamburg
Tel.: 040 - 245880
Fax: 040 – 241430
E-Mail: guttempler@t-online.de
www.guttempler.de

Blaues Kreuz in Deutschland
Bundesgeschäftsstelle
Freiligrathstraße 27
42289 Wuppertal
Tel.: 0202 – 62 00 30
Fax: 0202 – 6200381
E-Mail: bkd@blaues-kreuz.de
www.blaues-kreuz.de

**Gesamtverband der Suchtkrankenhilfe im
Diakonischen Werk der EKD e.V.**
Kurt-Schumacher-Str. 2
34117 Kassel
Tel.: 0561 - 109570
E-Mail: gvs@sucht.org
www.sucht.org

Lohnt es sich, gegen ein negatives Gutachten vorzugehen?

Es lohnt sich in den allerseltensten Fällen gegen ein negatives Gutachten vorzugehen. Der Gutachter hat in der Regel wissenschaftliche Forschungsberichte auf seiner Seite und kann eine lange und staatlicherseits überwachte und anerkannte Ausbildung nachweisen. Er müsste gerade gegen die Punkte in der unten genannten Anlage 15 verstoßen. In § 11 Absatz 5 Fahrerlaubnis-Verordnung und der Anlage 15 zur Fahrerlaubnis-Verordnung ist gesetzlich geregelt, welchen Anforderungen ein Medizinisch-Psychologisches Gutachten einer Begutachtungsstelle für Fahreignung genügen muss.

§ 11 Absatz 5 Fahrerlaubnis-Verordnung
Für die Durchführung der ärztlichen und medizinisch-psychologischen Untersuchung sowie für die Erstellung der entsprechenden Gutachten gelten die in Anlage 15 genannten Grundsätze.

Anlage 15
1. Die Untersuchung ist unter Berücksichtigung folgender Grundsätze durchzuführen:
a) Die Untersuchung ist anlassbezogen und unter Verwendung der von der Fahrerlaubnisbehörde zugesandten Unterlagen über den Betroffenen vorzunehmen. Der Gutachter hat sich an die durch die Fahrerlaubnisbehörde vorgegebene Fragestellung zu halten.
b) Gegenstand der Untersuchung sind nicht die gesamte Persönlichkeit des Betroffenen, sondern nur solche Eigenschaften, Fähigkeiten und Verhaltensweisen, die für die Kraftfahrereignung von Bedeutung sind (Relevanz zur Kraftfahrereignung).
c) Die Untersuchung darf nur nach anerkannten wissenschaftlichen Grundlagen vorgenommen werden.

d) Vor der Untersuchung hat der Gutachter den Betroffenen über Gegenstand und Zweck der Untersuchung aufzuklären.
e) Über die Untersuchung sind Aufzeichnungen anzufertigen.
f) In den Fällen des § § 13 und 14 ist Gegenstand der Untersuchung auch das voraussichtlich künftige Verhalten des Betroffenen, insbesondere ob zu erwarten ist, dass er nicht oder nicht mehr ein Kraftfahrzeug unter Einfluss von Alkohol oder Betäubungsmitteln / Arzneimitteln führen wird. Hat Abhängigkeit von Alkohol oder Betäubungsmitteln / Arzneimitteln vorgelegen, muss sich die Untersuchung darauf erstrecken, dass die Abhängigkeit nicht mehr besteht. Bei Alkoholmissbrauch, ohne dass Abhängigkeit vorhanden war oder ist, muss sich die Untersuchung darauf erstrecken, ob der Betroffene den Konsum von Alkohol einerseits und das Führen von Kraftfahrzeugen im Straßenverkehr andererseits zuverlässig voneinander trennen kann. Dem Betroffenen kann die Fahrerlaubnis nur dann erteilt werden, wenn sich bei ihm ein grundlegender Wandel in seiner Einstellung zum Führen von Kraftfahrzeugen unter Einfluss von Alkohol oder Betäubungsmitteln / Arzneimitteln vollzogen hat. Es müssen zum Zeitpunkt der Erteilung der Fahrerlaubnis Bedingungen vorhanden sein, die zukünftig einen Rückfall als unwahrscheinlich erscheinen lassen. Das Gutachten kann empfehlen, dass durch geeignete und angemessene Auflagen später überprüft wird, ob sich eine günstige Prognose bestätigt. Das Gutachten kann auch geeignete Kurse zur Wiederherstellung der Kraftfahreignung empfehlen.
g) In den Fällen des § 2 a Absatz 4 Satz 1 und Absatz 5 Satz 5 oder des § 4 Absatz 10 Satz 3 des Straßenverkehrsgesetzes oder des § 11 Absatz 3 Nr. 4 oder 5 dieser Verordnung ist Gegenstand der Untersuchung auch das voraussichtliche künftige Verhalten des Betroffenen, ob zu erwarten ist, dass er nicht mehr erheblich oder nicht mehr wiederholt gegen verkehrsrechtliche Bestimmungen oder gegen Strafgesetze

verstoßen wird. Es sind die Bestimmungen von Buchstaben f Satz 4 bis 7 entsprechend anzuwenden.

2. Das Gutachten ist unter Beachtung folgender Grundsätze zu erstellen:
a) Das Gutachten muss in allgemeinverständlicher Sprache abgefasst sowie nachvollziehbar und nachprüfbar sein. Die Nachvollziehbarkeit betrifft die logische Ordnung (Schlüssigkeit) des Gutachtens. Sie erfordert die Wiedergabe aller wesentlichen Befunde und die Darstellung der zur Beurteilung führenden Schlussfolgerungen. Die Nachprüfbarkeit betrifft die Wissenschaftlichkeit der Begutachtung. Sie erfordert, dass die Untersuchungsverfahren, die zu den Befunden geführt haben, angegeben und, soweit die Schlussfolgerungen auf Forschungsergebnisse gestützt sind, die Quellen genannt werden. Das Gutachten braucht aber nicht im Einzelnen die wissenschaftlichen Grundlagen für die Erhebung und Interpretation der Befunde wiederzugeben.
b) Das Gutachten muss in allen wesentlichen Punkten, insbesondere im Hinblick auf die gestellten Fragen (§ 11 Abs. 6), vollständig sein. Der Umfang eines Gutachtens richtet sich nach der Befundlage. Bei eindeutiger Befundlage wird das Gutachten knapper, bei komplizierter Befundlage ausführlicher erstattet.
c) Im Gutachten muss dargestellt und unterschieden werden zwischen der Vorgeschichte und dem gegenwärtigen Befund.

3. Die medizinisch-psychologische Untersuchung kann unter Hinzuziehung eines beeidigten oder öffentlich bestellten oder vereidigten Dolmetschers oder Übersetzers, der von der Begutachtungsstelle für Fahreignung bestellt wird, durchgeführt werden. Die Kosten trägt der Betroffene.

4.) Wer eine Person in einem Kurs zur Wiederherstellung der Kraftfahreignung oder in einem Aufbauseminar betreut,

betreut hat oder voraussichtlich betreuen wird, darf diese Person nicht untersuchen oder begutachten.

Seit den letzten Jahren ist mir kein Gutachten bekannt geworden, das in sich so fehlerhaft war, dass sich eine Anfechtung als realistisch herausgestellt hätte. Sicher sind die Gutachten letztlich nicht für jeden Laien wirklich allgemeinverständlich verfasst. Da das Gutachten wissenschaftlichen Grundlagen ausdrücklich entsprechen muss, sind dem Psychologen Fachausdrücke auch erlaubt, ohne dass diese explizit im Gutachten übersetzt werden müssen. Psychologen verwenden in den Gutachten eine Vielzahl an sogenannten textbausteinartigen Ausführungen, aber auch das ist nicht grundsätzlich verboten. In dem Gutachten geben viele Psychologen wesentliche Inhalte, Aussagen des Klienten in wörtlicher oder indirekter Rede wieder, auch das ist erlaubt. Allerdings behaupten immer wieder Klienten, dies oder das so nicht gesagt zu haben. Da die Untersuchung bisher aber weder gefilmt noch das Gespräch anderweitig mitgeschnitten wird, erscheint die Beweisbarkeit schwierig bis unmöglich. Dies ist letztlich das Entscheidungsfeld von Rechtsanwälten. Wenn ein Gutachten als ordnungsgemäß gilt, dann darf sich kein Gericht und keine Behörde darüber hinwegsetzen, das gilt sowohl für positive wie für negative Gutachten. Ein Gutachten durch ein sogenanntes Obergutachten einer Universität anzufordern ist heute eher nicht mehr möglich, weil es dafür im Prinzip keine gesetzliche Grundlage gibt. In einem Gerichtsprozess würde freilich ein zugelassener Gutachter (Wissenschaftler) hinzugezogen werden.

Die Begutachtungsstelle für Fahreignung hat den Auftrag, nicht geeignete Verkehrsteilnehmer zu erkennen und von der motorisierten Verkehrsteilnahme auszuschließen, bis eine Eignung wieder hergestellt ist. Das bedeutet, der Gutachter hinterfragt die persönliche Eignung, ohne dass er die

Gesamtpersönlichkeit in Betracht ziehen darf, was eine ganz erhebliche (zuweilen völlig unmögliche) Gradwanderung ist. So wird er beispielsweise keine Fragen zur Sexualität oder zur politischen Einstellung stellen. Der Gutachter, ein ausgebildeter Diplom-Psychologe, muss einige grundlegende Voraussetzungen erfüllen, um eine Begutachtung durchführen zu dürfen (Anlage 14 zu § 66 Fahrerlaubnis-Verordnung). So muss er über eine mindestens zweijährige Berufserfahrung nach Abschluss seines Studiums in klinischer Psychologie oder Arbeitspsychologie verfügen. Ärzte müssen eine entsprechende klinische Tätigkeit nachweisen. An einer Begutachtungsstelle für Fahreignung müssen sie eine einjährige Praxis nachweisen. Dazu muss jeder eine bestimmte Anzahl von besuchten Fortbildungsmaßnahmen im Jahr nachweisen. Der Gesetzgeber verlangt also eine sehr spezielle fundierte Ausbildung, und nur ein so ausgebildeter Diplom-Psychologe darf mit seiner Prognose die behördliche Fragestellung beantworten: "Ist zu erwarten, dass Frau / Herr...auch zukünftig ein Kraftfahrzeug unter Alkoholeinfluss führen wird und / oder liegen als Folge eines unkontrollierten Alkoholkonsums Beeinträchtigungen vor, die das sichere Führen eines Kraftfahrzeugs der Gruppe ... in Frage stellen.?"

Sollten sie sich während der Begutachtung unpassend oder unwürdig behandelt fühlen, so können sie den Psychologen darauf hinweisen. Im Zweifelsfall dürfen sie jederzeit eine Begutachtung abbrechen. Gehen sie danach nicht direkt nach Hause, sondern bestehen sie darauf, den Leiter der Begutachtungsstelle für Fahreignung zu sprechen. Tragen sie ihre Beschwerden begründet vor. Wenn die Gründe fundiert sind, beispielsweise Fragen zur sexuellen Orientierung gestellt wurden oder der Gutachter während des Gespräches private Telefongespräche führt (ist tatsächlich schon vorgekommen), so wird man Ihnen einen neuen Termin zur Begutachtung einräumen, für den Ihnen selbstverständlich keine neuen Kosten entstehen sollten. Im Zweifelsfall müssen sie Ihren Anwalt einschalten. Sehr viel schwieriger ist es, wenn sie ein Gutachten wegen fachpsychologischer Fragestellungen, beispielsweise der Beurteilung Ihrer Abstinenz, anfechten wollen. Gerade in solchen Fällen ist eine Anfechtung letztlich schwierig, weil sich nur sehr wenige spezielle Anwälte überhaupt mit wissenschaftlich-psychologischen Fragen fundiert auskennen. Das Jurastudium ist eben grundsätzlich etwas anderes als ein Psychologiestudium mit verkehrswissenschaftlicher Ausrichtung. Sie sollten sich von einem Experten in so einem Fall unbedingt vorher beraten lassen.

Probleme bei der Begutachtung

Im Zusammenhang mit der Begutachtung können eine Reihe von Problemen auftreten. Wer das erste Mal zu einer Begutachtung gehen muss, ärgert sich nicht selten über die sehr hohen Kosten. Die Strafe, der Gerichtsprozess, dann die Sperrfrist machen sich finanziell bemerkbar. Schließlich kommt auch noch das Kreisverwaltungsreferat und sagt, dass man den Führerschein nur zurückerhält, wenn man eine positive Medizinisch–Psychologische Untersuchung nachweisen kann. Ein solches positives Gutachten sollte man innerhalb von zwei Jahren vorlegen. Nach zwei Jahren verfällt der Führerschein sonst völlig und man muss ein positives Medizinisch–Psychologisches Gutachten vorlegen und den Führerschein neu machen. Das Gutachten selbst kostet nicht wenig. Dazu kommen die Kosten für die regelmäßigen Kontrollen der Leberwerte. Nur wer sich vorab sehr sorgfältig informiert und auch noch Geld in professionelle Vorbereitungsmaßnahmen investiert, ist auf der sicheren Seite eines möglichst positiven Gutachtens. Menschen mit einem ersten negativen Gutachten entwickeln nicht selten einen beachtlichen Hass auf die Gutachter. Vor allem weiß man oft überhaupt nicht, warum man nun eigentlich durchgefallen ist. Zahlreiche Gutachten sind in einem Stil verfasst, der für den Beamten des Kreisverwaltungsreferates und für die Gutachter selbst Sinn macht, für den Begutachteten ist es vielfach aber kaum nachvollziehbar, was damit zusammenhängt, das der "Alltagsmensch" in der Regel nicht die Sprache und nicht die Ansprüche der Gutachter kennt. Am allerwenigsten sind die sogenannten Gutachterrichtlinien bekannt, die am Ende des Gutachtens im Literaturverzeichnis zumeist aufgeführt werden. Wer geht schon in die örtliche Bibliothek und bestellt diese Richtlinien per Fernleihe? Viele Angestellte der Bibliotheken wüssten auch gar nicht, wo genau diese Unterlagen zu bestellen wären. All dies führt dazu, dass dem Gutachter zuweilen eine erhebliche, ungerechte Machtposition unterstellt wird. Menschen mit einem negativen Gutachten sind dann nicht selten sehr verärgert. Oft sind die Personen bei der nächsten oder übernächsten Begutachtung wütend auf den Psychologen. Dazu kommt die Angst, es in dieser Stimmung sowieso nicht zu schaffen. Der Gutachter wird oft als neutral und in diesem Sinne als kalt erlebt. Die Fragetechniken, die viele "Alltagsmenschen" überhaupt nicht gewohnt sind, verwirren zusätzlich, so dass viele Klienten glauben, es handele sich um Fallen und um sogenannte Fangfragen. Die Fragetechniken führen selbstverständlich auch dazu, dass Klienten Dinge erzählen, die sie eigentlich auf keinen Fall erzählen wollten. Es bleibt dann das Gefühl zurück, etwas getan zu haben, was man nicht tun wollte. Für viele Menschen entsteht die Empfindung, dass sie hereingelegt worden sind, da sie das Ganze nicht verstehen.

Folgendes ist wichtig:

1.) Ich bin gut vorbereitet, habe das Buch gelesen, vielleicht habe ich mich professionell von einem Experten beraten lassen, der sich mit der MPU auskennt.

2.) Ich habe keinen Hass und keine Wut auf den Gutachter. Der Psychologe hat eine vom Staat übertragene Aufgabe, nämlich zu prüfen, ob ich noch einmal im Straßenverkehr auffallen könnte. Er geht davon aus, dass ich nicht mehr auffallen werde, wenn ich prinzipiell keinen Alkohol mehr trinke und meine Lebensgeschichte aufgearbeitet (bearbeitet) habe.

3.) Ich habe meine Lebensgeschichte nicht allein zu Hause im stillen Wohnzimmer aufgearbeitet, sondern ich habe mir Unterstützung geholt, das heißt, ich habe eine Selbsthilfegruppe besucht, vielleicht Bücher über Alkoholmissbrauch gelesen, vielleicht habe ich mich von einem erfahrenen Sozialpädagogen oder Psychologen mit entsprechender therapeutischer Qualifikation beraten lassen.

4.) Ich kann deutlich und zusammenhängend berichten, warum gerade ich anfällig für Suchtmittelkonsum, in unserem Fall Alkoholmissbrauch, war. Ich kenne innere und äußere Motive, die zum Alkohohlmissbrauch beigetragen haben, und ich habe ein differenziertes Wissen um innere und äußere Motive, die meine Abstinenz festigen und ermöglichen.

Jeder, der sich einer Medizinisch–Psychologischen Untersuchung wegen Alkohol oder Drogen im Straßenverkehr unterzieht, sollte über die These nachdenken, das psychotrope Stoffe (Alkohol, Drogen) in hoher Dosis konsumiert werden, um für einen Augenblick Dinge wie Glück, ungezwungene Freude, Problemlosigkeit zu spüren. Hemmungen verschwinden, Problemempfindungen aus vergangenen Zeiten, die noch immer im Unterbewusstsein aktiv sind und auf beunruhigende Weise in das Bewusstsein dringen, können für Augenblicke verdrängt (abgeschaltet) werden. Jeder kennt den Satz: "Ich muss jetzt mal abschalten, brauche ‚Ruhe'." Manchen Menschen können nur noch nach der Nutzung von Betäubungsmitteln abschalten. Depressionen, Angstzustände, Suchtmittelkonsum werden fast immer durch die immer wieder vergebliche und gescheiterte Suche nach Geborgenheit, Nähe und Liebe ausgelöst. Dazu kommt eine oft problematische Kindheit, die durch emotionale Kälte oder durch generelle Überforderung geprägt war. Später kann es dann schwierig werden, eine seelische Balance aufrecht zu erhalten. Verletzungen durch Trennungen, Enttäuschungen, Fehlentscheidungen heilen möglicherweise langsamer, wenn überhaupt. Liebe und Geborgenheit sind so wahrscheinlich wie unwahrscheinlich. Manch einer findet Geborgenheit und kann sie nicht schätzen, er oder sie brauchen noch zahlreiche Trennungen, um den Wert von Beziehungen zu erkennen und beziehungsfähig zu werden. Daneben leben viele Menschen mit erheblicher Angst vor Nähe, vor dem Loslassen der eigenen Regeln, Zwänge und Grenzen. Angesichts dieser Phänomene (Erscheinungen) können wir davon ausgehen, dass es nicht wenig Paare gibt, die nach vielen Jahren des Zusammenlebens nicht sagen können, ob sie sich lieben. Dass Menschen sich entschließen können, auf Suchtmittel zu verzichten, ist zunächst oft eher unwahrscheinlich. Gab es in früheren Zeiten den geregelten Rausch, wie das Dorffest, das einmal im Jahr stattfand und oft zu einem generellen Besäufnis wurde, so haben sich die Zeiten in Richtung einer individualisierten Rausch- und Betäubungskultur geändert. Zwar gibt es noch Veranstaltungen wie das Münchner Oktoberfest, wo ein kollektiver Rausch zelebriert wird, doch nimmt die Zahl jener Menschen, die allein zu Hause Abend für Abend oder Wochenende für Wochenende zu Hause oder am Stammtisch Betäubungsmittel wie Alkohol konsumieren, seit Jahren erheblich zu, parallel zum Konsum von Zigaretten. Diese Zusammenhänge sollte man sich bei einer anstehenden MPU bewusst machen und seine eigene Rolle in Bezug auf diese Erscheinungen reflektieren. Dabei kann es in einer individualisierten Rausch- und Betäubungskultur, die durch emotionale Kälte und Unverbindlichkeit zwischen den Menschen gefördert wird, auch zunächst nur um individuelle Bewältigungs- und Veränderungsstrategien gehen. Was habe ich unternommen, um Einsamkeit zu überwinden? Wie habe ich meine Beziehungen umgestaltet? Wie gehe ich mit Stress anders um? Wie erlange ich auch unter belastenden Umständen Zufriedenheit und innere Ausgeglichenheit? Schaffe ich es, anderen Menschen Liebe zu geben, im Sinne freundlicher Worte, Aufmunterung, Zuwendung und Interesse, ohne dafür grundsätzlich immer eine Gegenleistung zu erwarten? Wenn ich diese Fragen für mich plausibel und für andere nachvollziehbar beantworten kann, dann ist auch zu erwarten, dass ich kein Betäubungsmittel mehr benötige. Einen Schritt weiter würde meine Selbstreflexion führen, wenn ich weiß, woher meine Anfälligkeit für Stress, für Beziehungsschwierigkeiten, für berufliche Probleme überhaupt kommt. Hier wird zweifellos noch mehr Anstrengung erforderlich, weil gesunde Intuition allein für eine plausible Erklärung nur selten ausreicht. Vielmehr benötigt es oft ein zumindest in Ansätzen vorhandenes psychologisches Fachwissen, welches man sich anlesen kann, wenn man dafür genug Zeit hat oder eben mit geeigneter therapeutischer Hilfe in Erfahrung bringen kann. Wer diese Schritte vollzogen hat, kann auch einen besonders unfreundlichen oder abweisenden Psychologen bei der Begutachtung überzeugen. So hat ein Gutachter einmal während des Gesprächs lange private Telefongespräche geführt und sich an dem Klienten bei der Begutachtung ziemlich uninteressiert gezeigt. Nur weil der Klient davon überzeugt war, dass er seine Lebensgeschichte bearbeitet hat und plausibel erklären kann, hat er sich von dem Verhalten des Gutachters nicht aus dem Konzept bringen lassen. Menschen, die ihre eigene, oft schwierige Biografie bearbeitet und reflektiert haben, entwickeln gerade gegenüber anderen schwierigen Menschen und deren Verhaltensweisen eine wohltuende, ruhige Toleranz. So gesehen kann bei einer MPU nur sehr wenig schief gehen, und Ängste stellen sich oft als völlig unbegründet dar, wenn eine hinreichende Auseinandersetzung stattgefunden hat, unabhängig davon, wie hoch die Promillezahl war oder ob ein schwerer Unfall stattgefunden hat.

Schlusswort

Hoher Alkoholkonsum im Zusammenhang mit schädlichen Folgen und Entzugserscheinungen wurde 1968 in der Bundesrepublik als Krankheit (Alkoholkrankheit) anerkannt, was den Vorteil hat, dass die sehr teuren Behandlungen der Abhängigkeit durch die Krankenkassen, Rentenversicherungen und die Träger der Sozialhilfe bis heute finanziert werden. Später, nämlich seit 1991, wurden nicht mehr nur stationäre Entwöhnungsbehandlungen, sondern auch ambulante Behandlungen finanziert. Doch Alkoholabhängigkeit ausschließlich als Krankheit zu betrachten täuscht darüber hinweg, dass nahezu alle Menschen in gewisser Weise süchtig erscheinen können. Suchttendenzen sind nicht zuletzt eine spezifische Weise, um auf die Unsicherheiten und Belastungen des menschlichen Lebens zu reagieren. Und das menschliche Leben, die menschliche Existenz sind grundsätzlich für alle Menschen eine bedrohliche und unsichere Angelegenheit, eine Tatsache, die jeder im Alltag gerne verleugnet und bagatellisiert. Der süchtige Mensch spürt dies unter Umständen besonders stark, ist sensibler, empfindlicher, anfälliger oder auch äußerlich "abgestumpfter" mit höheren Anteilen an Verdrängung, Verleugnung und Ängsten. Trotzdem wird sich deswegen nicht jeder Mensch als (suchtgefährdet) krank bezeichnen wollen. Sucht erzeugt im schlimmsten Fall körperliche Funktionsstörungen, die zum verfrühten Tod führen können. Der körperliche Verfall und organische Ausfall sind die negativen Nebenwirkungen vieler Süchte. Die Suchtmechanismen sind an sich nichts Negatives, viele Suchttendenzen tun der Seele äußerst gut. Das Suchtpotenzial der Liebe, der Sexualität, einer schnellen Motorradfahrt, einer gefährlichen Skiabfahrt, des Verliebtseins und die Suchttendenz, sich wieder und wieder verlieben zu wollen, sind für die Seele nicht unangenehm. Es sind die Nebenwirkungen in einer oft fremden, unkalkulierbaren und kalten Welt, die Nebenwirkungen von gefährlichen Stoffen, die uns zu schaffen machen. Sucht ist kein Charakterfehler, sondern eine immer wiederkehrende Reaktion auf das Leben selbst, ein menschliches Leben, das niemals zu begreifen und zu verstehen sein wird, dessen Grundfragen immer und für alle Generationen offen bleiben werden, "Wer bin ich? Warum bin ich hier? Was ist meine Aufgabe? Wie kann ich unendlich (da) sein?", "Wie kann ich mein Leben optimal, schön und glücklich gestalten?", "Wie kann ich selbst und sicher über mein Leben bestimmen?", "Wieso bin ich allein?". Da diese Fragen nie zufriedenstellend beantwortet werden können, bleibt uns stets ein Mangel, und hier tritt die Suchterfahrung hinein. Allerdings führen die Nebenwirkungen unseres süchtigen Verhaltens allzu oft in die Krankheit und in den Tod, viel früher, als wir uns das wünschen. Nicht zuletzt zerren diese Nebenwirkungen strudelartig andere Menschen mit in die Verzweiflung und in den Tod. Die allermeisten Therapeuten, Psychologen und Sozialpädagogen sind selbst hypersensible (empfindsame und empfindliche), oft enttäuschte, selbstwertschwache Menschen (gewesen), die immer auch eigene Therapieerfahrungen (oder zumindest Selbsterfahrung und Supervision) gemacht haben sollten. Schon aus diesen Gründen ist es nicht sinnvoll, Therapeuten, Gutachter, Psychologen und Sozialpädagogen als die besseren, mächtigeren Menschen zu betrachten. Sie haben nicht zuletzt ihre Ausbildung in dem oft unbewussten Glauben gewählt, damit eigene Schwierigkeiten zu überwinden. Menschen in den sozialen Helferberufen hatten oft jahrelang mit eigenen Selbstwertproblemen zu kämpfen, ein entscheidender Grund, warum sie einen solchen Beruf dann gewählt haben und nicht etwa Informatiker, Richter oder Polizist geworden sind. Die MPU breitet sich in vergleichbaren Modellen in zahlreichen Industriestaaten aus. Auch wenn die MPU in den nächsten Jahren weiter verschärft wird, kann sie vielleicht den Straßenverkehr sicherer machen, aber das Risikoverhalten überträgt sich oft lediglich in andere Bereiche. Rückfälle kann sie nicht verhindern. Die MPU kann ein Anlass sein, das eigene Leben umzuorientieren und gesünder, zufriedener und ein wenig anders als vorher zu leben. Sie legt einen dunklen Bereich unserer ganzen Gesellschaft frei, der oft einseitig Leistung, Regelgehorsam, Konsum betont und in vielen Fällen zu unerträglicher zwischenmenschlicher Kälte, Isolation und Distanz geführt hat. Viele meiner Klienten, die vielen, die den Führerschein wiederbekamen, haben die für sie wichtigsten Veränderungen in sehr privaten Bereichen vorgenommen, der Führerschein, am Anfang der "Therapie" das Wichtigste, war am Ende unserer Zusammenarbeit meist nur noch eine angenehme, erwünschte Nebenwirkung, die sich dann fast ganz von allein einstellte. Entscheidende Veränderungen dagegen haben sich in ihren Beziehungen, in der Gestaltung von Beziehungen, in dem Umgang mit ihren Kindern, im Kontakt zu ihren Kollegen und Mitarbeitern ergeben. Sie sind oft gelassener geworden und haben gelernt, sich zu entspannen, viele haben sich mit ihren Eltern, mit ihrer Vergangenheit versöhnt oder verborgene (latente, diffuse, untergründige) Aggressionen zum erstenmal aus sich herausgelassen und eine große Befreiung erlebt. Im Zusammenhang mit diesen Veränderungen erscheint der Erhalt des Führerscheins dann doch nur noch belanglos und "normal". Es ist jedoch oft notwendig, eine umfassende Lebenssinn-, Arbeits-, Gesundheits-, Partnerschafts- und Familienberatung durchzuführen und das "dunkle", unbewusste, "geheimnisvolle" Drehbuch des eigenen Lebens zugänglich zu machen. Was darin zum Vorschein kommt und als Erkenntnis in das Bewusstsein tritt, kann oft mit Geld nicht bezahlt werden.

Anhang

Arbeiten Sie die Fragebögen im Anhang sorgfältig durch. Die Fragen dienen der Reflexion Ihrer Lebensgeschichte und ihres Wissensstandes.

1.) Der persönliche Reflexionsbogen

Eine Risikobiografie (¦) ergibt sich aus Bruchstellen und Dissonanzen auf dem frühen Lebensweg, in der Kindheit. Überprüfen Sie anhand des folgenden Fragebogens, welche Bruchstellen es in Ihrem Leben gab, was Sie aufgearbeitet (bearbeitet) haben und was sich verändert hat. Anschließend können Sie darüber nachdenken, wie Sie persönlich diese Bruchstellen und Dissonanzen in Ihrem Leben bewerten und einordnen. Letztlich kann nur ein einziger Mensch auf der Welt ihre Erfahrungen bewerten, und das sind Sie selbst. Wer seine problematischen Erfahrungen als unerträglich erlebt wird sich im extremsten Fall das Leben nehmen. Wer seine problematischen Erfahrungen als Lernerfahrung über sich und die Welt erlebt und bewertet, wird sich und anderen Menschen vielleicht helfen und interessiert sein, Erfahrungen weiterzugeben und vielleicht manches zu verändern.

Bruchstellen in meiner Kindheit?

- ° Alkohol hatte während meiner Kindheit in der Familie zum Alltag gehört.
- ° Zigarettenkonsum hatte während meiner Kindheit in unserer Familie zum Alltag gehört.
- ° Tablettenkonsum hatte in unserer Familie zum Alltag gehört.

- In unserer Familie gab es andere Suchtprobleme (Magersucht, Spielsucht, Arbeitssucht...).
- In der Schule habe ich mich vor allem angestrengt, damit meine Eltern mich gern haben.
- Meine Eltern haben mir selten zugehört.
- Meine Eltern haben sich oft gestritten.
- Ich habe wenig (keine) Liebe seitens meiner Eltern erfahren,
  - seitens meiner Mutter,
  - seitens meines Vaters,
  - seitens meiner Geschwister.
- Meine Eltern haben sehr hohe Erwartungen hinsichtlich meiner Leistungen in der Schule an mich gestellt.
- Meine Geschwister haben mehr Liebe, Zuneigung, Aufmerksamkeit bekommen.
- In unserer Familie wurde geschlagen ...
- Ich habe den Selbstmord eines Familienmitgliedes miterlebt.
- Ich habe den dramatischen Tod eines wichtigen Freundes, einer wichtigen Freundin miterlebt.
- Ich hatte das Gefühl, das ich mit niemandem richtig über meine Gefühle reden konnte.
- Ich habe die Scheidung meiner Eltern miterlebt.
- Ich habe meine Mutter, meinen Vater nie (richtig) gekannt.
- Über Gefühle wurde in unserer Familie nicht gesprochen.
- Gefühle wurden nicht ausgedrückt, außer in Wutausbrüchen und Aggressionen.
- Ich habe nicht gespürt, dass sich meine Eltern geliebt haben.
- Meine Eltern haben mich wiederholt zum Lernen für die Schule gezwungen.
- Meine Lehrer in der Schule haben sich nie für mich interessiert.
- Ich habe Erfahrungen des Ausgeschlossenseins und der Gewalt in der Schule gemacht.
- Ich bin bei meinen Großeltern aufgewachsen.

° Ich habe mich als Kind alleingelassen gefühlt.
° Ich habe als Kind alles (materielle) bekommen, jeder Wunsch wurde mir von den Augen abgelesen.
° Meine Eltern wollten, dass ich eine ganz bestimmte Ausbildung, einen ganz bestimmten Berufsweg einschlage.
° Ich bin mit meiner Familie sehr oft umgezogen und habe sehr oft die Schule und den Freundeskreis gewechselt.
° Ich habe miterlebt, wie Bezugspersonen meiner Familie sozial abgerutscht sind, dauerhaft arbeitslos wurden, ihr Haus oder ihre Wohnung verloren haben.
° Ich habe in meiner Familie lang andauernde Krankheiten eines Familienmitgliedes erlebt.
° Ich war als Kind oft und lange krank.
° Ich war Mitglied einer gewaltausübenden Gruppe im Jugendalter.
° Ich habe Erfahrungen mit Missbrauch gemacht (bei mir selbst oder anderen Familienmitgliedern).
° Ich hatte als Kind keine Freizeitmöglichkeiten (Spielplätze, Wiesen, Wald...).
° Ich durfte vorhandene Freizeitmöglichkeiten nicht nutzen.
° Ich habe mich in meiner Freizeit hauptsächlich gelangweilt.
° Ich bin in meiner Schulzeit gehänselt worden.
° Ich fühlte mich in der Familie nicht zu Hause, fühlte mich fremd.

Bruchstellen im erwachsenen Leben

° Ich habe immer wieder schmerzliche Beziehungsabbrüche zu einem Mann / einer Frau durchlebt.
° Ich habe sehr lange Zeiträume (mehrere Jahre) ohne Beziehung zu einer Partnerin / einem Partner gelebt, obwohl ich das so nicht wollte.
° Ich habe (hatte) mich mit meinen Kindern lange zerstritten.

164

- Meine Tochter / mein Sohn hat den Kontakt zu mir (fast) völlig abgebrochen.
- Ich habe aus Arbeits- und Karrieregründen auf eine Familie (Beziehung) verzichtet.
- Ich habe (emotionale, körperliche und intime (sexuelle)) Nähe in Partnerschaften als bedrohlich empfunden.
- Meine Partnerschaften waren (sind) durch Langeweile und "immer dasselbe" gekennzeichnet.
- Ich habe meine beruflichen Ziele nicht erreicht.
- Ich sehe keine Chance, meine beruflichen Ziele zu erreichen.
- Ich habe hohe Schulden und muss viele Jahre diese Schulden abbezahlen.
- Ich habe große finanzielle Probleme und komme gerade so über den Monat.
- Ich habe große Angst, dass mein Geld für mein Leben (und das meiner Familie) nicht reicht.
- Ich fühle mich in meiner Partnerschaft nicht akzeptiert, nicht ernstgenommen, nicht geliebt.
- Ich habe das Gefühl, von anderen Menschen ausgenutzt zu werden.
- Ich habe als Erwachsener Situationen körperlicher Gewalt erlebt.
- Ich habe als Erwachsener Situationen seelischer Gewalt erlebt.
- Ich habe Erfahrungen mit schweren Unfällen gemacht.
- Ich habe das Gefühl, dass ich zu wenig gute Freunde habe.
- Ich habe das Gefühl, dass ich zu oft abends allein zu Hause bin, ohne es zu wollen.
- Ich bin oft einsam, z.B. an Wochenenden, im Urlaub.
- Ich habe niemanden, mit dem ich ausgehen kann .
- Ich komme aus einer anderen Gesellschaft, aus einem anderen Land, und hier fehlt mir etwas.

° Ich spüre im Betrieb, an meinem Arbeitsplatz, einen hohen Druck, eine hohe   Erwartungshaltung an meine Person.

° Ich habe das Gefühl, das ich im Unternehmen ausgebeutet, ausgenutzt werde.

° Ich habe das Gefühl, dass mir im Betrieb niemand wirklich eine Chance gibt zu beweisen, was ich kann (eine Chance, mehr Verantwortung zu übernehmen).

° Ich habe im Betrieb den Eindruck, dass mich viele Kollegen nicht mögen.

° Ich habe im Betrieb das Gefühl, dass meine Chefs mich nicht mögen.

° Die Atmosphäre in unserem Unternehmen (an meinem Arbeitsplatz) ist kalt.

° Die Atmosphäre in meiner Familie ist kalt.

° Die Atmosphäre in der Beziehung zu meinen Eltern / Geschwistern ist kalt.

° In meinem Beruf habe ich sehr viel Stress.

° In meinem Beruf soll ich viele Dinge gleichzeitig tun.

° In meinem Beruf gibt es sehr hohe Erwartungen an meine Person, die ich nicht oder kaum erfüllen kann.

° Ich habe Angst, in meinem Beruf, in meiner Tätigkeit Fehler zu machen.

° Ich habe Angst, meinen Beruf zu verlieren und keine neue Beschäftigung zu finden.

° Ich habe Angst, meine Arbeitslosigkeit nicht überwinden zu können.

° In meinen Beziehungen gab es immer zu wenig emotionale Nähe, zu wenig Liebe und   Zuwendung.

° Ich fühle mich in meiner Haut unwohl, bin sehr unzufrieden mit meinem Aussehen.

° Ich vermisse eine lebendige, glückliche, gleichberechtigte, spannende Beziehung.

° Ich habe das Gefühl, dass ich meine beruflichen Ziele nicht erreichen kann.

- ° dass ich meine Ziele in einer (dieser erfahrenen, gelebten) Partnerschaft nicht erreichen kann.
- ° Ich habe das Gefühl, dass sich meine Wünsche und Träume nie erfüllen werden.
- ° Ich habe das Gefühl, dass mir Ziele (und Begeisterung) fehlen.
- ° Ich habe mir seit langer Zeit keinen Urlaub mehr geleistet.
- ° Mir fällt oft die Decke auf den Kopf, weil
  - ° außer mir niemand zu Hause ist,
  - ° mich kaum jemand anruft,
  - ° kaum jemand mit mir etwas unternimmt,
  - ° mein Leben mir irgendwie leer erscheint.
- ° Ich habe Angst, unter die Menschen zu gehen.
- ° Ich habe Angst, neue fremde Menschen kennen zu lernen.
- ° Ich habe Angst, Beziehungen einzugehen.
- ° Ich habe Angst vor Nähe, Berührung, Sexualität, Liebe.
- ° Ich habe das Gefühl, nirgendwo zu Hause zu sein.

Der Konsum eines Suchtmittels (Alkohol, Drogen, Tabletten, Nikotin) bedeutete für mich:

- ° Druck verschwindet.
- ° Angst verschwindet.
- ° Ich werde offener, entspannter in Gesellschaft.
- ° Ich vergesse den geordneten, immer gleichen Alltag und kann befreiter feiern.
- ° Ich vergesse die Vergangenheit.
- ° Ich kann Wärme und Zuwendung besser spüren.
- ° Ich vergesse die Unzufriedenheit mit mir selbst.
- ° Ich vergesse meine eigene Person.
- ° Ich brauche nicht mehr nachdenken.
- ° Ich fühlte mich befreit.
- ° Ich konnte meine Einsamkeit vergessen.

° Ich konnte das Verschmelzen meiner Person mit einer Gruppe, Gemeinsamkeit und Zusammengehörigkeit spüren.
° Ich konnte meine Trauer über kaputte Beziehungen, verlorene Partner, unglückliche Liebe überwinden.
° Ich konnte meine Heimatlosigkeit, das Gefühl, dass mir etwas Wichtiges fehlt, verdrängen.

Was habe ich getan und was tue ich, um mit meiner Abstinenz gut zu leben?

° Regelmäßige Teilnahme an einer Selbsthilfegruppe
° Gesundheit fördern
° ausreichend Schlaf
° regelmäßig gesund essen
° Pausen in der Arbeit
° Entspannungstechniken erlernt, welche..........
° regelmäßig in Maßen Sport treiben, welchen..........
° alkoholfreie Wohnung / Keller
° autogenes Training
° Tagebuch schreiben
° Telefonnummern von Bezugspersonen aufbewahren
° das Leben stabilisierende Freundschaften pflegen
° Vermeiden von früheren Trinksituationen (Stammtisch, Tankstelle, Bierzelt, Szene)
° bei Feierlichkeiten mögliches Verhalten vorher einplanen
° Management sozialer Situationen verbessert
° kann offen über meine Gefühle und Gedanken sprechen
° kann offen auf andere (auch fremde) Menschen zugehen
° habe einen Freundeskreis, auf den ich mich verlassen kann
° kann Kritik annehmen und falsche Kritik zurückweisen
° habe gelernt mit Stress umzugehen
° habe den Umgang mit mir selbst verbessert
° bin entspannt, auch in kritischen Situationen

- ich kann auch "NEIN" sagen
- ich sorge für einen Ausgleich zwischen Belastung und Entlastung (privat und beruflich)
- ich habe Menschen, an die ich mich anlehnen kann
- ich kann allein sein, muss es aber nicht
- ich organisiere meine freie Zeit
- Ich lebe in relativ stabilen sozialen Beziehungen (Partnerschaft, Freundeskreis)
- Ich mache interessante, spannende Erfahrungen in meinem Alltag (Erfahrungen, die ich mit anderen Menschen teilen kann), z.B.
- Interesse für Sportveranstaltungen
- Interesse für Kunstveranstaltungen
- Kinobesuch, Konzertbesuch, Theaterbesuche
- ich besuche Kaffeehäuser, Restaurants
- ich lade Menschen zu mir in die Wohnung ein
- ich mache regelmäßig Urlaub
- ich bin offen und neugierig auf neue Erfahrungen
- ich bin vorsichtig, aber nicht übervorsichtig, kritisch, aber nicht extrem skeptisch bei der Sucht nach Kontakten und dem Umgang mit anderen Menschen
- es gibt Menschen, die ich bewundere
- Ich sage anderen Menschen, die mir helfen, "danke"!
- Ich lese Bücher und schaue spannende Filme an und rede mit anderen Menschen darüber.
- Ich suche den Kontakt auch zu schwierigen Menschen aus einem anderen Milieu.
- Ich gebe meine Erfahrungen auf Nachfrage hin auch weiter.
- Ich habe Ziele in meinem Leben, Träume und Wünsche, die ich verwirklichen möchte.
- Ich genieße jeden Tag aufs neue, versuche jeden Tag etwas Schönes, Spannendes zu erleben, wahrzunehmen, zu gestalten.
- Ich habe ein Seminar gemacht, welches.................
- Ich habe ein Persönlichkeitstraining absolviert.............

° Ich habe ein Hobby wiederentdeckt, welches.................
° Ich bin eine neue Partnerschaft eingegangen.
° Ich habe mich auf die Suche nach einer neuen Partner-
  schaft gemacht.
° Ich habe mich auf die Suche nach neuen Beziehungen
  gemacht.

2.) Fragebogen zur Definition und Reflexion emotionaler Erscheinungen

Welche Rolle spielt heute in meinem Leben:

1. Angst
2. mein Bedürfnis nach Anerkennung
3. Stolz sein
4. mein Bedürfnis nach Sicherheit
5. mein Umgang mit Ungewissheit
6. mein Bedürfnis nach Geborgenheit
7. mein Umgang mit Überforderung
8. mein Umgang mit eigenen Aggressionen
9. mein Bedürfnis nach Liebe
10. mein Bedürfnis nach Freundschaft
11. mein Umgang mit eigener Unsicherheit
12. mein Bedürfnis nach Selbstverwirklichung
13. mein Umgang und mein Verhältnis zu Geld
14. mein Verhältnis zu meinem Beruf
15. mein Verhältnis und mein Bedürfnis nach Glück
16. mein Verhältnis zu meiner Zukunft und meinen Vorstellungen darüber
17. mein Bedürfnis nach Vertrauen und meine Fähigkeit zu vertrauen
18. mein Verhältnis zu Ehrlichkeit
19. mein Bedürfnis nach Offenheit
20. mein Verhältnis zu Stress
21. mein Verhältnis zu Idealen

3.) Gutachterfragen

Beantworten Sie die folgenden Fragen:

1.) Wann habe ich den letzten Tropfen Alkohol getrunken?

2.) Warum habe ich mit dem Trinken aufgehört?

3.) Was hat sich in meinem Leben positiv geändert, seitdem ich keinen Alkohol mehr trinke?

4.) Wie haben meine Familie (alternativ meine Freunde) auf meine Abstinenz reagiert?

5.) Ist mir die Abstinenz schwergefallen?

6.) Hatte ich irgendwelche körperlichen Veränderungen (Beschwerden) mit Beginn meiner Abstinenz, zum Beispiel Magenschmerzen, Schlafstörungen, Schwitzen etc.?

7.) Hatte ich vorher schon einmal versucht, abstinent zu leben?

8.) Hatte ich noch einmal Verlangen nach Alkohol gespürt, nachdem ich mit dem trinken von Alkohol aufgehört hatte?

9.) Ich kann möglicherweise noch Jahrzehnte Auto fahren. Bin ich ganz sicher, dass ich nie mehr Alkohol trinken will?

10.) Was mache ich, wenn mir jemand auf einer Feier Alkohol anbietet?

11.) In welchen Zeiten hat sich mein Alkoholkonsum besonders gesteigert?

12.) Welche Gefühle (Ängste, Sorgen, Überforderung oder Unterforderung...etc.) standen in Zusammenhang mit der Steigerung meines Alkoholkonsums?

13.) Wie viel Alkohol habe ich vor meiner entdeckten Trunkenheitsfahrt gewöhnlich an Wochenenden getrunken?

14.) Wie viel Alkohol habe ich vor meiner entdeckten Trunkenheitsfahrt gewöhnlich in einer (Arbeits-)Woche getrunken?

15.) Gab es in Sachen Alkohol eine oder mehrere besonders dramatische Phasen in meinem Leben?

16.) Gab es für mich besondere Trinkanlässe?

17.) Wann, wo und warum habe ich Alkohol an dem Tag getrunken, als ich gestoppt wurde?

18.) Wie oft bin ich mit Alkohol Auto gefahren, ohne dass ich angehalten wurde?

19.) Was habe ich bis heute aus der ganzen Sache gelernt?

20.) Was habe ich über mich gelernt?

21.) Wie will ich in Zukunft Rückfälle vermeiden?

22.) Wenn ich das Lebensrad zurückdrehen könnte, was hätte ich in meinem Leben anders gemacht, um nicht in eine solche Problematik zu geraten?

23.) Welchen wichtigen inneren Grund gab es bei mir, so hohe Dosen Alkohol zu trinken?

24.) Bin ich der Meinung, dass ich in den Alkoholmissbrauch "einfach" so hineingerutscht bin?

24.) Folgende Eigenschaften meiner Person würde ich als Stärken bezeichnen...

25.) Folgende Eigenschaften meiner Person würde ich als Schwächen bezeichnen...

26.) Gab es in meinem Leben als Erwachsener Zeiten, in denen ich überhaupt keinen Alkohol konsumiert hatte? Was war in diesen Zeiten anders?

27.) Wer hat am meisten unter meinem Problem Alkoholmissbrauch gelitten?

28.) Gab es Menschen, die von meinem Problem mit Alkohol profitiert haben?

29.) Was habe ich in den vergangenen Jahren möglicherweise alles getan, um mit dem hohen Alkoholkonsum fertig zu werden?

30.) Was müsste ich tun, um bei der MPU garantiert durchzufallen?

31.) Welche Maßnahmen habe ich getroffen, um dauerhaft abstinent zu leben?

32.) Gab es in meinem Elternhaus Suchtproblematiken, und wie bin ich damit umgegangen?

33.) Was habe ich an neuen Verhaltensweisen, Verhaltensmöglichkeiten gelernt, um in Zukunft ohne Alkohol
glücklich zu leben?

4.) Wissensfragen

Beantworten Sie die folgenden Wissensfragen und kontrollieren Sie sich mit dem nachfolgenden Lösungsbogen.

1.) Wann tritt absolute Fahruntüchtigkeit (juristisch) auf?

_____

_____

_____

2.) Wann tritt relative Fahruntüchtigkeit auf?

_____

_____

_____

3.) Nennen Sie einige psychische und physische Beeinträchtigungen bei Alkoholmissbrauch im Straßenverkehr! Welche der von Ihnen genannten Beeinträchtigungen trafen bei Ihnen zu?

_____

_____

_____

_____

_____

_____

176

4.) Nennen Sie typische Verhaltensmuster "betrunkener" Autofahrer!

_____

_____

_____

_____

_____

_____

_____

_____

_____

5.) Nennen Sie Wirkungen des Alkohols auf den Alkoholkonsumenten, die nicht nur im Straßenverkehr feststellbar sind!

_____

_____

_____

_____

_____

_____

6.) **Was bedeutet der Begriff Resorption?**

_____

_____

_____

_____

7.) **Was bedeutet der Begriff Elimination**

_____

_____

_____

8.) **Schätzen Sie den Pro-Kopf-Verbrauch pro Jahr an reinen Alkohol in Deutschland!**

_____

_____

_____

9.) **Um wie viel höher liegt das Unfallrisiko bei einer Blutalkoholkonzentration von 0,8 ‰ und bei 1,1 ‰ gegenüber einem nüchternen Autofahrer? Schätzen Sie!**

_____

_____

_____

_____

_____

10.) Schreiben Sie die Formel zur Berechnung der Blutalkoholkonzentration (sogenannte Widmark–Formel) auf!

11.) Nennen Sie den Reduktionsfaktor für Männer!

12.) Nennen Sie den Reduktionsfaktor für Frauen?

13.) Wieviel Promille werden pro Stunde seit Trinkbeginn durchschnittlich abgebaut?

14.) Welche menschlichen inneren Faktoren führen langfristig möglicherweise in den Missbrauch oder die Abhängigkeit?

_____

_____

_____

_____

_____

15.) Was bedeutet der Begriff Toleranz bei Alkoholmissbrauch?

_____

_____

_____

_____

_____

_____

16.) Ab welcher Menge reinen Alkohols pro Tag in Gramm (g) wird weltweit von Gesundheitsschädigung bei Männern und bei Frauen gesprochen?

_____

_____

_____

17.) Ab welcher Blutalkoholkonzentration muss man sich einer Medizinisch-Psychologischen Begutachtung unterziehen, um den Führerschein zurückzuerlangen?

_____

_____

_____

18.) Ab welcher Promillezahl kann man nach medizinischen Standards von chronischer, schwerer Alkoholproblematik ausgehen, wenn die Person keine schweren Intoxikationszeichen (Vergiftungszustand) aufweist?

_____

_____

_____

19.) Auf einer Bierflasche wird der Alkoholgehalt in Vol.-% (Volumenprozent) angegeben. Bier enthält in der Regel 5 Vol.-% und Wein ca. 10 Vol.-%. Rechnen Sie aus, wieviel Gramm Alkohol je Liter das hier genannte Bier und der Wein haben!

_____

_____

_____

_____

_____

_____

20.) Auf welches Organ wirkt der Alkohol am stärksten?

_____

_____

_____

_____

21.) Wann spricht man von Alkoholmissbrauch?

_____

_____

_____

_____

_____

22.) Wann spricht man von Alkoholabhängigkeit?

_____

_____

_____

_____

_____

23.) Nennen Sie die 6 Kriterien des ICD 10 (Internationale Klassifikation psychischer Störungen) für Abhängigkeit!

24.) Wie viele der Kriterien müssen erfüllt sein, um von Abhängigkeit zu sprechen?

25.) Nennen Sie einige innere Gründe für Alkoholkonsum!

_____

_____

_____

_____

_____

26.) Nennen Sie einige äußere Gründe für Alkoholkonsum!

_____

_____

_____

_____

_____

27.) Nennen Sie einige äußere Gründe für stabile Veränderungen hin zu kontrolliertem Trinken oder zu Alkoholabstinenz, die Sie von sich oder anderen Menschen kennen!

_____

_____

28.) Nennen Sie einige innere Gründe für stabile Veränderungen hin zu kontrolliertem Trinken oder zu Alkoholabstinenz, die Sie von sich oder anderen Menschen kennen!

_____

_____

_____

_____

_____

_____

_____

29.) In welchem Organ ist, bezogen auf die Fläche des Organs und die Anzahl der Alkoholmoleküle, die Alkoholkonzentration nach 30 min Alkoholkonsum am größten? Leber, Gehirnrinde, Magen ?

_____

_____

_____

_____

_____

30.) Was bedeutet der Begriff "Bagatellisierung", der in negativen Gutachten immer wieder auftaucht?

_____

_____

_____

_____

_____

_____

_____

_____

_____

_____

Lösungsbogen der Wissensfragen

1.) Wann tritt absolute Fahruntüchtigkeit (juristisch) auf?
Ab 1,1 Promille tritt absolute Fahruntüchtigkeit auf.

2.) Wann tritt relative Fahruntüchtigkeit auf?
Bei weniger als 1,1 Promille und weiteren Beweisanzeichen, wie Schlangenlinien fahren, torkelnder Gang.

3.) Nennen Sie einige psychische und physische Beeinträchtigungen bei Alkoholmissbrauch im Straßenverkehr! Welche der von Ihnen genannten Beeinträchtigungen trafen bei Ihnen zu?

Eingeschränktes Urteilsvermögen, eingeschränkte Sinneswahrnehmung, Selbstüberschätzung, Koordinationsstörungen, erhöhte Blendempfindlichkeit, Einschränkung des seitlichen Gesichtsfeldes ("Tunnelblick"), gestörtes Dämmerungssehen, gestörte Hell-Dunkelanpassung

4.) Nennen Sie typische Verhaltensmuster "betrunkener" Autofahrer!

Verlangsamte Reaktion, Enthemmung, Situationsverkennung

5.) Nennen Sie Wirkungen des Alkohols auf den Alkoholkonsumenten, die nicht nur im Straßenverkehr feststellbar sind.

Gesteigertes Selbstbewusstsein, gehobene Stimmungslage und Euphorie, Kontaktfreudigkeit, gesteigerte Unternehmungslust, Störungen von Fein- und Grobmotorik und des Gleichgewichts, Artikulationsstörungen, Müdigkeit, Aggressivität, erhöhte Risikobereitschaft, erhöhte Bereitschaft zu spontanen Handlungen, Störung der Selbstkritik, Verlängerung der Reaktionszeit, Störung der Fein- und Grobmotorik und der Konzentration, Störung der optischen Wahrnehmungen, Artikulationsstörungen, Enthemmung, Distanzlosigkeit, Störung der optischen Wahrnehmung

6.) Was bedeutet der Begriff Resorption?

Aufnahme des Alkohols im Blut.

7.) Was bedeutet der Begriff Elimination

Abbau des Alkohols im Körper.

8.) Schätzen Sie den Pro–Kopf–Verbrauch an reinen Alkohol in Deutschland!

Ca. 10 - 11,5 Liter in Deutschland.

9.) Um wie viel höher liegt das Unfallrisiko bei einer Blutalkoholkonzentration von 0,8 ‰ und bei 1,1 ‰ gegenüber einem nüchternen Autofahrer? Schätzen Sie.

0,8 ‰   viermal höher

1,1 ‰   neunmal bis zehnmal höher

10.) Schreiben Sie die Formel zur Berechnung der Blutalkoholkonzentration (sogenannte Widmark – Formel) auf!

$$BAK (‰) = \frac{\text{aufgenommen Menge Alkohol in Gramm}}{\text{Körpergewicht in Kilogramm mal Reduktionsfaktor}}$$

11.) Nennen Sie den Reduktionsfaktor für Männer!

0,7 für normalgewichtige Männer, für fettleibige 0,6 oder 0,8 für Männer mit hagerer Statur

12.) Nennen Sie den Reduktionsfaktor für Frauen?

0,6 für normalgewichtige Frauen. Frauen haben einen höheren Anteil von Unterhautfettgewebe wie Männer.

13.) Wie viel Promille werden pro Stunde seit Trinkbeginn durchschnittlich abgebaut?

0,15 ‰

14.) Welche menschlichen inneren Faktoren führen langfristig möglicherweise in den Missbrauch oder die Abhängigkeit?

Ausblendung von Missstimmungen, Missempfindungen, unangenehmen Erfahrungen, Abbau von seelischem Stress, Angst oder psychischem Schmerz, posttraumatische Belastungsstörungen, Depression, Umgang mit Empfindungen

innerer Leere, Einsamkeit, Frustration, Verlust an Lebens-
perspektiven oder Lebenssinn, unterdrückter Ärger, zu gerin-
ges Selbstwertgefühl...

15.) Was bedeutet der Begriff Toleranz bei Alkoholmiss-
brauch?

Die fortwährende Zufuhr eines körperfremden Stoffes wirkt
auf die Funktionsabläufe im Körper als eine Störung, auf die
er sich zunehmend einstellen kann. Er reagiert weniger auf
die Substanz. Um die angemessene Rauschwirkung (betäubende Funktion) weiterhin zu erzielen muss die Dosis erhöht
werden.

16.) Ab welche Menge reinen Alkohol pro Tag in Gramm
wird weltweit von Gesundheitsschädigung bei Männern und bei Frauen gesprochen?

40 g bei Männern = 1 Liter Bier,
20 g bei Frauen

17.) Ab welcher Blutalkoholkonzentration muss man
sich einer Medizinisch-Psychologischen Begutachtung unterziehen, um den Führerschein zurückzuerlangen?

1,6 Promille

18.) Ab welcher Promillezahl kann man nach medizini-
schen Standards von chronischer, schwerer Alkoholproblematik ausgehen, wenn die Person keine
schweren Intoxikationszeichen (Vergiftungszustand) aufweist?

Ca. ab 1,5 ‰ bzw. 2,0 ‰

19.) Auf einer Bierflasche wird der Alkoholgehalt in Vol.-
% (Volumenprozent) angegeben. Bier enthält in der
Regel 5 Vol.-% und Wein ca. 10 Vol.-%. Rechnen Sie

aus, wieviel Gramm Alkohol je Liter das hier genannte Bier und der Wein haben!
Der Vol.-% ist mit Faktor 8 zu multiplizieren.
Bier enthält ungefähr 40 g reinen Alkohol pro Liter und Wein 80 g reinen Alkohol pro Liter.

20.) Auf welches Organ wirkt der Alkohol am stärksten?
Gehirn

21.) Wann spricht man von Alkoholmissbrauch?
- Alkohol wird vor allem wegen der psychischen Wirkung (Betäubung, Entspannung...) eingesetzt
- Kontrollverlust, Einsatz des Suchtmittels zu unpassenden Zeiten (im Straßenverkehr, in der Arbeit...etc.)

22.) Wann spricht man von Alkoholabhängigkeit?
- unwiderstehliches Verlangen nach Alkohol,
- es treten Entzugserscheinungen auf,
- Störungen im vegetativen Nervensystem, Schwitzen, Tremor (Muskelzittern), Appetitlosigkeit, Übelkeit, Erbrechen, Durchfälle,
- Gedächtnis- und Denkstörungen

23.) Nennen Sie die 6 Kriterien des ICD 10 (Internationale Klassifikation psychischer Störungen) für Abhängigkeit!
1.) Starker Wunsch oder Zwang, Alkohol zu konsumieren,
2.) verminderte Kontrollfähigkeit bezüglich Beginns, Beendigung und Menge des Konsums,
3.) körperliches Entzugssyndrom,
4.) Nachweis einer Toleranz (Tagesdosen),
5.) fortschreitende Vernachlässigung anderer Vergnügen oder Interessen zugunsten des Alkoholkonsums,
6.) Konsum trotz Nachweises eindeutiger körperlich Schäden (Leber), psychischer (Depression), sozialer Beeinträchtigungen (Arbeitsplatzverlust)

24.) Wie viele der Kriterien müssen erfüllt sein, um von Abhängigkeit zu sprechen?
3 Kriterien

25.) Nennen Sie einige innere Gründe für Alkoholkonsum!
Einsamkeit; Angst; sich überfordert fühlen; Suche nach Ruhe; Gelassenheit und Geborgenheit; Unterforderung und innere Leere

26.) Nennen Sie einige "äußere" Gründe für Alkoholkonsum!
Trennung, Scheidung, Unternehmensprobleme, schwierige Strukturen am Arbeitsplatz, Probleme mit dem Lebenspartner etc.

27.) Nennen Sie einige "äußere" Gründe für stabile Veränderungen hin zu kontrolliertem Trinken oder zu Alkoholabstinenz, die Sie von sich oder anderen Menschen kennen!
Beziehungen, Betriebsklima, Freunde, stabile finanzielle Situation

28.) Nennen Sie einige innere Gründe für stabile Veränderungen hin zu kontrolliertem Trinken oder zu Alkoholabstinenz, die Sie von sich oder anderen Menschen kennen!
kann Gefühle äußern; habe gelernt, auf andere Menschen zuzugehen; habe gelernt, gesund zu leben; kann mich entspannen; kann besser mit Hierarchien und Autorität umgehen; habe "nein" sagen gelernt; habe gelernt zu vertrauen, zu lieben usw.

29.) In welchem Organ ist, bezogen auf die Fläche des Organs und die Anzahl der Alkoholmoleküle, die Alkoholkonzentration nach 30 min Alkoholkonsum am größten? Leber, Gehirnrinde, Magen ?

Gehirnrinde

30.) Was bedeutet der Begriff der Bagatellisierung, der in negativen Gutachten immer wieder auftaucht?

Klient schiebt die Schuld für die Alkoholfahrt auf externe Faktoren, leugnet eigene Anteile, gibt zu geringe Trinkmengen an

5.) Persönliche Fragen

Beantworten Sie zum Abschluss noch folgende Fragen:

Fragen zu meiner Trunkenheitsfahrt:
Wann bin ich losgefahren? Tag:_____Uhrzeit:_____

Was war für Wetter an dem Tag?

_____

Promille:_____

Kurze Angaben zur Biografie:
Wo geboren (Stadt, Dorf...?):

_____

Bei den Eltern aufgewachsen?

_____

Geschwister:

_____

Geschwister sind älter oder jünger?

_____

Beruf gelernt (welchen):

_____

Aktuell berufstätig?

_____

Ledig, verheiratet, geschieden?

_____

Kinder? (wieviele, Alter, Mädchen, Junge)

_____

Lebe allein / oder mit Lebensgefährten/ Lebensgefährtin?

_____

_____

2.) Welche äußeren, mit auslösende Gründe gab es, die das Zustandekommen meiner Trunkenheitsfahrt erklären?
Beispiel: Geburtstag gefeiert? Schlechtes Wetter? Arbeitssessen? Streit mit Partnerin / Partner?
Sonstiges?

_____

_____

_____

_____

_____

3.) Habe ich mich noch fahrtüchtig gefühlt?
Wenn ja, warum? Erklärung?

_____

_____

_____

_____

_____

_____

_____

_____

_____

Wenn nein, warum bin ich trotzdem gefahren?
Erklärung?

_____

_____

_____

_____

_____

_____

4.) Wieviel habe ich eigentlich getrunken?
Trinkbeginn?

_____

_____

_____

Trinkende?

_____

_____

_____

Wer war dabei?

_____

_____

_____

_____

5.) Wie sahen denn meine Trinkgewohnheiten im Jahr vor der Trunkenheitsfahrt aus?

Normal   Alkoholmissbrauch   Alkoholabhängigkeit

Wenn normal: Was bedeutet für mich normal? Erklärung.

_____

_____

_____

_____

Alkoholmissbrauch: Was bedeutet für mich Alkoholmiss-brauch? Erklärung.

_____

_____

_____

_____

Alkoholabhängigkeit: Was bedeutet für mich Alkoholabhängigkeit? Erklärung.

_____

_____

_____

_____

_____

**6.) Wieviel Alkohol habe ich gewöhnlich während einer
alltäglichen Woche im Jahr vor meiner Trunkenheitsfahrt getrunken?**

_____

_____

_____

_____

_____

**7.) Wieviel Alkohol habe ich gewöhnlich während eines
ganz alltäglichen Wochenendes im Jahr vor meiner
Trunkenheitsfahrt getrunken?**

_____

_____

8.) Ein positives Gutachten kann ich erlangen, wenn ich mich vom Risikoprofil meiner Vergleichsgruppe alkoholauffälliger Kraftfahrer deutlich positiv unterscheide. Was bedeutet dies für mich? Erklärung!

_____

_____

_____

_____

_____

9.) Bei manchen Personen liegt ein Gewöhnungsprozess bezüglich Alkohols vor, was bedeutet das für die Person und für die Chance, ein positives Gutachten zu bekommen?

_____

_____

_____

_____

_____

_____

_____

10.) Übersetzen Sie folgenden Satz aus einem MPU-Gutachten, erklären Sie die Bedeutung: "*Mit der Abstinenzbehauptung soll ein Status geschaffen werden, der weitere Trunkenheitsfahrten von sich aus ausschließt. Alkoholabstinenz muss aber, soll sie als Vermeidungsstrategie zukünftiger Trunkenheitsfahrten Geltung haben, von einer tiefen Problemsicht in die eigene, hochproblematische Beziehung zum Alkohol getragen sein.*"

_____

_____

_____

_____

_____

_____

11.) Blutalkoholkonzentrationen von 0,8 bis 1,3 Promille kennzeichnen den oberen Grenzbereich gesellschaftsüblichen Trinkens. Was bedeutet dies für mich, wenn ich einen höheren Blutalkoholwert erreicht habe?

_____

_____

_____

_____

_____

12.) PKW-Fahrer, die erstmals mit einer hohen Blutalkoholkonzentration im Straßenverkehr gestoppt worden sind (mehr als 0,8 Promille) werden zu 50 Prozent rückfällig. Welche Erklärung haben Sie dafür?

_____

_____

_____

_____

_____

_____

13.) Was für einen Einfluss hat eine hohe Alkoholtoleranz (ich habe mindestens 1,6 Promille erreicht) auf die Einschätzung der negativen Auswirkungen des Alkoholkonsums? Erklärung!

_____

_____

_____

_____

_____

_____

14.) Ein positives Gutachten kann erlangt werden, wenn a) eine angemessene Einsicht in die Problematik des früheren Verhaltens besteht, b) wirksame Vermeidungsstrategien vorhanden sind, und c) alternative Verhaltensmuster für vergleichbare Konfliktsituationen entwickelt und bereits angewendet wurden!
Erklären Sie, was das für Sie konkret bedeutet!

_____

_____

_____

_____

_____

_____

_____

15.) Wollen Sie dauerhaft eine Selbsthilfegruppe besuchen? Wenn ja, warum? Wenn nein, warum nicht?

_____

_____

_____

_____

_____

16.) Welche in Ihrer Person liegenden Gründe gab es, mehr Alkohol zu konsumieren, als 90 Prozent der sonstigen trinkfähigen Bevölkerung?

_____

_____

_____

_____

_____

_____

17.) Gab es auch Gründe, die außerhalb Ihrer Person lagen und Ihr Trinkverhalten stützten?

_____

_____

_____

18.) Was ist das Wichtigste, was Sie über Alkohol seit Ihrer Trunkenheitsfahrt gelernt haben?

_____

_____

_____

_____

_____

19.) Wenn Sie zurück an Ihre Kindheit denken, welcher der folgenden fünf Punkte waren möglicherweise problematisch?

a) Ich habe mich in meiner Familie als Kind körperlich und seelisch sicher gefühlt!

b) In meiner Familie wurde Liebe auch gezeigt. Es ging meinen Eltern nicht nur um die Sorge hinsichtlich der Notwendigkeiten des Lebens wie Ernährung, Kleidung und Schule.

c) Es war meinen Eltern wichtig, dass es mich gab, und sie interessierten sich nicht nur dafür, dass ich in der Familie und Schule etwas leiste.

d) Ich wurde von meinen Eltern, von der Schule und von dem späteren Ausbildungsbetrieb nicht über lange Zeiträume überfordert oder unterfordert.

e) In unserer Familie gab es gesunde Grenzen zwischen den Einzelpersonen und Generationen, das bedeutet, ich hatte auch einen Intimbereich, der von anderen Familienmitgliedern nicht verletzt wurde. Ich durfte meine eigenen Geheimnisse haben, und dies wurde respektiert.

20.) Welche Faktoren für Alkoholabhängigkeit fallen mir ein? Wann gilt ein Mensch für Ärzte und Psychologen als alkoholabhängig?

_____

_____

_____

_____

**21.) Für manche Menschen ist das Wort Alkoholabsti-
nenz problematisch, weil es bedeutet, dass man auf
etwas verzichtet! Wenn Sie auf Alkohol "verzichten",
was haben Sie dafür an "Positivem" bekommen? Oder
geht es Ihnen bei Alkoholabstinenz schlechter?**

_____

_____

_____

_____

_____

_____

**22.) Was ist die eigentlich problematischste Eigenschaft
von Alkohol?**

_____

_____

_____

**23.) Was war Ihre wichtigste Motivation, den Alkoholkon-
sum zu beenden? Was hat das mit dem Führerscheinentzug zu tun?**

_____

_____

_____

24.) Über was müsste ich nachdenken, um die eigene Alkoholproblematik aufzuarbeiten?

_____

_____

_____

_____

25.) Wie kommt es, dass dem Gutachter die nachgewiesene Abstinenz vom Alkohol für ein positives Gutachten nicht ausreicht?

_____

_____

_____

_____

26.) Wie hat meine Familie, wie haben meine Freunde reagiert, als ich begonnen habe, keinen Alkohol mehr zu trinken?

_____

_____

_____

_____

_____

27.) Wie leicht oder wie schwer ist es mir gefallen, mit dem Trinken von Alkohol aufzuhören?

_____

_____

_____

_____

_____

28.) Wieso bin ich sicher, dass ich mit Alkohol im Straßenverkehr nicht mehr auffalle?

_____

_____

_____

_____

_____

_____

_____

_____

_____

Wichtige Begriffe

Absolute Fahruntüchtigkeit
Bei einer Blutalkoholkonzentration von 1,1 Promille gilt juristisch die absolute Fahruntüchtigkeit in Deutschland. Auch wer hunderte Kilometer - ohne einen Unfall zu verursachen oder sonst irgendwie auffällig zu sein - fährt, gilt als absolut fahruntüchtig in juristischem Sinne. Bei einer Autofahrt mit 1,1 Promille und mehr handelt es sich um eine Straftat. Bei alkoholtypischen Ausfallsituationen beim Fahren kann jedoch bereits ab 0,3 Promille die absolute Fahruntüchtigkeit eintreten.

Abstinente Lebensweise
Wer erheblichen Alkoholmissbrauch betrieben hat, oft über viele Jahre, der kann nicht einfach mit dem "Vieltrinken" aufhören und glücklich sein. Der Alkoholmissbrauch muss durch etwas ersetzt werden, dass Freude macht, dass man liebt, eine Aktivität, in die man sich oft auch etwas hineinsteigern kann. Dieser Faktor gilt besonders für Menschen mit Risikobiografie (¦). Man muss nur einmal Gruppen der Anonymen Alkoholiker erleben und beobachten, wie diese sich in ihre Abstinenz hineinsteigern. Da wird für manchen die Abstinenz mit Gefühlen so stark aufgeladen, dass sie als zentraler Lebensinhalt erscheint, dem wie bei religiös tief gläubigen Menschen alles untergeordnet wird, die Partnerschaft, der Beruf, die Kinder. Doch man muss nicht unbedingt die eigene Abstinenz aufladen und zum Inhalt des ganzen Lebens machen, um abstinent und glücklich sein zu können, obgleich dies nicht wenigen Menschen geholfen hat. Viele Klienten lernen, mit anderen Menschen Kontakt aufzunehmen und Freundschaft zu schließen, zu entspannen, zu vertrauen, Kontrolle aufzugeben, Ablehnung lockerer zu ertragen. Oft gelingt es, sich einem gesunden Leben zu widmen (gesunde Ernährung und angemessene sportliche Betäti-

gung) und sich mit Dingen zu beschäftigen, die man mal gerne gemacht hat. Viele ehemals alkoholkranke Menschen leiden unter Schuldgefühlen, wenn sie sich etwas gönnen, dass sie eigentlich früher immer realisieren wollten, aber dies nicht umsetzten, weil es als zu verrückt, unangemessen oder als zu kindisch von anderen Bezugspersonen beurteilt wurde.

Abstinenz

Abstinenz bedeutet, nie wieder Alkohol zu trinken. Wer doch wieder Alkohol trinkt, erleidet einen sogenannten Rückfall (von manchen Fachleuten auch als Vor-Fall bezeichnet), so jedenfalls die verbreitete Meinung vieler Experten. Menschen, die alkoholkrank sind, so dass sie bei dem kleinsten Schluck Alkohol wieder anfangen würden, große Mengen Alkohol zu konsumieren (auf lange Sicht beurteilt), sollten generell auf Alkohol verzichten, also abstinent leben. Auch wer mit Alkohol nicht umgehen kann, seinen Konsum in kritischen Phasen nicht unter Kontrolle hat und so zum Beispiel immer wieder alkoholisiert am Straßenverkehr teilnimmt oder bei Alkoholkonsum aggressiv wird, sollte abstinent leben. Seit dem Jahr 2000 gibt es wieder Programme von Suchtberatungsstellen zum "kontrollierten Trinken" Diese Programme machen vor allem Sinn, um vom "Viel-Trinker" zum "Wenig-Trinker" zu werden. Daneben gibt es Menschen, die prinzipiell aus gesundheitlichen oder anderen Gründen auf Alkohol verzichten. Man muss also kein ("kranker") Alkoholiker sein, um auf Alkohol zu verzichten und abstinent zu leben. Bei einer MPU langt die Abstinenz allein für eine positive Prognose in der Regel nicht aus. Im Idealfall kann der Klient die sogenannten Trinkmotive (↓) aus seiner Vergangenheit und seine Abstinenzmotive (↓) schlüssig und stimmig erläutern. Dabei ist zu beachten, dass der Beginn der Abstinenz (oder die Reduktion des Suchtmittels) oft schmerzhaft und schwer ist, dass Ängste zunehmen, Depressionen sich verstärken, Hemmungen und Verletzungen wieder ins

Bewusstsein treten können, Einsamkeit wieder verstärkt erlebt werden kann.

Abusus
Missbräuchlicher Gebrauch zum Beispiel von Alkohol (Alkoholabusus), Medikamenten oder Tabak (Nikotinabusus).

Abwehrmechanismen
Nach der psychoanalytischen Theorie handelt es sich bei Abwehrmechanismen um eine Strategie des "Ichs", um nicht erträgliche Triebimpluse zu "kontrollieren". Ein Klient trinkt zum Beispiel sehr viel Alkohol, weil er Angst vor Ablehnung durch andere Menschen und vor Kritik hat. Nach außen, gegenüber anderen Personen, stellt er sich als sehr erfolgreich, selbstbewusst und klug dar. Allerdings kann er über seinen erhöhten Alkoholkonsum im Zusammenhang mit seiner Angst vor Ablehnung und Kritik nicht sprechen. Zu den bekannten Abwehrmechanismen gehören Verleugnung ("So viel habe ich ja gar nicht getrunken."), Rationalisierung ("Ich habe einen Bekannten, der ist 90 Jahre alt geworden, obwohl oder gerade weil er täglich eine Flasche Rotwein getrunken hat.") und Bagatellisierung ("Ich habe mit getrunken, weil die anderen doch auch getrunken haben und weil wir unseren Spaß haben wollten. Hätten die anderen nichts getrunken, hätte ich auch nichts getrunken.").

Affekt
Das subjektive ("eigene") Erleben einer Emotion (eines Gefühls), zum Beispiel das Erleben von Angst (affektiv = gefühlsmäßig).

Affektintoleranz
Jeder Mensch muss seinen eigenen Selbstwert immer wieder regeln, dies geschieht allgemein automatisch (unbewusst). Insbesondere, wenn es in der frühen Kindheit (oder später durch traumatische Erlebnisse) zu Störungen (oder

Schädigungen) kam, kann es passieren, dass im Leben des später Erwachsenen reale Belastungen im Arbeitsleben oder in Beziehungen zu ganz massiven Enttäuschungserlebnissen führen. Die betroffene Person erlebt eine intensive, das ganze Bewusstsein durchflutende diffuse (nicht einzuordnende) Angst, versucht vielleicht zu flüchten, ein betäubendes Suchtmittel einzusetzen. Die Gefühle können durchmischt sein mit Angst, Ohnmacht, Hilflosigkeit, Wut, Gefühle des Verlassenseins, Aggression, Hass, Verzweiflung. Diese Gefühle scheinen kaum mehr steuerbar. Die Frustration kann nicht ertragen werden (Frustrationsintoleranz). Nach außen fällt die betroffene Person durch rasche Kränkbarkeit, Rückzug und Flucht, Aggression oder Depression und Resignation, Angst vor direkter Konfrontation auf. Manche Personen verdecken die Gefühle gegenüber unbekannten (zum großen Teil auch gegenüber bekannten) Personen und geben (verhalten) sich in dieser Phase zunächst betont kämpferisch und selbstsicher, können dann im Verhalten aber plötzlich und oft völlig unerwartet in die vorher beschriebenen Verhaltensweisen umschwenken. Der Griff zu einem Suchtmittel in solchen Phasen liegt nahe. Oft wird dann exzessiv geraucht oder getrunken. Auch anderes Suchtverhalten wie Sexsucht (auch riskantes oder aggressives Sexualverhalten) können in diesen Phasen episodenhaft zum Tragen kommen.

ALFA
Nachschulungskurs (¦) für alkoholauffällige Kraftfahrer.

Alkohol
Der Begriff Alkohol bezeichnet eine ganze Klasse chemischer Substanzen. Es ist mindestens eine OH-(Hydroxyl-)Gruppe zu finden. Letztlich sprechen wir hier von Äthanol. Alkohol hat vor allem eine sedierende (beruhigende) Wirkung. Er betäubt Ängste und reduziert Unruhe. Allerdings kann es durch die angstreduzierende Wirkung auch zu ange-

regterem, offenerem und riskanterem Verhalten kommen. Es tritt euphorisches, "gelöstes" Verhalten im Zusammenhang mit überzogener Selbstüberschätzung auf. Selbstkritik und die Ausrichtung an verinnerlichten Normen und Werten reduzieren sich. Bei einem Rausch kommt es zu massiver Enthemmung, Situationsverkennung, Fehleinschätzung von Gefahrensituationen. Bei schweren Räuschen kann die Euphorie schlagartig und plötzlich in depressive Stimmungen umschlagen. Bei einem Alkoholspiegel über 3 Promille kann es zu Bewusstlosigkeit oder zum Tod kommen. Alkohol wirkt schädigend als Zellgift. Langjähriger riskanter Alkoholkonsum birgt ein erhebliches Risiko schwerster organischer Krankheiten, die von medizinischer Seite oft erst in einer sehr späten Phase bei Viel-Trinkern erkannt werden. Alkoholiker fallen in Deutschland sehr oft durch das medizinische Netz. Dies liegt daran, dass die (Haus-)Ärzte nicht die Zeit haben und sich nicht die Zeit für ein langes Gespräch bei Alkoholproblemen nehmen. Im Prinzip müsste der Arzt bei einem Menschen mit schwerwiegendem Alkoholproblem eine Überweisung in eine Suchtberatung veranlassen, was er fast nie tut. Für eine solche Überweisung fehlt auch ein standardisiertes Verfahren.

Alkoholdehydrogenase
Mittels eines Enzyms wird im Magen Alkohol abgebaut. Frauen haben weniger Alkoholdehydrogenase als Männer und werden von der gleichen Menge Alkohol schneller betrunken (berauscht).

Alkoholentzugsdelir
Geistige Verwirrung, getrübtes diffuses Bewusstsein, Angst und Halluzinationen treten bei einigen alkoholkranken Menschen innerhalb von drei Tagen nach Verringerung (Reduktion) oder Beendigung des Alkoholtrinkens auf. Der Begriff "Delirium tremens" ist ebenfalls geläufig. Insgesamt erscheint die Person völlig desorientiert, was Raum, Situa-

tion und Zeit betrifft. Es können Halluzinationen in Form kleiner krabbelnder Tiere oder unbekannter, bedrohlich erscheinender Personen auftreten.

Alkoholentzugserscheinungen

Viele Menschen antworten bei der Frage des Gutachters: "Ist es Ihnen leicht gefallen, weniger (nichts mehr) zu trinken?" mit "Ja, ist mir leicht gefallen". Dies liegt auch daran, dass viele Menschen diese Frage so verstehen, als ob der Gutachter nach den Entzugserscheinungen fragt, die viele Menschen bei der Reduktion oder dem Beenden des Alkoholkonsums tatsächlich nicht gehabt haben. Somit sagen sie, das Aufhören wäre leicht gewesen. Allerdings ist die Frage anders zu verstehen, nämlich: "Ist es Ihnen anfangs leicht gefallen, in Belastungssituationen keinen Alkohol mehr zu trinken? Konnten Sie Alkohol auch leicht vermeiden, wenn sie in Situationen waren, wo sie es sich besonders gut gehen lassen wollten, wo sie sich entspannen wollten?". Hier sieht die Sache dann nämlich ganz anders aus. Für Menschen, die Alkohol missbraucht haben, ist es in solchen Situationen in der Regel sehr schwer, auf Alkohol konsequent zu verzichten. Die Antwort: " Ja, es ist mir leicht gefallen, keinen Alkohol mehr zu trinken.", erscheint daher meist als ein Trugschluss. Der Betroffene verdrängt die Gründe, wegen denen er zu bestimmten Zeiten hohe Dosen Alkohol konsumiert hatte. Entzugserscheinungen sind vor allem Zittern, Schlafprobleme, Unruhe, Schwitzen, nachdem die Alkoholzufuhr stark reduziert oder beendet wurde.

Alkoholischer Eifersuchtswahn

Eifersuchtsideen und wahnhafte Eifersucht können im schweren Alkoholrausch eintreten und bei Eigen- oder Fremdgefährdung zu einer direkten Einlieferung in die Psychiatrie führen.

Alkoholismus und Alkoholkrankheit

Diese Begriffe sind ebenso wie die Begriffe "Alkoholproblem" oder "Alkoholgefährdung" schwer einzuordnen. In der Wissenschaft wird eher von schädlichem (riskantem) Gebrauch gesprochen, der zu einer Gesundheitsschädigung führt. Alkoholabhängigkeit geht dabei noch über den schädlichen Gebrauch hinaus und ist mit erheblichen Entzugserscheinungen und Entzugsrisiken (z.b. Alkoholentzugsdelir (¦)) verbunden, wenn plötzlich kein Alkohol mehr zugeführt wird.

Alkoholkrankheit

Die Abhängigkeit (süchtige Bindung an den Stoff Alkohol) vom Alkohol wurde 1968 in der Bundesrepublik als Krankheit anerkannt, damit wurde auch die Bezahlung der entsprechenden, teuren Behandlungen sichergestellt. Rauchen als Sucht ist beispielsweise in Deutschland als Krankheit (süchtige Bindung an Zigaretten) noch nicht anerkannt.

Alkohol-Statistik

Konsumenten in Deutschland verbrauchen im Jahr rund 900 Millionen Liter reinen Alkohol. Zwischen 10 und 14 Liter reinen Alkohol schluckt jeder Deutsche im Durchschnitt pro Jahr. Allerdings ist dabei zu beachten, dass es letztendlich lediglich 10 Prozent der trinkfähigen Bevölkerung sind, die ganz allein die Hälfte dieser Jahresmenge konsumieren (trinken). Viele Klienten, die zu einer MPU müssen, stammen aus dieser 10 Prozent-Gruppe der "Extrem-Viel-Trinker". Viele Extrem-Trinker zählen wiederum andere "Extrem-Viel-Trinker" zu ihrem Freundes- und Bekanntenkreis. Darunter ist auch eine große Zahl von Menschen mit einer besonders hohen gesellschaftlichen Verantwortung wie Ärzte (besonders Chirurgen), Manager, Rechtsanwälte, Ingenieure. Der obdachlose Bettler ist zwar der auffälligste und damit vor allem sichtbarste Alkoholkranke, aber er repräsentiert gerade nicht das Klientel der Medizinisch-Psychologischen Tests, weil er so "regressiv" und oft auch kognitiv geschädigt ist, dass ein Führerscheinerwerb längst keine Rolle mehr spielt.

Alltagswelt

Unsere Alltagswelten sind jene Welten, in denen wir zu leben gewohnt sind, Welten, für die wir in unserem Gehirn Orientierungsmuster eingespeichert haben. So wissen wir, wie wir in unserer Stadt Straßen überqueren, wie wir uns dabei verhalten müssen, dies ist unsere Alltagswelt. In anderen Ländern und Städten hätten wir unter Umständen erst einmal Probleme, eine normale Straße zu überqueren, beispielsweise, wenn wir dort bemerken, dass Autos bei Rot nicht anhalten und Fußgänger scheinbar nicht beachten. Mit unseren Regeln und Erfahrungen aus unserer Alltagswelt kommen wir hier nicht weiter, wir sind zunächst verunsichert, vielleicht auch verwirrt und fühlen uns möglicherweise ängstlich und überfordert. Süchtige bzw. abhängige Menschen oder Menschen mit einer sogenannten erheblichen Risiko(¦)- oder Hochrisikobiografie haben oft eine andere Alltagswelt als nicht oder kaum suchtgefährdete Menschen. Allerdings wissen sie in den seltensten Fällen etwas über die Andersartigkeit ihrer Alltagswelt. Erst wer aus seiner Alltagswelt einmal hochgradig exkludiert (ausgeschlossen, nicht integriert) war und diesen Prozess reflektiert hat, oder einen solchen Prozess in seiner Phantasie durchgespielt und reflektiert hat entwickelt eine gewisse Sensibilität für die Brüchigkeit der Alltagswelt. Diese Form der Sensibilität sollte vor allem Therapeuten geläufig sein. Auch für die Klienten einer MPU ist es sinnvoll, wenn sie im Rahmen der Vorbereitung die Begrenzungen ihrer eigenen Alltagswelt durch die Hilfe eines erfahrenen Therapeuten erkannt haben.

Ambulante Therapie

Hier wird eine Fachambulanz oder eine therapeutische Praxis oder eine sogenannte Tagesklinik aufgesucht, während

214

eine stationäre Therapie in einer Klinik erfolgt und mehrere Monate dauert.

Anonyme Alkoholiker
Selbsthilfeorganisation, wo sich Menschen mit ähnlichen Problemen oder Erfahrungen regelmäßig in Gruppen treffen.

Arbeitslosigkeit
Die höchste Zahl an Alkoholismusauffälligkeiten findet sich bei arbeitslosen Menschen. Betäubung von Schamgefühlen und Selbstwertverlust sowie der Verlust von Lebenssinn (der vorher oft nahezu ausschließlich durch die Arbeit und den Kollegenkreis geprägt [konstruiert] war), mögen die zunächst sehr offensichtlichen Ursachen sein. In Zukunft sind mit hoher Wahrscheinlichkeit auch Alkoholerkrankungen bei Rentnern mehr zu beachten, da diese ja ebenfalls aus dem Arbeitsleben herausfallen. Hier darf spekuliert werden, dass diese durch das Suchthilfesystem bisher eher durchfallen, nicht erfasst werden. Bei einer MPU sollten gerade arbeitslose Menschen und Rentner ihre Art der persönlichen Sinnkonstruktion und Um- bzw. Neukonstruktion von Lebenssinn erklären können.

Auslösende Situationen
Für den Beginn eines Alkoholmissbrauches gibt es in der Regel auslösende Situationen. Eine solche auslösende Situation kann ein beginnender Wehrdienst, eine spezielle Arbeit (Arbeit auf dem Bau zum Beispiel), eine Trennung oder Scheidung oder ein nicht erreichtes Ideal (glückliche Partnerschaft) sein. Aber auch ganz "banale" Ereignisse wie die zurückweisende Bemerkung eines Arbeitskollegen, ein Fehler im Arbeitsprozess, eine falsche Entscheidung bezüglich des Urlaubsortes können dazu führen, das großen Mengen Alkohol exzessiv konsumiert werden. Menschen mit einer Hochrisikobiografie sind in der Lage, auch eher "banale" Ereignisse mit erheblichem Sinn aufzuladen. Hinter der Nut-

zung eines psychotropen Stoffes (Alkohol) steht in der Regel ein selbstunsicherer, selbstwertschwacher, leicht kränkbarer, empfindsamer Mensch. Oft finden sich in der Ursprungsfamilie schon besondere Auffälligkeiten wie die Vermeidung spontaner Emotionalität (spontaner Gefühlsäußerungen) und anderer Dissonanzen, wodurch später erst Selbstwertunsicherheit, Gefühle des sich "immer wieder übergangen Fühlens", Empfindungen des "sich abgelehnt Fühlens", entstehen.

Autoritärer Erziehungsstil
Gefährlich wird ein Erziehungsstil der Eltern (Bezugspersonen), der ausschließlich autoritär ist und in dem spontane sowie wertschätzende und liebevolle Gefühle vermieden werden. Wenn die Bezugspersonen immer Recht haben wollen und Rechte in Form von Anordnungen und Befehlen mit körperlicher oder psychischer Gewalt durchsetzen, sprechen Fachleute von einem negativen autoritären Erziehungsstil. Aber auch ein gewalttätiger autoritärer Erziehungsstil, der spontan mit Zuwendung und Liebe abwechselt, kann für das Kind hochgefährlich sein, weil es diese widersprüchliche Ambivalenzerfahrung (siehe auch double-bind (¦)) möglicherweise nicht verarbeiten und auf lebensgelingende Weise einordnen kann.

B.A.D GmbH
Berufs- und Arbeitsmedizinischer Dienst, bietet ebenfalls Medizinisch-Psychologische Gutachten an.

Benzodiazepine
Angst lösenden Medikamente wie Valium, Tafil, Librium und andere. Diese Medikamente sollten niemals ohne ärztliche Aufsicht eingenommen werden.

Beziehungslosigkeit
Beziehung meint, sich auf jemand anderes beziehen. Gelingende, passende menschliche Beziehung ist durch den Austausch und die Spiegelung von Emotionen (Gefühlen) geprägt. Emotionen sind ein Grundelement von Beziehungen. In dysfunktionalen Familien herrscht oft ein "nebeneinander her leben" vor, das durch einen Mangel von aufeinander bezogenen Emotionen gekennzeichnet ist. Emotionen (und deren Spiegelung) werden umgangen und Gefühle werden höchstens in Wutausbrüchen oder unter Alkoholeinfluss spontan geäußert. Berührungen werden eher vermieden.

BfA (Bundesversicherungsanstalt für Angestellte)
Rentenversicherungsträger, der unter Umständen Entzugsbehandlungen bei Alkohol- oder Drogenabhängigkeit finanziert. Die Antragstellung läuft in der Regel über eine örtliche Suchtberatungsstelle.

Borderline
Borderline gilt als schwere psychische Erkrankung, und manche Fachleute behaupten, dass bis zu 20 Prozent der seelisch kranken Menschen in dafür vorgesehenen Kliniken Borderliner-Patienten sind, wobei 75 Prozent davon Frauen zu sein scheinen. Die Erkrankung ist wahrscheinlich auf traumatische Erlebnisse zwischen Eltern und Kind in der frühen Kindheit der betroffenen Person zurückzuführen, somit kann zum Teil auch von einer posttraumatischen Belastungsreaktion gesprochen werden. Die Bindungsfähigkeit zu anderen wichtigen Bezugspersonen wurde in einer wichtigen frühen Kindheitsphase extrem gestört. Menschen mit Borderlinestörung zeigen ganz erhebliche Stimmungsschwankungen. Sie sind äußerst leicht durch Banalitäten verletzbar, neigen dann zu massiver Feindseligkeit, Fluchtverhalten oder Wutausbrüchen. Trost, zum Beispiel in Form von in den Arm genommen werden, scheinen sie oft eher abzulehnen. Auffällig ist die scheinbare Grenzenlosigkeit des Verhaltens, von Wut,

Angst, Misstrauen und Fluchtverhalten. Sie berichten über Zustände innerer Leere und oft fällt Orientierungslosigkeit im Hinblick auf Beziehungen und die berufliche Entwicklung auf. Schwarz-Weiß-Denken und die Unfähigkeit, ein kohärentes (stimmiges, zusammenhängendes, stabiles) Bild einer anderen Person zu entwickeln, fällt auf. Viele Borderliner sind emotional so instabil, können ihre Gefühle so wenig kontrollieren, dass sie immer wieder unter Einsamkeit leiden, zum Teil nicht ungefährliche Wege der Kontaktsuche wählen und dabei auch immer wieder heftigste Enttäuschungen erleben oder heraufbeschwören. Diese massive Belastung der gesamten Persönlichkeit sowie die Unfähigkeit, in langfristiges Glück vertrauen zu können, führen oft zum Betäubungsmittelkonsum in Form von Tabletten, Alkohol, Nikotin oder anderen Drogen. Auch "Fressanfälle" und anderweitige Essstörungen, Kauforgien, riskantes Sexualverhalten oder zwanghafte Vermeidung von Intimität sowie Selbstverletzung können eine Rolle spielen. Menschen mit einer derartigen Störung fühlen sich in der Welt der Tiere und kleiner Kinder oft besser und damit wohler, weil sie (unbewusst) aus dieser Welt keine Bedrohung zu erwarten brauchen. Vor allem historisch dürfte eine derartige Störung nicht selten in Klöster geführt haben, denn auch fanatisch ausgeübte Religion mit zwanghafter Unterdrückung der Triebimpulse und "Sublimierungsversuchen" in exzessivem Glauben stellen zuweilen einen Selbstbewältigungsversuch dar. Da Borderliner auf äußerst subtile Weise die Sympathie anderer Menschen für kurze Zeit mobilisieren können und häufig über eine extrem scharfe Beobachtungsgabe zu verfügen scheinen, haben sie mit einer MPU zunächst nur selten Probleme. Menschen mit Borderline–Störung benötigen in jedem Fall einen sehr erfahrenen Therapeuten. Die schwere "Störung" (Belastung) muss von den Borderline-Tendenzen mancher Menschen unterschieden werden.

Broken-home-Situationen

Kinder, die in sogenannten Broken-home-Situationen aufwachsen, tragen ein hohes Risiko für spätere Suchtkrankheiten. Derartige Situationen sind dadurch gekennzeichnet, dass die eine Bezugsperson (in der Regel Mutter oder Vater) die andere Bezugsperson massiv abwertet und verletzt, in der Regel durch ihre Sprache und ihr Gesamtverhalten. Äußerungen wie: "Vater ist ein Spinner", "Mutter kann immer nur heulen", "Vater hat doch sowieso sein ganzes Leben versaut" oder "Vater hat mein ganzes Leben ruiniert" sind solche massiven Abwertungen eines Partners. Eine Bezugsperson fokussiert ihre Kommunikation auf Negativaspekte und schließt einen Partner aus. Auch wenn eine Bezugsperson massiv oder völlig abwesend ist (kein Vater vorhanden ist, weil die Mutter alleinerziehend ist und keine positiven Männerkontakte hat) entsteht eine Risikosituation, weil dem Kind in Zukunft eine verinnerlichte Rollenerfahrung fehlt.

BZR-Auszug

Auszug aus dem Bundeszentralregister in Berlin, gemeint ist das sogenannte "Führungszeugnis".

Carzinogene Faktoren

Die Gefahr, nach jahrelangem riskantem, schädlichen Alkoholkonsum an Krebs zu erkranken, ist besonders hoch. Menschen, die massiv Alkohol konsumieren, sind oft auch starke Raucher, ernähren sich schlecht, haben große Defizite, hinsichtlich Entspannung, Sport in Maßen und Stressbewältigung und leben kaum in harmonischen Partnerschaften. Die Risiken sind also besonders hoch. Als besonders wichtig erscheint, dass ein Mensch aus seiner Suchterfahrung heraus Sinn konstruieren und diesen Sinn zu einer Lebensaufgabe machen kann. Die Fähigkeit, Sinn (und Kohärenz) plausibel konstruieren zu können, scheint erhebliche Auswirkung auf die persönliche Gesundheit zu haben. Auch ehemals suchtkranke können daher ein hohes Lebensalter erreichen.

Chronischer Abusus
Körperliche und psychische Veränderungen bei Abhängigkeit.

Co-Abhängigkeit
Der Begriff wurde in Zusammenhang mit Alkoholismus entwickelt. Der Co-abhängige Partner versucht, den Trinkenden mit "allen" Mitteln vom Alkohol wegzubringen. Diese Aufgabe wird zur Lebensaufgabe und zum Lebensinhalt. Der Co-Abhängige leidet selbst auch, bezieht aber anscheinend paradoxer Weise gerade aus diesem Leiden Stärke und Selbstwert. Er versteckt die Flaschen, er geht zur Suchtberatungsstelle und lässt sich beraten, er übernimmt Behördengänge für den süchtigen Partner und entschuldigt ihn am Arbeitsplatz. Der Co-abhängige Partner geht oft selbst nicht mehr aus, vernachlässigt seine Freunde. In der Regel braucht und sucht der co-abhängige Mensch einen hilfsbedürftigen Menschen, oft ohne es selbst bewusst zu wissen, für eine Beziehung. Gegenüber einem hilfsbedürftigen Menschen kann sich der Co-Abhängige überlegen und mächtig fühlen, er kann Kontrolle ausüben oder sich in einem anderen Extrem, in der im Prinzip letzlich doch unkontrollierbaren Suchtsituation des Partners, als kompetent, wichtig, klug, vernünftig, gut und überlebensfähig erleben. Der Co-Abhängige kann durch seine Aktivitäten das für ihn wichtige Bild eines besonders "guten" Menschen aufbauen und stabilisieren. Seine Angst vor Einsamkeit und Verlassenheit kann der Co-Abhängige ertragen, da er meint, dass ein so kranker und hilfsbedürftiger Partner ihn sowieso nie verlassen könne.

Delirium tremens
Siehe bei Alkoholentzugsdelir.

Depression
Trauriger Zustand, der von Gefühlen der Antriebslosigkeit, geringem Selbstwertgefühl, Schuldgefühlen, innerer Leere

und Frustration begleitet sein kann. Depression kann zu einer schweren Krankheit werden. In Deutschland leiden zwischen vier und acht Millionen Menschen an verschiedenen Formen von Depressionen. Traumatische Erfahrungen in der Kindheit, hohe Dosen negativen Stresses in den ersten Lebensjahren begünstigen wahrscheinlich das Ausbrechen einer Depression. Kommt es bei einem Erwachsenen mit derartigen Kindheitserfahrungen zu Krisensituationen wie Verlust des Arbeitsplatzes oder Scheidung, so können Depressionen in Gang gesetzt werden. Eine schwere Depression wird in der Psychologie als "Major Depression" bezeichnet. Eine bipolare Störung trifft auf Menschen zu, die in einem Augenblick zutiefst euphorisch und motiviert sind (finanzielle und sexuelle Abenteuer) und kurz darauf schwer depressiv werden (manisch-depressiv). Hoher und Jahre andauernder Alkoholkonsum kann den Ausbruch einer Depression begünstigen.

Destruktive Botschaften
Grundsätzlich gibt es an sich keine destruktiven Botschaften. Eine Botschaft wird erst durch die Bewertung der Person, die eine Botschaft decodiert (für sich übersetzt und interpretiert), destruktiv oder konstruktiv. Kritische Botschaften sind Botschaften der Mutter, des Vaters oder anderer Bezugspersonen an das Kind, wie zum Beispiel die Botschaften "es ist nicht gut, dass du da bist", "wir brauchen dich nicht", "du darfst nicht sein, wie du bist", "es wäre besser, wenn du nicht geboren wärest", "du bist unerwünscht", "wir haben dich nur lieb, wenn du etwas leistest". Das Kind kann diese kritischen Botschaften in sich selbst massiv schädigende (destruktive) Botschaften transformieren (umwandeln) und einen langsamen (unbewussten) Suizid (Selbstmord) wählen, wie er durch den exzessiven Drogengebrauch (wozu auch Alkohol und Tabak gehören) realisiert wird. Das Kind kann sich als Erwachsener zum Teil nicht als eine mit sich identische, liebevolle, geliebte und Liebe verdienende Person erleben.

Dazu können zahlreiche Störungen kommen, zum Beispiel im Körperschema, Probleme bei der liebevollen Annahme des eigenen Körpers und der eigenen Wünsche, Bedürfnisse und Gedanken. Wer sich dann selbst nicht ertragen oder aushalten kann, wird tendenziell verstärkt zum Konsum betäubender Mittel (Stoffe und Substanzen) neigen. Die Suizidrate (Selbstmordrate) bei Gebrauchern psychotroper Substanzen (z.B. Alkohol) ist allgemein ganz besonders hoch.

Dichotomes Denken
Bei Problemen und Lösungen denkt jemand nur in Kategorien wie "ja oder nein", "gut oder schlecht", "entweder ...oder..."

Distanz zu den eigenen Gefühlen
Hier muss man unterscheiden, a) dass bestimmte Emotionen bewusst gar nicht mehr wahrgenommen werden, beispielsweise Ängste und b) dass Emotionen zwar besonders deutlich und intensiv bewusst wahrgenommen, aber nicht geäußert und durch zahlreiche Tätigkeiten oder die Nutzung eines stofflichen Suchtmittels verdrängt werden. Menschen mit einer Suchterkrankung haben in einer dieser genannten Formen oft eine hohe Distanz zu den eigenen Emotionen (Gefühlen und Empfindungen) entwickelt.

Double-bind
Die Mutter sagt zu ihrem Kind: "Komm doch her, ich habe dich lieb" und schaut es gleichzeitig böse und ablehnend an. Das Kind kann nun nicht mehr wissen wie es richtig reagieren soll und gerät in Gefühlsverwirrung und Gefühlsverunsicherung. Wer nicht feststellen kann, woran er ist, was lieb und was nicht lieb ist, wer keine "Gefühlssicherheit" in der frühen Kindheit entwickeln kann und dann möglicherweise auch Probleme bei der Bildung einer eigenen stabilen Identität bekommt, wird tendenziell möglicherweise bevorzugt einen psychotropen Stoff exzessiv einsetzen.

DSM-IV

Diagnostisches und Statistisches Manual Psychischer Störungen der American Psychiatric Association. Das Manual wird unter anderem auch benutzt, um Alkoholabhängigkeit und Persönlichkeitsstörungen zu diagnostizieren. In Deutschland wird das DSM-IV eher in der Wissenschaft und Forschung benutzt.

Dunkelfeld bei Alkoholfahrten

In der Verkehrspsychologie wird davon gesprochen, dass auf jede entdeckte Trunkenheitsfahrt 300-600 nicht entdeckte Alkoholfahrten kommen. Es wird argumentiert, dass somit durch die Medizinisch-Psychologischen Untersuchungen 2-3 Millionen Trunkenheitsfahrten pro Jahr verhindert werden.

Durchschnittsphobie

Die Angst wie "alle anderen" zu sein, durchschnittlich, "normal", mit "alltäglichen" Wünschen nach Nähe, Geborgenheit und Entspannung. Es wird auch von Narzissmus (¦) gesprochen, wenn jemand etwas ganz Besonderes, Außergewöhnliches sein möchte, sein "besonderes" Wissen, seine "hohe" Intelligenz, seine "schlagfertige" Rhetorik immer wieder zelebriert und zur Schau stellt, bei Konferenzen die längste Redezeit für sich in Anspruch nimmt, die schwierigsten Fragen stellt, um wahrgenommen zu werden, aber doch keine Zufriedenheit erlangt und die Leistungen anderer Menschen oft stark abwertet. Wer sich ständig so extrem fordert und eigene "Schwächen" und "Ängste" ausblendet (verdrängt), sorgt dafür, dass andere Menschen auf Distanz gehen (Kontakt vermeiden), verliert das Gefühl für Entspannung und erzeugt in Partnerschaften (und anderen Beziehungen) in der Regel massive Probleme, verfügt unter Umständen aber auch über Bewunderer (Bewunderinnen) und beruflichen "Erfolg".

Emotional repressive Familien
Siehe bei emotionaler Kälte (¦).

Emotionale Kälte (in der Herkunftsfamilie)
In der Herkunftsfamilie wurde nicht über Emotionen (Gefühle und Empfindungen) gesprochen. Ängste, Zweifel, Trauer wurden nicht ausgedrückt. Niemand sagte, was er wirklich fühlte. Werden Gefühle ausgedrückt, so werden andere Bezugspersonen damit wahrscheinlich verletzt, weil die Fähigkeit, Gefühle wertschätzend und sensibel auszudrücken, nicht vorhanden zu sein scheint. Der liebevolle und nahe (warme) Umgang der Eltern miteinander wurde kaum oder gar nicht erlebt. Themen in der Familie waren möglicherweise primär Leistung, Karriere, Kritik an anderen Menschen oder Rückzug, Weltschmerz, Abwertung der anderen Familienmitglieder oder der familiären Umwelt. Um Kontakt zu haben waren Auseinandersetzung, schweigen, ausweichen und Tabuisierung die vorherrschenden Mittel. In diesem Zusammenhang sprechen Fachleute auch von emotional repressiven Familien. Um in einer emotional repressiven, kalten Familie nicht selbst krank zu werden oder eine spätere erhebliche Suchtgefährdung (Risikobiografie (¦)) zu entwickeln und auch auszuleben, ist das Vorhandensein von einigen Schutzfaktoren (¦) nötig und wünschenswert. Dazu können andere Bezugspersonen (Geschwister, Großeltern) oder Personen außerhalb der Familie gehören, die emotionale Zuwendung und Wärme geben.

Emotionen
Grundlegende Emotionen sind Bedürfnisse nach Liebe, Annahme (ohne, dass dafür etwas vorausgeleistet werden muss), Anerkennung, Geborgenheit, Unterstützung, Hilfe, Sicherheit, "zu Hause sein", Schutz und Wärme, Halt und Herausforderung (experimentieren und etwas riskieren und gegen Regeln verstoßen dürfen).

Empathisches Verhalten

Von empathischem Verhalten spricht man, wenn sich Menschen einfühlsam verhalten und zum Beispiel während der Kommunikation Gefühle widerspiegeln ("...du bist traurig?", "...bist du stolz darauf?").

Entfremdung

Entfremdung als Phänomen lässt sich zurückführen auf die Erfahrung, sich mit etwas, einer Sache, einem Prozess oder bestimmten Menschen nicht mehr identifizieren zu können. Jemand arbeitet ausschließlich, um am Monatsende sein Geld zu bekommen, jemand lebt mit einer Person zusammen, weil er gut versorgt und nicht allein ist, weiß aber nicht, ob er diese Person auch liebt. Ein Mensch wohnt an einem Ort, weil er in diesem Ort Arbeit oder Freunde hat, aber mit dem Ort selbst verbindet ihn sonst nichts, er hat nicht das Gefühl, zu Hause zu sein. Wer Entfremdung stark spürt, könnte ein Suchtmittel benutzen, um ein Gefühl des sich Auflösens zu erfahren, ein Gefühl des sich Vereinigens mit einem Objekt (Verschmelzen mit seinem oder einem idealen Wohnort).

Entgiftung

Bei Alkoholabhängigkeit sollte vor einer Therapie eine Entgiftung von dem Suchtstoff in einem dafür geeigneten Krankenhaus oder bei einem entsprechenden Arzt erfolgen. Suchtberatungsstellen können manchmal direkt Entgiftungsplätze vermitteln. Auch Ärzte und Krankenhäuser sind bei der Vermittlung eines sogenannten stationären (im Krankenhaus) oder ambulanten (Patient ist zu Hause, wird aber medizinisch betreut) Entgiftungsplatzes behilflich. Allerdings sollte die meist gute Stimmung des Patienten unmittelbar nach erfolgter Entgiftung nicht darüber hinwegtäuschen, dass nun eine ambulante, teilstationäre oder stationäre Therapie notwendig ist. Manche Patienten fühlen sich irrtümlich nach einer Entgiftung geheilt, was aus der vermehrten Lebenskraft und Lebenslust resultiert.

Entzug
Unangenehme (schmerzhafte) Erfahrung, wenn Menschen mit Alkoholabhängigkeit plötzlich mit dem Alkoholkonsum aufhören oder den Alkoholkonsum in kurzer Zeit deutlich reduzieren.

Erfolg
Erfolgs- oder Leistungsorientierung sind immer dann problematisch, wenn der Erfolg so lebensnotwendig ist, dass man sich nur dann existenzberechtigt und sicher fühlt, wenn man "Erfolg" hat oder sich erfolgreich fühlt. Dies bedeutet weit mehr, als wenn man "nur" aus dem Vergnügen am Erfolg dazu neigt, diesen erreichen und genießen zu wollen. Wer Erfolg bei der Partnerwahl oder im Beruf benötigt, um für sich selbst überhaupt eine Existenzberechtigung zu spüren, bewegt sich in Richtung Sucht und damit auch in einem Hochrisikobereich, der zu Suchtkrankheiten und zahlreichen psychosomatischen Problemen führen kann.

Externalisierung von Problemen
Ursachen für eigene Probleme werden an die Außenwelt delegiert, wobei der eigene Anteil am Problem geleugnet, verdrängt wird. Für *meine* Probleme in der Ehe mache ich zum Beispiel meine Frau verantwortlich, ohne meinen eigenen Anteil an diesen Problemen wahrzunehmen und ohne zu erfassen, dass "ich" dieses Problem habe. Für die Frau ist der abendliche Heimatfilm schön. Da er für mich nicht schön ist mache ich meine Frau verantwortlich, dass es mir schlecht geht, wenn ich den Film mit ansehe. Ein alkoholisierter Autofahrer, der gestoppt wurde und wütend ist, macht möglicherweise die Politik verantwortlich, dass er wegen der niedrigen Promillewerte seinen Führerschein verliert und ist wütend auf die Politik. Die Politik macht er letztlich dafür ver-

antwortlich, dass er wütend ist. Fachleute sprechen von externalen Attributionsprozessen. Wenn eine Person sich selbst etwas zuschreibt spricht man von internalen Attributionsprozessen. Wenn einem Autofahrer der Autoreifen platzt, obwohl der Reifen ordnungsgemäß gewartet wurde und er schreibt sich diesen geplatzten Autoreifen selbst zu (weil er glaubt, schlecht Auto zu fahren), dann ist dies eine internale Attribution, die ebenfalls nicht passt, da er ja für den geplatzten Autoreifen möglicherweise wirklich überhaupt nichts kann, zum Beispiel, wenn es an einem Materialfehler lag. Therapeuten, aber auch Gutachter bei einer MPU schenken solchen internalen und externalen Attributionsprozessen des Klienten besondere Aufmerksamkeit. Der Klient kann sich selbst fragen, was für "innere Monologe" (Gedankengänge) bei ihm im Alltag und in Krisensituationen ablaufen.

Fachambulanzen und Suchtberatungsstellen

Fachambulanzen sind Beratungsstellen für Suchtprobleme. In der Regel führt eine Fachambulanz die sogenannte ambulante Therapie bei Suchtkrankheiten und Maßnahmen der Nachsorge nach einer abgeschlossenen Therapie durch. Darüber hinaus werden stationäre Therapien vermittelt. An manchen Orten werden von Fachambulanzen auch Kurse für alkohol- oder drogenauffällige Kraftfahrer durchgeführt. In Fachambulanzen arbeiten Ärzte, Psychologen und Sozialpädagogen zusammen und bilden ein therapeutisches Team. An einige Einrichtungen sind Selbsthilfegruppen angeschlossen, die sich zumeist aus ehemaligen Patienten zusammensetzen.

Fahreignung

Fahreignung umfasst die körperliche, geistige und charakterliche Eignung zum Führen von Kraftfahrzeugen. Wer vom Alkohol abhängig ist, regelmäßig Drogen konsumiert bzw. von Drogen oder Medikamenten abhängig ist, erfüllt die Kriterien der Fahreignung nicht, es liegt mangelnde Eignung vor. Die Straßenverkehrsbehörde muss die Fahrerlaubnis entziehen.

Familientherapie

Die "Konstruktion" (das Zusammenfinden, die Gestaltung und Entwicklung) von Partnerschaften und Beziehungen ist oft gerade kein Zufall. Selbst bei Streit, Konflikten und Auseinandersetzung und späterer Trennung passen die Partner oft in vielfältiger Hinsicht wie Schlüssel und Schloss zusammen. Gerade bei Substanzmissbrauch (z.B. Alkohol) macht es Sinn, im Laufe einer Therapie die gesamte Familie anzuschauen. Nach wie vor lösen sich besonders viele Partnerschaften auf, nachdem die Suchtproblematik eines Partners beendet ist. Familientherapien werden viel zu selten durchgeführt, auch weil sich ein Partner aus nicht offenbarten Ängsten weigert, eine solche Maßnahme motiviert und neugierig mitzutragen und mit zu gestalten.

Feedback

Feedback bedeutet Rückmeldung. Bei einer MPU sollte der Gutachter immer eine Rückmeldung geben, im Zweifelsfall sollte der Klient um eine Feedback bitten, was sein Interesse an dem Vorgang noch mal deutlich macht. Bei einer Rückmeldung soll der Gutachter angeben, wie er den Klienten erlebt hat. Da die MPU nicht nur Verhaltensveränderungen feststellen muss, sondern solche Veränderungen auch begünstigen sollte und das Begutachtungsgespräch auch für den Klienten transparent gemacht werden muss, ist ein Feedback durch den Gutachter erforderlich.

Frei flottierende Angst

Chronische nervöse Angstzustände, die sich keiner spezifischen Bedrohung zuordnen lassen. Personen mit derartigen Erlebniszuständen sollten einen Therapeuten aufsuchen.

Freiwillige Vorbereitungskurse

Auf dem Markt werden zahlreiche der freiwilligen Vorbereitungskurse angeboten. Da gibt es Angebote von Professoren für 2.500 Euro, Gruppenkurse verkehrspsychologischer Praxen für 1.500 Euro und Vorbereitungsschulungen durch die Caritas. Zahlreiche Gutachter bieten in eigener Praxis Vorbereitungsmaßnahmen an. Die Schwierigkeit besteht in jedem Fall darin, seriöse, qualifizierte Therapeuten zu finden, die kein Geschäft mit der Angst machen wollen, sondern ihren Klienten durch faire Vorbereitung die Angst vor einer MPU nehmen. Qualifizierte Vorbereitung durch erfahrene Psychologen oder Sozialpädagogen mit therapeutischer Ausbildung ist auf jeden Fall zu empfehlen und wird von den Gutachtern bei der MPU auch hinreichend gewürdigt, wenn der Klient sinnvoll erklären kann, was er in den Vorbereitungsstunden gelernt und erprobt hat.

Gefühle spiegeln

Wenn in der Ursprungsfamilie durch die Eltern dem Kind keine Gefühle gespiegelt werden, kann man auch von "emotionaler Kälte" (siehe dort) sprechen. Auch in der Verständigung (der Kommunikation) mit anderen Menschen spielt die Spiegelung von Gefühlen eine fundamentale Rolle. Bleibt die Spiegelung von Gefühlen aus, werden die Beziehungen kalt, distanziert, Nähe, Geborgenheit und Annahme werden nicht erfahren. Bei dem Widerspiegeln von Gefühlen werden in Frageformen die Bedürfnisse des anderen vermutet ("Sind Sie glücklich?", "Hast Du Durst?", "Du bist traurig?", "Kommst Du damit zurecht, oder ist es eine Überforderung?", "Bist du wütend auf ihn, enttäuscht?"). Das suggestive Unterstellen von Gefühlen ist kein widerspiegeln und führt dauerhaft angewendet eher zu Gefühlskonfusion und Konflikten ("Du bist wütend!", "Du bist glücklich!", "Du hast keine Angst!"). Ist eine gesunde und vertraute Basis in der Beziehung vorhanden, kann der Umgang mit Gefühlen manchmal sogar ironisch, verspielt, überzeichnet, paradox realisiert werden.

Widerspiegeln ist "gehen", der durch Vielfalt geprägte vertraute Umgang mit Gefühlen ist "tanzen".

Gewohnheiten (Alkoholgewöhnung)

Wer nicht gelernt hat sich in Stress- und Belastungssituationen, von denen jedes Leben geprägt ist, zu entspannen, der wird irgendwann wahrscheinlich einmal die Erfahrung machen, dass ihm psychotrope Substanzen (wozu auch Alkohol gehört) eine "Turboentspannung" sichern können. Dass Bier oder der Wein, zur Entspannung regelmäßig eingesetzt, in Belastungssituationen immer wieder konsumiert, führen nicht selten zu einer Gewohnheit (Trinkgewohnheit). Abends nach der anstrengenden Arbeit einige Gläser Wein oder einige Bier, jeden Freitag mit den Freunden am Stammtisch einige Bier und Schnäpse, das tut gut und entspannt (Rausch ist "regressiv" und ein Ersatz für nicht anderweitig gelernte gelöste und die ganze Person entspannende Verhaltensweisen). Man gewöhnt sich an die entspannende (betäubende) Wirkung der psychotropen Substanz, missbraucht diese und wird abhängig. Der Prozess von der Gewohnheit zum Missbrauch und schließlich zur Abhängigkeit ist schleichend und dauert bei Alkohol eher lange. Hinter der Gewohnheit stehen nicht erreichte (oder erreichbare) Ideale, Erwartungen, mangelndes Wissen, wie (möglichst) entspannt mit Konflikten, Ängsten, Erwartungen und Druck umgegangen werden kann und vor allem auch Defizite oder nicht verarbeitete Erfahrungen in der Kindheit.

Gier

Gier kann bedeuten, "süchtig" nach immer mehr Geld, immer neuen Beziehungen (Eroberungen), immer mehr Essen, immer größeren Häusern, immer mehr beruflicher Verantwortung zu werden. Was man hat, das reicht nie. Oft wurde als Kind ein massiver Mangel erlebt und nicht kompensiert (ausgeglichen), so dass die Erfahrung existenziell wird, dass für mich immer zu wenig da ist, dass die Sicherheit nie ausreicht, dass ich alles wieder verlieren kann und deshalb zur Sicherheit immer mehr haben muss. Einschränkungen, Unzulänglichkeiten, Rhythmen des "auf und ab" und Unsicherheit werden als grundlegende Phänomene (Erscheinungen) des Lebens nicht ertragen bzw. nicht ausgehalten. Die Ansprüche gehen in Richtung "Alles", "Immer-Mehr", "Absolut". Mit diesen Ansprüchen gehen Unruhe, Unersättlichkeit und mangelnde Entspannung einher.

Grand Mal
Fachausdruck für schweren epileptischen Krampfanfall.

Grandiosität (Grandiositätserleben)
Jemand möchte immer der Klügste, Erfolgreichste, Schönste, Verrückteste, Begehrteste sein. Materiell können sich grandiose Bedürfnisse in Wünschen nach dem schönsten, saubersten oder größten Haus, dem besten, zuverlässigsten, ökonomischsten oder schnellsten Auto, dem klügsten oder schönsten Partner ausdrücken. Auch Wünsche nach einem Titel wie Doktor oder Professor oder nach Adelstiteln entsprechen Bedürfnissen nach Grandiosität, die entstehen, weil andere Bedürfnisse nach Geborgenheit, Annahme, Liebe, ohne dass dafür etwas geleistet werden muss, verdrängt oder nicht zugelassen werden oder nicht erfüllt sind bzw. nicht erfüllt wurden. Hinter dem Bedürfnis nach Grandiosität steht oft mangelndes Selbstwertgefühl. Da Grandiosität nicht selten mit andauernder Produktion (von Geld, Macht, Wissen, Besitz, Expansion), permanentem Getriebensein zusammenhängt, kommt es auch zu erheblichen und plötzlichen Erschöpfungszuständen, Krankheiten und körperlichen Defiziten in Form schlechter, unregelmäßiger Ernährung. Krankheiten werden dann zu einem Zustand der zwanghaften Ruhigstellung. Durch "Turboentspannungsmittel" wie Tabletten, Alkohol oder Sex wird die "Entspannung sofort" gesucht. Gefühle der Hilflosigkeit, Trauer, Geborgenheit und Sehnsüchte nach umsorgt werden

sind abgespalten, verdrängt oder ausgeblendet. Krankheit wird als peinlich erlebt. Manche Kranken möchten dann lieber allein bleiben, nicht angerührt werden. Anderseits kann es vorkommen, dass nur im Zustand des Krankseins Nähe und Zuwendung zugelassen werden. Auch zum Beginn eines Alkoholrausches kommt es oft zu einem Grandiositätserleben. Der Berauschte fühlt sich besonders attraktiv, schön, findet, dass er besonders kluge Gedankengänge hat. Oft hat der Berauschte den Eindruck, dem anderen Geschlecht jetzt besonders gut zu gefallen, sehr begehrt zu sein.

Gruppentherapie
Menschen mit ähnlichen Problemen finden sich in einer Gruppe unter der Leitung eines oder mehrer Therapeuten zusammen. Therapiegruppen bestehen in der Regel aus bis zu 12 Einzelpersonen. In der Praxis wird diese Zahl oft auch überschritten.

Halluzination
Halluzination bezeichnet das Erleben von "eingebildeten" Anblicken, Geschehnissen oder Geräuschen mit solch einer Intensität, dass das Erlebnis für real gehalten wird. Manche Halluzinationen werden "wirklicher" als die Wirklichkeit erlebt.

Ideale
Ideale sind Zielvorstellungen bezüglich des eigenen Lebens, von Situationen, anderen Menschen und Prozessen. Menschen können an überzogenen grandiosen Idealen scheitern, wenn sie diese nicht erreichen und das eigene Leben dann als verfehlt oder "verkorkst" erleben. Dies kann eintreten, wenn eine überidealisierte Beziehung scheitert, eine bestimmte berufliche Position nicht erreicht wird, die eigenen Kinder einen Lebensweg wählen, der den elterlichen Idealen nicht entspricht. Werden die extremen grandiosen Ideale

nicht erreicht, so kann es bei den Personen zu Depression, Verzweiflung, Wut oder erheblicher Aggression (Amok) kommen, weil sie nun nicht mehr wissen, wofür sie leben und was sie mit ihrem Leben anfangen sollen.

Identität
Identität meint das Bild und die Vorstellung, die eine Person von sich selbst hat. Identität wird von der Person aus Erlebnissen, Erfahrungen und den verinnerlichten Bildern und Regeln (Normen) vom Leben als solchem, zum großen Teil unbewusst konstruiert.

Idiotentest (Depperltest)
Der amtliche Name für den Test lautet "Medizinisch-Psychologische Untersuchung" (MPU). In der Realität kommen auch viele Menschen mit einem sehr hohen Intelligenzquotienten zum Medizinisch-Psychologischen Test. Letztlich sind alle Bevölkerungsschichten vertreten. Hohe Dosen Alkohol sind in einer industriellen, hoch funktionalisierten Welt, einer Welt, die vermehrt auch mit ungelösten privaten Beziehungsproblemen einhergeht, für viele Menschen in Berufen mit Verantwortung und Leistungsdruck eine Art "Turbomedizin", um schnell Entspannung zu erreichen und abschalten zu können.

Imperative Mandate der Bezugspersonen (in der Regel die Eltern)
Dauerhaft im Kommunikationsprozess eingesetzte abwertende oder extrem aufwertende einseitige Inhalte führen zu einer erheblichen Gefährdung des Kindes, die sich später bei dem Erwachsenen und oft noch über mehrere Generationen ("vererbt") auswirkt. Zu solchen Mustern (Inhalten) gehören Sätze bzw. kommunizierte Einstellungen wie: "Du bist doch besonders intelligent, intelligenter als....", "Ein richtiger Mann ist so... und nicht anders."; "Wenn du ein richtiger Mann bist, machst du das so...", "Eine Frau muss so....sein.", "Unsere

Familie ist etwas ganz Besonderes (Besseres).", "Wir machen das, damit du es einmal besser hast.", "Wir tun das nur für dich." Derartige Botschaften werden bei dem Kind zunächst einmal als unbewusste, aber wirksame Programme im Gehirn abgespeichert und führen manchmal zu dauerhafter Überforderung, einseitigen, linearen und zu stark vereinfachten unpassenden Lebenseinstellungen und verkürzten Handlungsabläufen im späteren Leben, woraus wiederum zahlreiche Lebensprobleme in verschärfter Form resultieren können. Oft kommt es dann dazu, dass wichtige Emotionen abgespalten bzw. verdrängt werden.

Inneres Gefängnis
Ein Mensch möchte mit anderen Menschen Kontakt aufnehmen, schafft es aber nicht, andere Menschen anzusprechen, auf sie zuzugehen. Jemand möchte seinen Freunden erzählen, wie es ihm gerade geht, schafft es in diesem Kontakt aber in der Regel nicht, über sich selbst zu sprechen. Er befindet sich in einer Art innerem Gefängnis, ist in sich selbst eingesperrt und kann seine eigenen, in ihm befindlichen Mauern nicht überwinden.

Intoxikation
Vergiftungszustand (umgangssprachlich Rausch), zum Beispiel nach Alkoholgenuss, der mit schwer beeinträchtigter Urteilsfähigkeit, massiver Stimmungsveränderung und Koordinationseinschränkung oder –verlust einhergeht.

Introjektion
Jemand übernimmt unreflektiert und unhinterfragt Anweisungen und Regeln von anderen. Letztlich übernimmt jeder Mensch von seinen frühen Bezugspersonen (Eltern) zunächst unhinterfragt Regeln, Einstellungen und "Konstruktionen" über die Welt, in der er meint zu leben.

IRAK
Individualpsychologische Rehabilitation alkoholauffälliger Kraftfahrer. Es handelt sich um einen sogenannten Nachschulungskurs (¦).

KBA-Auszug
Auszug aus dem Register des Kraftfahrtbundesamtes in Flensburg. Dieser Auszug liegt dem Gutachter vor. Daneben liegt dem Gutachter ein Auszug aus dem persönlichen "Führungszeugnis" vor (siehe BZR-Auszug).

Kinder aus Suchtfamilien
Wer zu einer MPU muss, erheblich und über lange Zeit Alkohol konsumierte und eine Familie mit Kindern hat sollte auch über Veränderungen in seiner Familie differenziert berichten. Für Kinder aus Suchtfamilien ist das Verhalten ihrer Eltern oft unberechenbar. Double-Bind (¦) Erfahrungen und Ambivalenzerfahrungen (verwöhnt werden und hart bestraft werden, hoch gelobt werden und beschimpft werden) werden zu verwirrenden, nicht einzuordnenden und kaum erfolgreich zu bewältigenden Alltagserfahrungen. Manche Kinder geben sich für das Suchtverhalten ihrer Eltern selbst die Schuld. In ganz gefährlichen Fällen geben sich die Kinder auf Grund ihrer Existenz die Schuld am Suchtverhalten ihrer Bezugspersonen (in der Regel die Eltern).

Kompensation
Kompensation bedeutet übersetzt "Ausgleich". Wenn die Eltern ihrem Sohn keine positive Zuwendung geben, so kann es vorkommen, dass sich das Kind verstärkt der Beschäftigung mit seinen Geschwistern oder Großeltern widmet und von ihnen positive Zuwendung erhält, so kann es den Mangel (keine positive Zuwendung durch die Eltern) ausgleichen, kompensieren.

Konfabulation

Ereignisse werden erfunden, um Gedächtnislücken auszufüllen. Konfabulation tritt zum Beispiel sehr oft bei dem Korsakow-Syndrom auf (Stufe bei krankhaftem Alkoholismus in einen weit fortgeschrittenen Stadium).

Kontrolliertes Trinken

Seminare und Trainingsprogramme zum "Kontrollierten Trinken" spielen seit über 10 Jahren in der Suchthilfelandschaft eine Rolle und werden seit dem Jahr 2000 wieder verstärkt diskutiert und von Therapeuten auch angeboten. Oft handelt es sich um Programme zur verstärkten Selbstkontrolle. Problematisch ist, dass die speziellen kognitiven und emotionalen Erlebnis- und Erlebensweisen weitgehend völlig unberücksichtigt bleiben. Der Vorteil dieser Programme ist, dass tatsächlich viele Teilnehmer ihren Alkoholkonsum über mehrere Jahre reduzieren oder sich später zu einer abstinenten Lebensweise entschließen. Da die spezifischen Auffälligkeiten von Risikonutzern psychotropher Substanzen in solchen Trainingsprogrammen zumeist völlig unbeachtet bleiben, stehen viele Gutachter bei einer MPU solchen Maßnahmen sehr skeptisch gegenüber.

Kontrollzwang

Betroffene halten sich dazu an, bestimmte Dinge immer wieder zu überprüfen und die lenkenden Fäden, zum Beispiel in einer Beziehung, nicht aus der Hand zu geben. Auf einer anderen Stufe fällt es manchen Menschen schwer, Vertrauen vorab zu leisten, sich fallen zu lassen. Dazu gehört auch, dass manche Menschen permanent nachdenken, wenn sie mit einem anderen Menschen sprechen, was sie sich erlauben dürfen zu sagen und was sie besser nicht sagen werden, damit der andere nicht verletzt oder aggressiv antwortet oder damit er sich nicht zurückzieht. Diese oft permanent eingesetzte Kontrolle des eigenen Kommunikationsprozesses lässt Fassaden und Masken entstehen. Sprüche wie "Denke nach, bevor du sprichst" sind bei manchen Menschen generalisiert worden, das heißt, sie wenden diese Maxime dauerhaft an und schaffen es nicht, sich spontan, gelassen und relativ unvoreingenommen zu äußern.

Eine etwas andere Form der Kontrolle setzt bei der Angst vor Nähe in Beziehungen ein. So gibt es Menschen, die sich nicht auf eine durch gegenseitige Nähe geprägte Beziehung einlassen (können). Sie wollen in einer Beziehung die völlige Kontrolle über Nähe und Distanz haben und außerdem noch gemocht (geliebt) werden. Werden sie wirklich geliebt, existiert bei dem anderen Partner innerhalb dieser Liebe auch ein "Verlangen" (sexuell geprägt), bekommen sie oft Angst und reagieren mit Rückzug, Flucht und Distanz. In Beziehungen führen sie nicht selten einen (,teuflischen') Tanz um Nähe und Distanz auf, den sie selbst absolut bestimmen (lenken und kontrollieren) wollen.

Krankheitsgewinn

Auch die Abhängigkeit vom Alkohol verspricht dem "Kranken" einen Gewinn. Die Entspannung, die Befreiung von innerem Druck, von Erwartungen und von Ansprüchen an die eigene "Fehlerlosigkeit" (Grandiositätsideen, siehe Narzissmus (¦)) sind wohltuend, solange der Alkohol mit seiner betäubenden Seite wirkt. Das Rauchen von Zigaretten bewirkt sogar eines jener wunderbaren Gefühle, die man hat, wenn ein geliebter Mensch die eigene Haut berührt. Derartige Zusammenhänge sind wissenschaftlich nachweisbar. Wer Rauchen und Alkohol trinken als grundsätzlich positiv bei den Eltern (Bezugspersonen) beobachten konnte, wird möglicherweise in Zeiten verstärkter Persönlichkeitsentwicklung und massiverer Anforderungen an die Persönlichkeit (Berufsausbildung, Alltagsarbeit im Job, Beziehungskrisen) ebenfalls eher zu einem solchen, ihm von Beobachtung aus Kindertagen bekannten Suchtmittel greifen.

Krise

Mit Krise ist hier vor allem ein psychischer Belastungszustand gemeint, dies kann individuell unterschiedlich ein Arbeitsplatzverlust, der Verlust einer Partnerschaft, finanzielle und berufliche Überbelastung, aber auch dauerhafte Unterbelastung, Mangel an körperlicher und geistiger Zuwendung sein. Jeder Mensch hat ein individuelles Empfinden, was er als Krise erlebt. Nicht jeder Mensch erlebt den Verlust des Arbeitsplatzes, die Auflösung einer Partnerschaft als Krise (eine Krise erscheint durch das jeweilige Bewusstsein spezifisch konstruiert). Grundsätzlich wird bei einer MPU relevant, wie der Klient beabsichtigt, in Krisen, die für ihn und sein Leben bezeichnend sind, mit sich selbst umzugehen, damit er nicht wieder beginnt, einen psychotrophen Stoff (Alkohol) exzessiv zu benutzen. Um diesen veränderten Umgang mit sich selbst erklären zu können erscheint es wiederum notwendig, einen gewissen Einblick zu haben und erklären zu können, warum man denn überhaupt dafür anfällig ist (war), bestimmte Situationen als Krise zu erleben. Um diese Erklärung zu finden, ist ein erfahrener Therapeut hilfreich.

Leberzirrhose

Gefährdet sind Personen, die über mehrere Jahre hohe Dosen Alkohol zu sich nehmen (in 15–20 Jahren ca. 60 Gramm Alkohol täglich; bei Frauen ist der Wert geringer). Allerdings ist dies ein rein statistischer Wert und massive Schädigungen können weitaus früher und bei viel geringeren Mengen auftreten. Viele Hausärzte diagnostizieren nach meiner Erfahrung Schäden durch Alkohol (zum Beispiel bei erhöhten Leberwerten) viel zu spät und zu zaghaft. Bei dem Krankheitsverlauf ersetzt die Leber zerstörte Zellen durch Bindegewebe. Die Leber ist ein solch lebenswichtiges Organ, dass ihre Schädigung das sehr schnelle Auftreten zahlreicher, direkt lebensbedrohlicher und schmerzhafter Krankheiten nach sich zieht, die in der Regel zum Tod führen. In verschärfter und zugespitzter Form lässt sich sagen, dass langjähriger Alkoholmissbrauch eine Art verlangsamter Suizid (Selbstmord) ist. In der psychotherapeutischen Behandlung sollten daher Botschaften aus der Kindheit, wie "Es ist nicht gut, dass du da bist", "Du bist eine Belastung", "Du solltest eigentlich nicht da sein", "Es ist nicht gut, so wie du bist" beachtet und behandelt werden. Daneben sind hohe Überforderung in der Kindheit durch übermäßige Verantwortung und unangemessene Bindungsformen an die Bezugspersonen zu beachten. An alkoholbedingter Leberzirrose sterben in Deutschland jährlich mehr als 40.000 Menschen. Ich befürchte, dass die meisten nie in einer psychotherapeutischen Behandlung waren.

Leer

Bei "Leer" handelt es sich um einen Kurs für alkoholauffällige Kraftfahrer nach § 70 Fahrerlaubnis-Verordnung. Der sogenannte Nachschulungskurs (¦) kann dem Klienten vom Gutachter nach der MPU zur Auflage gemacht werden. Der Klient muss nach diesem Kurs nicht noch einmal zur MPU, sondern er bekommt automatisch seinen Führerschein zurück. Allerdings kommt ein solcher Nachschulungskurs nur für Personen in Frage, bei denen der Gutachter zu dem Schluss kommt, dass ihre Problematik nicht so gravierend ist, dass sie vollständig auf Alkohol verzichten müssen. Neben dem (bekanntesten) Kurs namens "Leer" gibt es eine Reihe weiterer vom Verkehrsministerium anerkannter (akkreditierter) Nachschulungskurse (siehe unter Nachschulungskurse).

Liebe

Selbst in unserer "aufgeklärten" Zeit wissen viele Menschen nicht, was Liebe ist. Liebe ist ein Gefühl, sie ist sich selbst genug und kein Mittel, das man einsetzt, um etwas zu erreichen oder etwas zu besitzen. Liebe ist keine Leistung, auch nicht für den Partner, und sie ist auch kein Tauschgeschäft,

sie ist nicht kalkulierbar. Liebe braucht keinen Austausch-
handel mit Liebesbeweisen, sie besteht aus Zuwendung,
Glück im Zusammensein und Akzeptanz der eigenen
Schwächen (und Stärken) und der Schwächen des anderen.
Liebe macht keine Mühe, sondern ist einfach unbefangen
und schön. Wer jemanden liebt toleriert Schwierigkeiten, es
können Wünsche geäußert werden. Liebe macht zwei Menschen nicht gleich, sondern macht ihre Verschiedenheit
spannend und interessant. Es gibt Raum für Hilflosigkeit,
Unvollkommenheit und Schwächen. Aber Liebe toleriert
auch nicht alles. Da viele Menschen in der frühen Kindheit
keine ‚bedingungslose' (unbefangene) Liebe erfahren
haben, fällt es ihnen schwer, Liebe wirklich beschreiben oder
erklären zu können. Zwar ist das Gefühl des Verliebtseins
(der damit verbundene Rausch) bekannt, aber der Übergang
dieses Gefühls in Liebe, statt in eine Austauschbeziehung
oder in eine Identität auflösende symbiotische Beziehung, ist
unbekannt. Gerade die Paartherapie ist angesichts der heu-
tigen Trennungs- und Scheidungszahlen ein völlig vernach-
lässigtes Gebiet in der Psychotherapiebranche, das grundsätzlich auch zu wenig beworben wird.

Luxus-Verwahrlosung

Ein Kind bekommt ein hohes Maß an materieller Zuwendung,
wobei emotionale Zuwendung und Unterstützung bei der
Lebensbewältigung (zum Beispiel Schule) vernachlässigt
werden. Oft wird es für solche Kinder schwierig, wirkliche
Begeisterung für etwas zu entwickeln. Die emotionale Vernachlässigung wird schmerzlich gespürt. Manche Patienten
berichten später von unerträglichen Gefühlen innerer Leere
und von Suizidträumen.

LVA

Rentenversicherungsträger, der unter Umständen Entzugsbehandlungen bei Alkohol- oder Drogenabhängigkeit finanziert.

Minderwertigkeitsgefühle

Jemand hat das grundlegende Gefühl, dass er wenig "wert" ist, insgesamt von anderen Menschen nicht geliebt und nicht gemocht wird. Wer sich minderwertig fühlt, fällt oft im Zusammenhang mit besonderem Perfektionismus (im Arbeitsleben oder im Haushalt), oder durch extreme Genauigkeit auf. Oft versucht die betreffende Person Fehler, zum Beispiel im Arbeitsleben, zwanghaft zu vermeiden. Bei Kritik durch andere Personen an dem eigenen Arbeitsstil oder Verhalten, wird die Kritik auf die eigene Person und nicht auf die Sache bezogen und als unerträglich empfunden. Es kommt nicht selten zu spontanen, sehr schnell vollzogenen Kündigungen, das Team wird plötzlich als die Hölle erlebt. Personen mit ausgeprägten Minderwertigkeitsgefühlen sind gerade im Arbeitsprozess (aber auch bei der Planung und dem "Management" einer Familie) zu extremen Leistungen fähig, sie nehmen regelmäßig Arbeit mit nach Hause, arbeiten voraus, versuchen, immer alles sehr schnell zu können, besuchen oft zahlreiche Abendkurse, haben auch extrem große Zukunftsängste. Die Vorstellung, dass jemand sie einfach mag, ohne dass sie etwas leisten müssen, ist ihnen oft völlig fremd und erscheint ihnen nicht nachvollziehbar. Andererseits suchen sie gerade diese "unbedingte" Liebe und Zuwendung, können deren Gegenwart dann aber scheinbar nicht erkennen. Viele Menschen mit Minderwertigkeitsproblemen stellen sich nach außen als sehr stark und unabhängig dar (Pseudoautonomie), sind jedoch leicht verletzbar und extrem sensibel. Ein anderes Extrem bei Menschen mit starken Minderwertigkeitsgefühlen kann Überanpassung sein, der Versuch, es allen recht zu machen (z.B. die perfekte Hausfrau und Mutter) und eigene Bedürfnisse und Wünsche zu verleugnen (scheinbare Bedürfnislosigkeit). Immer fehlt eine ausbalancierte "innere" Mitte, ein stabiles inneres Objekt, das hilft, sich durch sich selbst, sicher und ohne überzogene Schuldgefühle zu orientieren und Entscheidungen zu treffen.

Morgentrunk oder Nüchterntrunk

Der Morgentrunk oder frühe Nüchterntrunk wird in der Regel nur von Personen durchgeführt, die bereits erheblich vom Alkohol abhängig sind. Ein Gutachter wird auf sehr exzessive Trinkgewohnheiten und schwerwiegende persönliche Problematiken schließen, die entsprechend aufgearbeitet sein sollten. In jeder Großstadt kann man heute in Supermarktketten und an Kiosken beobachten, wie sich stark vorgealterte Damen und Herren Bierdosen und dazu kleine Flaschen mit starken Alkoholika am frühen Morgen kaufen.

Motivation

Einem Motiv liegt ein Gefühl zugrunde, das ein Verhalten fördert, welches an ein bestimmtes Ziel gekoppelt ist. Die ersten (Langstrecken-) Seefahrer waren neugierig, wollten wissen, was hinter dem Ozean ist, und geschichtlich deutet mittlerweile einiges darauf hin, dass ihre alte (christliche) Weltanschauung ins Wanken geriet und sie sicherer wissen wollten, was die Welt ist und wo sie sind, wo Gott ist. Angst, Verunsicherung und Neugier können Motive sein, die in einem Prozess miteinander verbunden sind. Das Motiv wäre also neben der offensichtlichen Neugier und dem Traum vom Reichtum (der in der westlichen Welt vermeintliche Sicherheit bedeutet) vor allem auch Angst gewesen. Eher philosophisch gesehen scheint Angst vor Einsamkeit, Ungewissheit, Zweifel, Tod, Fehlern ein grundlegendes und grundsätzliches menschliches Phänomen zu sein. Oft handelt es sich um fundamentale Angst, aus der Religionen, Philosophien (Weltanschauungen und ihre Suche nach "Weisheit"), Wissenschaften, befestigte Siedlungen, Revolutionen und Kriege, aber auch Frieden entstanden sind. Sicherheit und Gewissheit, Annahme, Liebe und eine erhoffte immer fortwährende Erhöhung des Selbstwertgefühls sind dabei positive Zielzustände (siehe auch Überforderung (!)).

Wenn jemand sich daher entschließt, keinen oder weniger Alkohol zu trinken, so braucht es für diesen Entschluss auch grundlegende Motive (Abstinenzmotive). Vor der Zeit der Abstinenz hat es grundlegende Trinkmotive (¦) gegeben. Der Wiedererhalt des Führerscheins sollte bei der MPU kein Motiv für die Abstinenz sein, da der Gutachter sonst davon ausgehen kann, dass der Klient genauso Alkohol trinkt wie vor dem Führerscheinverlust, wenn er nur erst einmal den Schein wieder hat. Angst vor Krankheit und die wiedergewonnene Freude an einem gesunden Körper und am Sport können dagegen Abstinenzmotive sein. Nebeneffekte können sein, dass die Beziehung sich verbessert hat und man am Arbeitsplatz besser zurecht kommt. Wer aus Schüchternheit, wegen Hemmungen und aus Einsamkeit Alkohol getrunken hat, sollte gelernt haben, wie sich diese Gefühlszustände überwinden lassen, also wie man Menschen ohne Hemmungen kennenlernt, Einsamkeit und Isolation überwindet und glückliche Beziehungen aufbaut. Die Freude an dieser neuen Art zu leben und die Angst, wieder in das "alte" Leben zurückzufallen, können Abstinenzmotive sein. Die Selbstwirksamkeitserwartung, Krisen und Belastungen ohne Alkohol besser meistern zu können als mit Alkohol, muss deutlich erhöht sein. In der Regel liegt zunächst eine motivationale Ambivalenz vor. Der Alkohol hat offensichtliche Vorteile, sonst hätte man ihn nicht in hohen Dosen konsumiert. Der Vorteil kann darin bestehen, dass der Alkohol hilft, sich schnell zu entspannen, weil man andere Formen der Entspannung nicht kennt und anfällig ist für zu hohe Belastungen (siehe Risikobiografie (¦)). Daher muss nun erst gelernt werden, sich ohne Alkohol zu entspannen und der Umgang mit der eigenen Risikobiografie muss verändert werden. Dann kann sich im besten Fall die motivationale Ambivalenz zu einer klaren und eindeutigen Motivation für Abstinenz oder Konsumreduktion transformieren (wandeln). Diese deutliche Motivation muss mit einer persönlichen und begründeten Kompetenzzuversicht und Selbstwirksamkeitserwartung (ich bin aus diesen und jenen Gründen dazu fähig) einhergehen. Dabei ist eine gute Rückfallprophylaxe (Rückfall vorbeugen), dass man gegenüber den ursprünglichen Trinkmotiven stets wachsam bleibt. Wer seine eigene Risikobiografie und ihre Verankerung kennt, der kann insgesamt gegenüber Suchtmotiven wachsam und reflektiert bleiben.

MPI
Medizinisch-Psychologische Institut

MPU
Medizinisch-Psychologische Untersuchung

Myopathien
Erkrankungen der Muskulatur, die durch Alkoholkonsum bedingt sind.

Nachschulungskurse
Siehe auch "Leer" Kurs. Diese Kurse werden unter anderem von Tochterfirmen des TÜV und der DEKRA angeboten. Von der Gesellschaft für Ausbildung, Fortbildung und Nachschulung (AFN) wird der Kurs ALFA und der Kurs IRAK angeboten.

Der Gutachter kann während der MPU zu der Auffassung kommen, dass der Klient kontrolliert Alkohol trinken kann, also nicht dauerhaft abstinent leben muss, dafür aber noch weitere Kenntnisse benötigt. Er macht ihm dann mit seinem Einverständnis die Auflage, einen sogenannten Nachschulungskurs nach § 70 Fahrerlaubnis-Verordnung zu besuchen, den er nochmals extra bezahlen muss. Allerdings erhält er nach diesem Kurs von der Führerscheinstelle automatisch seinen Führerschein ohne erneute MPU zurück. Kritisiert wird immer wieder, dass diese Kurse auch von "Tochterunternehmen" der Begutachtungsinstitute angeboten werden (z.B. TÜV).

Narzissmus

Narzisstische Menschen wirken nach außen zunächst besonders selbstsicher, überlegen, erfolgreich, zielstrebig. Allerdings fehlt ihnen gerade die so wichtige "innere" Zufriedenheit. Schwache Seiten und eigene Unzulänglichkeiten werden verdrängt. Sie versuchen, perfekt und fehlerlos zu sein. Auch wenn ein Narziss nicht erfolgreich ist versucht er, diesen Umstand nach außen anders darzustellen, beispielsweise durch das Tragen einer teuren Uhr oder dem Fahren eines teuren Autos, trotz geringer Finanzen. So schaffen es Narzissten auch, sich heillos zu verschulden oder sie tätigen gefährliche Spekulationen. Ein Narziss zeichnet sich durch Ideen persönlicher Grandiosität aus. Dies kann sich in einem Kampf um Anerkennung oder durch die "parasitäre" Nutzung eines Partners ("Ich bin die Frau des Professors...") oder eines anderen Objektes, das Anerkennung verspricht, bemerkbar machen. Narzissten sind extrem selbstbezogen und können sich in der Phase dieser Störung meistens nicht empathisch in andere Menschen einfühlen und deren Gedanken und Bedürfnisse berücksichtigen. Sie haben grandiose Phantasien hinsichtlich Macht, Schönheit, Bewunderung, Einzigartigkeit und Aufmerksamkeit. Da die narzisstischen Bedürfnisse in den Lebensrealitäten nicht selten immer wieder enttäuscht werden und es zu Erlebnissen massiver Überforderung und Vereinsamung kommen kann, dürfen wir auch hier mit einem betäubenden Suchtmittelkonsum rechnen, wenn nicht eine andere Sucht wie Extremsport, Arbeitssucht oder ähnliches relevant wurde. Kommt es zu einer massiven narzisstischen Entwicklung, sollte wiederum die frühe Kindheit genauer betrachtet werden (siehe emotionale Kälte (¦)).

Neid

Neid tritt insbesondere bei Menschen mit einem schwachen Selbstwertgefühl auf und zwar dann, wenn ein anderer Mensch aufgrund seines Wissens, seines Aussehens, seines Berufes, seines Namens oder seines Besitzes das eigene Selbstwertgefühl bedroht. Neid führt entweder zur Abwertung des anderen Menschen, seines Wissens, seines Besitzes oder zur Distanz und Flucht oder, wo das möglich ist, zur Aggression und Zerstörung des anderen. Hohe Ideale und in diesem Zusammenhang Neid als Emotion sind bei vielen Missbrauchern psychotroper Substanzen (unter anderem Alkohol) ein wichtiges Lebensthema.

Nüchterntrunk
In der Regel handelt es sich dabei um den bereits morgendlichen Konsum von Likören, Magenbitter oder Schnaps aus "Flachmännern". Nüchterntrunk tritt erst in einer weit fortgeschrittenen Phase des bereits hochproblematischen (und gefährlichen) Alkoholkonsums auf.

Objektkonstanz (inneres Objekt)
Der Begriff stammt aus der Psychoanalyse. Wenn ein kleines Kind gelernt hat seiner Mutter zu vertrauen hat es ein inneres, stabiles Bild der liebevollen Mutter entwickelt. Auch wenn die Mutter einmal weggeht vertraut das Kind darauf, dass die Mutter sicher zurückkehrt. Analog vertrauen in einer Partnerschaft die Frau oder der Mann dem Partner, dass dieser treu ist und stets in das gemeinsame "Zu-Hause" zurückkehrt. Sie oder er haben von dem anderen ein stabiles Bild verinnerlicht, müssen also nicht kontrollieren, skeptisch oder ängstlich sein. Menschen mit frühen, schwerwiegenden Verlassenheitserfahrungen (Enttäuschungserfahrungen) oder späteren traumatischen Erlebnissen haben ein solches stabiles inneres Objekt (das oft wie ein Kompass wirkt, der sicher die richtige, passende oder angemessene Richtung anzeigt) oftmals nicht entwickelt, was zu zahlreichen Schwierigkeiten führen kann. Problematisch ist auch, wenn solch ein inneres Bild zwar vorhanden, aber sehr zerbrechlich oder widersprüchlich (ambivalent) ist oder wenn zahlreiche, völlig

widersprüchliche und anscheinend unvereinbare innere Objekte verinnerlicht wurden.

Offenheit

Das Gegenteil von Offenheit ist, wenn Sie hin und her überlegen, was Sie sagen dürfen und was nicht, wenn Sie versuchen zu kalkulieren, was der Gutachter über sie schon weiß und was nicht. Wenn Sie großes Glück haben, dann bekommen Sie einen Gutachter, der es ihnen durch sein Verhalten leicht macht, wirklich offen zu sein und ihnen durch seine Fragen sogar noch hilft, Irrtümer zu erkennen, wenn Sie Dinge sagen, die absolut nicht passen können. Trotzdem wird er kein therapeutisches Gespräch mit ihnen führen. Wenn Sie in dem Gutachter einen Menschen sehen, der Ihr Feind ist und Sie hereinlegen will, dann wird es freilich schwer. Sie können den Gutachter letztlich nicht manipulieren, indem Sie gezielt Informationen zurückhalten, weil sie gar nicht genau wissen können, welche Informationen der Gutachter von den Behörden über sie bekommen hat. Der Psychologe will wissen, welche Rolle der Alkohol in Ihrem Leben gespielt hat und ob sie selbst wissen, warum oder wieso der Alkohol diese Rolle gespielt hat. Darüber hinaus will der Gutachter erfahren, wie Sie ihren Umgang mit Alkohol und welche Dinge Sie in Ihrem Leben verändert haben.

Opferrolle

Wenn ein Erlebnis als gravierendes (Lebens-) Ereignis bewertet wird wie beispielsweise der Führerscheinentzug wegen Alkohols am Steuer, so kann die Person dieses Ereignis zum Anlass nehmen, um über sich selbst nachzudenken und aus der Begebenheit versuchen, etwas "Positives" für sich zu lernen oder die Person kann sich in einer Opferrolle erleben. Personen in der Opferrolle machen die falsch eingesetzte Polizei, die Politik, die Familie, den verkehrten Straßenverlauf, das schlechte Wetter für das Erleben des eigenen Scheiterns verantwortlich. Wer sich in der Opferrolle erlebt, wird oft gleichzeitig durch extreme Selbstbehauptung und "Rechthaberei" auffallen. Manche Klienten beginnen auch mit Rationalisierungen, indem sie versuchen, mittels logisch klingender Argumente zum Beispiel den verkehrten oder problematischen Straßenverlauf zu erörtern, wobei sie erklären wollen, warum sie mit ihrem Auto im Straßengraben gelandet sind. Die Opferrolle führt in der Regel zu negativen Prognosen.

Persönlichkeitsveränderungen
Folgende Persönlichkeitsveränderungen werden häufig bei suchtkranken Menschen beobachtet (auf eine Person treffen nicht alle Merkmale, sondern möglicherweise das eine oder andere Merkmal zu :
1. Affektproblematiken (überzeichnete Impulsivität von langer Dauer; gehemmte Aggressivität, zum Teil aber auch überzeichnete Aggressivität; Autoaggression; depressive Züge; Isolationsgefühle und oft isolierte Lebensweise; Affektintoleranz gegen Angst und Depression; Schuldgefühle)
2. Sozialverhalten (extremes Autonomiestreben, dadurch manchmal auch extreme Leistungsbezogenheit; Dominanzstreben, dadurch auch manchmal extreme Leistungsbezogenheit)
3. Selbstbild (Labilität und anhaltend negativer Selbstwert und Episoden unrealistischer Selbstüberhöhung; Selbstüberschätzung; Hilflosigkeitsgefühle)
4. Regulative Prozesse (Externalisierung von Problemen; Außenreizabhängigkeit; Narzissmus; Dominanz des Lustprinzips; mangelnde Innen- und Außendifferenzierung [gut und böse, schwarz und weiß, Freundschaft und Feindschaft; intelligent und dumm, arm und reich - Zwischenbereiche fehlen]; mangelnde Realitätsüberprüfungsfunktion)

Positive Selbstannahme
Positive Selbstannahme bedeutet, sich mit den eigenen Schwächen versöhnt zu haben, sich lieben und akzeptieren

zu können, Frustrationen und Ablehnung ertragen zu können, Grenzen akzeptieren zu können, Kontrolle ab- und aufgeben zu können, sich mögen zu können ohne eine besondere Leistung erbracht haben zu müssen, zu Vertrauen, die anderen Menschen nicht ausschließlich nach Leistung, Intelligenz, Einkommen, Aussehen und Machtposition bewerten zu müssen.

Progression

Progression ist das Gegenstück zur Regression. Progression drückt sich aus in Leistung, Kontrolle, Kalkülen. Besonders Liebe ist eher der "Regression" zuzuordnen, denn sie lässt sich nicht durch Leistung, durch Kontrolle und durch Kalküle erreichen und sichern. Langfristig besteht Liebe aus Hingabe, Vertrauen ohne Vorbedingung, aus weiteren Gefühlen, aus Nähe ohne Angst, nicht aber aus Leistung, nicht aus Mühe und Opfer, nicht aus Selbstaufgabe oder schwierigen Kompromissen, nicht aus "Arbeit" für den anderen, nicht aus Erziehung des anderen oder Tausch gegen Geld, Sicherheit, Unterhalt oder Sex .

Pseudounabhängigkeit

Pseudounabhängigkeit tritt bei Personen auf, die sich so verhalten als brauchen sie keine anderen Menschen. Sie versuchen von anderen Menschen, von tiefen Gefühlen und von Verantwortung unabhängig zu sein. Sie leugnen und verdrängen Bedürfnisse nach "dauerhafter" Liebe, Zuwendung, Annahme und Geborgenheit. Oft versuchen pseudounabhängige Menschen, diese Gefühle und Bedürfnisse durch "vernünftige" Argumente und Logik zu verdrängen. Dahinter steht in der Regel große Angst vor langfristiger Nähe, vor dauerhafter Zuwendung. In der Vergangenheit wurden Erfahrungen mit Nähe gemacht, die im Endeffekt als schrecklich erlebt wurden und nicht selten ein Trauma ausgelöst haben, zum Beispiel durch Verlassenwerden, Vergewaltigung, Missbrauch, seelische und psychische Gewalt,

Verletzung des Schamgefühls, Liebesentzug, doppelte Botschaften (double-binds (¦)) oder "emotionale" Kälte in der Herkunftsfamilie.

Psychoanalyse

Es handelt sich um eine von Sigmund Freud entwickelte Therapie und Krankheitslehre. Verdrängungen sollen aufgehoben und Unbewusstes soll durch Überwindung der Widerstände bewusst gemacht werden. Sigmund Freud ging von der sehr wesentlichen und grundsätzlichen Vorannahme aus, dass zahlreiche spätere "Störungen" auf die frühe Kindheit zurückgehen. In der späteren Weiterentwicklung der Psychoanalyse wurde auch die Beziehung zu frühen Bezugspersonen stärker in den Mittelpunkt gerückt. Eine klassische Psychoanalyse ist langwierig (dauert oft mehrere Jahre). Die Kosten werden in der Regel von der Krankenkasse übernommen. Es gibt Diplom-Psychologen und Ärzte, die zur Durchführung einer Psychoanalyse berechtigt sind und diese Leistungen mit den Krankenkassen abrechnen dürfen. Allerdings wird Psychoanalyse auch von Therapeuten angeboten, die keine Berechtigung haben, mit den Kassen abzurechnen, in diesen Fällen muss der Patient die Stunden selbst bezahlen.

Psychologie

Der Begriff Psychologie kommt aus dem Griechischen. Übersetzt spricht man von Seelenkunde, Lehre vom Seelenleben. Allerdings ist der Begriff "Seele" eher ein religiöser Begriff. Allgemein gilt Psychologie daher als die Wissenschaft vom menschlichen Erleben und Verhalten und dessen Deutung. Die heutige Psychologie ist eng vernetzt mit Sozial- und Geisteswissenschaften, Natur- und Biowissenschaften, mit Medizin und Mathematik. Psychologie kann nur an einer anerkannten Universität studiert werden und schließt mit dem Titel Diplom-Psychologe (Diplom-Psychologin) ab. Therapeutische Qualifikationen müssen in langjährigen und kostenintensiven Zusatzausbildungen erworben werden.

Psychotherapeutische Maßnahmen

Hinter jahrelangem Alkoholmissbrauch stehen meist tiefgreifende persönliche Probleme wie Ängste (zum Beispiel vor Nähe, vor Verantwortung, vor der Zukunft), traumatische Erlebnisse, überhöhte, unerreichbare Ideale. Oft sind die Herkunft und die Art der persönlichen Problematik dem Klienten aber unbekannt. Psychotherapeutische Behandlung, die von den Krankenkassen zum Teil bezahlt wird, kann helfen, diese Probleme zu erkennen und wenn möglich zu korrigieren. Analytische Therapie fokussiert dabei auch auf die frühe Kindheit, insgesamt auf die Vergangenheit. Verhaltenstherapie fokussiert auf direkte Veränderung durch das (unmittelbare) Erlernen von neuen Verhaltensweisen. Daneben gibt es eine Reihe anderer therapeutischer Maßnahmen, die jedoch nicht in jedem Fall von der Krankenkasse bezahlt werden. Dazu gehören vor allem Gestalttherapie, körperorientierte Therapien, Tanztherapien, Kunsttherapien, Atemtherapien.

Psychotrope Substanzen

Es handelt sich um Substanzen, die auf das Empfinden und Verhalten eines Menschen wirken, dazu gehören Alkohol, Opiate, Cannabinoide (Haschisch), Kokain, Koffein, Tabak, flüchtige Lösungsmittel (Schnüffelstoffe). Die hier genannten Substanzen haben ein hohes Potential, Abhängigkeit zu erzeugen. Auch zahlreiche Medikamente wie Antidepressiva, Schmerzmittel besitzen psychotrope Effekte.

Rauchen

Rauchen ist vor allem im Zusammenhang mit einer Suchtverlagerung interessant. Fragen wie "Rauchen Sie jetzt mehr wie vor Ihrer Abstinenz?" zielen darauf ab festzustellen, ob eine Suchtverlagerung stattgefunden hat. Ob eine Suchtverlagerung positiv oder negativ bewertet wird, ist von Psychologe zu Psychologe sehr unterschiedlich. Eine Fraktion glaubt, dass die eigentliche persönliche Problematik nicht bewältigt ist, wenn eine Suchtverlagerung stattgefunden hat, eine andere Fraktion glaubt, dass es besser ist, ein besonders gefährliches Verhalten (hoher Alkoholkonsum und Teilnahme am Straßenverkehr) zu beenden und ein weniger gefährlicheres Verhalten zu wählen, vor allem, weil die eigene persönliche Problematik (zum Beispiel ein sehr niedriges Selbstwertgefühl) eine lebenslange Begleitung darstellen kann. Erfahrungsgemäß sind viele Menschen, die hohe Dosen Alkohol konsumieren, auch Raucher. Weltweit sterben jährlich rund 4 Millionen Menschen an den Folgen des Rauchens. Fachleute prognostizieren, dass es bis zum Jahr 2030 rund 10 Millionen Menschen pro Jahr sein werden. Riskanter Alkoholkonsum geht oft mit einer ungesunden Lebensweise einher. Dies weist wiederum darauf hin, das die Betroffenen eine allgemeine vertiefende Lebens-, Gesundheits-, Arbeits- und Partnerschaftsberatung bräuchten.

Reflexion
Reflexion meint die Fähigkeit über sich selbst, seine Art zu leben und mit dem Leben und mit sich selbst umzugehen, nachzudenken. Es wird auch von Selbstreflexion gesprochen. Selbstreflexion ist neben der Fähigkeit zu lieben, und Wärme zu geben, eine der wichtigsten menschlichen Fähigkeiten. Nahezu alle therapeutischen Maßnahmen beinhalten einen sehr hohen Grad an Selbstreflexion.

Regression
Der von mir in diesem Buch gebrauchte Begriff Regression ist stark vereinfacht, trifft, so meine ich, aber trotzdem die Problematik. Psychoanalytisch gesehen wird der Begriff "Regression" im Zusammenhang mit dem Begriff "Fixierung" gebraucht, worauf ich hier nicht weiter eingehe. Regression

bezieht sich in der hier gemeinten Verwendung unmittelbar auf Lust. Gemeint ist die ursprünglich kindliche Lust am Spielen, einfach in den Tag hineinleben, ohne Verantwortung, die Welt des Träumens, der Phantasie, des sich Hingebens an die eigenen Launen und die eigenen Gefühle, Leben ohne Verantwortung. Leistung und Kalküle sind in der Welt der Regression kein Wert. Insgesamt ist ein gewisser Anteil "Regression" auch bei dem Erwachsenen für die persönliche Gesundheit und psychische Balance erforderlich. Die Gegenseite der Regression ist Progression. Wer versucht, "vernünftig" (!) und ohne "regressive" Befriedigung zu leben, wird langfristig gesehen in erhebliche psychosoziale Krisen geraten. Bei einem Mangel an Liebe gibt es oft zahlreiche Kompensationsversuche, regressive Ersatzbefriedigung durch das Fahren verspielter Sportwagen oder Motorräder, verspielte Sammel- und exzessive Sportleidenschaften.

Relative Fahruntüchtigkeit
Eine relative Fahruntüchtigkeit liegt vor, wenn jemand zwischen 0,5 und 1,1 Promille Alkohol im Blut hat, aber keine alkoholtypischen Fahrauffälligkeiten zeigt. Es handelt sich dann nicht um eine Straftat, sondern um eine Ordnungswidrigkeit.

Rhinophym
Die sogenannte Knollennase, durchzogen von auch für den Laien überdeutlich sichtbaren Äderchen, ist ein Anzeichen für massiven Alkoholismus in der Vergangenheit oder Gegenwart.

Risikobiografien
Risikobiografien treten bei Menschen auf, die in der Regel hoch sensibel sind, sich nach außen aber als autonom, selbstsicher und unverletzlich darstellen. Gefühle werden in Gegenwart anderer Menschen kaum spontan ausgedrückt. Dazu kommt Angst vor Fehlern und Kritik, die im beruflichen

253

Alltag zu erheblicher Mehrarbeit und Mehrleistung führt. Die Erscheinungen der Sensibilität und Fehlerangst gehen mit einem erheblichen Leistungs- und manchmal auch Machtanspruch (der Leistungsanspruch scheint dabei vordergründig) einher. Oft wurde der zweite Bildungsweg in Anspruch genommen oder es wurden "Elite-Unis" besucht, zusätzliche Weiterbildungen absolviert und zwar zumeist unter Vernachlässigung privater, intimer Beziehungen. Partnerschaften, wenn sie denn bestanden, wurden nicht selten funktionalisiert zu Gunsten des eigenen Leistungsanspruches in der Ausbildung, im Studium oder Beruf.

Schutzfaktoren (protektive Faktoren)
In der frühen Kindheit entstehen durch die "Konstruktionen" der Bezugspersonen (in der Regel die Eltern oder Geschwister, ihr Verhalten und ihre Denkweisen) jene Faktoren im Leben des Kindes, die es später vor einer Sucht und krankhaften (pathologischen) Abhängigkeiten schützen können. Zu diesen äußerst wichtigen Faktoren gehört es, dass ein Kind schon früh von den Eltern berührt (in den Arm genommen) wird und dass mit dem Kind gesprochen wird (mit dem Kind und nicht nur über das Kind). Mit Leistungsansprüchen (sauber werden, laufen können, sprechen lernen) sollte vorsichtig umgegangen werden. Wenn das Kind älter wird, sollten die Bezugspersonen untereinander und auch mit dem Kind im Alltag über Gefühle (Ängste, Zuwendung, Sorgen, Freude) reden und Gefühle untereinander ausdrücken (die Eltern nehmen sich auch vor den Augen des Kindes einmal in den Arm, vergessen das Kind dabei aber nicht). Angstfrei kann in der Familie auch diskutiert werden, dabei werden unterschiedliche Ansichten zugelassen und ernst genommen, ohne jedoch auf Humor, Spaß und ein wenig Ironie zu verzichten. Die Generationengrenzen müssen trotzdem unbedingt eingehalten werden. Die Bezugspersonen sind nicht gleichberechtigt mit dem Kind, sondern sie sind ermächtigt und in der Verantwortung, die Familie zu steuern.

Intime Grenzen dürfen nicht verletzt werden. Das Kind muss durchaus die Möglichkeit haben, sich an den Grenzen, Regeln und Ansichten der Eltern zu reiben, damit es eine eigene stabile Identität bilden kann. Ein weiterer ganz wichtiger Schutzfaktor ist der Umgang der Bezugspersonen mit psychoaktiven Stoffen (zum Beispiel Alkohol und Zigaretten). Wo in Familien zwanglos hohe Dosen Alkohol oder Zigaretten konsumiert werden entsteht bei dem Kind das Bild von einer scheinbaren Ungefährlichkeit dieser Stoffe. Die Bilder der Lunge eines massiven Rauchers nach 10 bis 20 Jahren kann sich ein Kind definitiv nicht vorstellen, ebenso wenig kennt es die Bilder einer vernarbten Leber eines Daueralkoholkonsumenten. Es wird über die erhebliche Gefährlichkeit der Suchtstoffe getäuscht und selbst zu einem späteren, unbefangenen Konsum verleitet. Sollte der Konsum der Bezugspersonen schwerere pathologische (krankhafte) Tendenzen aufweisen, zum Beispiel Gewalt der Bezugspersonen im Alkoholrausch, so wird das Kind unter diesem unkalkulierbaren Verhalten der Bezugspersonen leiden und später möglicherweise anderweitige Schwierigkeiten (Probleme, Vertrauen aufzubauen etc.) entwickeln.

Selbsthilfegruppen
In Deutschland gibt es ca. 8000 Selbsthilfegruppen für suchtkranke und –gefährdete Menschen. Zu den Bekanntesten gehören die Gruppen der Anonymen Alkoholiker, der Guttempler, des Blauen Kreuzes und des Kreuzbundes. Die Selbsthilfegruppen haben zum Teil eigene Regeln und Philosophien. Manche Gruppen werden von ausgebildeten, ehemals selbst betroffenen Menschen moderiert. Grundsätzlich sind in Selbsthilfegruppen keine professionellen Therapeuten beteiligt. Selbsthilfe ist keine Therapie, aber trotzdem sehr wirkungsvoll und hilfreich um die Abstinenz zu stabilisieren und einen regelmäßigen Austausch mit anderen Menschen zu haben.

Selbstwirksamkeitserwartung

Wenn sich eine Person im alkoholisierten Zustand für besonders gutaussehend hält (Grandiosität (!)) ist die Erwartung, bei dem anderen Geschlecht Zuwendung zu finden, möglicherweise erhöht. Damit ist die Selbstwirksamkeitserwartung im alkoholisierten Zustand höher als ohne Alkohol. Im nüchternen Zustand ist die Selbstwirksamkeitserwartung in vielen Situationen möglicherweise so gering, dass es dann zu sehr unangenehmen Gefühlen (Empfindungen) kommt.

Sinndefizit(e)

Damit wir Menschen überhaupt lernen und uns Zusammenhänge merken können muss unser Gehirn einen Sinn erkennen können. Wer mit Alkohol im Verkehr gestoppt wurde, der kann sagen, dass der ganze Vorgang (gestoppt werden, Bußgeld zahlen, Führerscheinverlust) "sinnlos" gewesen sei. Diese Überzeugung ist für eine positive Prognose, psychologisch gesehen, problematisch. Wichtig ist, in der Alkoholauffälligkeit und dem Lebensweg, der zu dem Alkoholmissbrauch geführt hat, einen Sinn, eine Bedeutung zu erkennen, die etwas mit dem eigenen Leben zu tun hat (Drehbuch des eigenen Lebens). Fehlt die Fähigkeit, Sinn zu konstruieren (Sinn zu erkennen), so kommt es zu Gefühlen innerer Leere, Lustlosigkeit, Antriebsschwäche, Depression. Durch hektisches agieren (zusammenhangloses Reden und Handeln), "hysterisches", manisches Verhalten versuchen Menschen unter Umständen, eine innere Leere und einen Mangel an persönlichem Sinn und an persönlicher Lust zu überdecken. In unserer Zeit gibt es neben individuell konstruiertem Sinn kaum noch übergeordnete Sinnbereiche. Religion, Staatstreue, absolute moralische Regeln bezüglich des Zusammenlebens waren in der Vergangenheit solche übergeordneten Regeln, denen sich Menschen zum allergrößten Teil unreflektiert unterwarfen. Heute müssen, weil über globale Medien alles hinterfragt und diskutiert wird, viele Mensch ihre Regeln selbst autonom entwerfen (konstruieren). Dies ist zuweilen eine massive Überforderung. Dabei halten sie sich oft an zu einfache, zu simple Rezepte und gehen zu schnell von einem sogenannten "gesunden Menschenverstand" aus. Religionen, Sprache, Formen des Zusammenlebens wurden von Menschen konstruiert, weil das Leben in der Welt immer schon für den Menschen ein nicht zu bewältigendes Problem dargestellt hat. So hat der Mensch Stützen (Krücken oder Brücken) in Form von differenzierter Sprache, Religion und Regeln des Denkens und Zusammenlebens entworfen und als absolut gültig kommuniziert, denn nur so ließ sich eine höchstmögliche emotionale Sicherheit erreichen, und so ließ sich auch Macht konstruieren. Diese Zeiten haben sich durch globale Medien und langfristig kalkulierbare materielle Sicherheit geändert. Mit der selbstständigen Konstruktion von Denk- und Verhaltensregeln für ein Leben in der unseren Welt, das nicht mit dem Verstand und Gefühl autonom zu bewältigen ist, bedarf es der zumindest zeitweiligen Verleugnung (Unterdrückung) dieser Problematik oder, anders gesprochen, der Betäubung. Verleugnen, betäuben (vergessen) oder genießen kann man mittels starker Gefühle (und Eindrücke, die mit Gefühlen verbunden sind), die wir Menschen durch Sex, Verlieben, Liebe, Sport, Abenteuer und Suchtmittel (Alkohol, Drogen, Tabletten, Nikotin) konstruieren. Starke Gefühle werden grundsätzlich über das eigene Nervensystem konstruiert. Menschen, die diese Dinge als Ablenkung von den "eigentlichen Fragen" erkennen, stürzen sich wiederum in autoritäre, absolutistische Systeme (Teile von Religionen, Sekten, Terrorismus, Diktaturen, Leitkulturen). Solche absolutistischen Systeme sind auch Vertretungen (Organisationen und Individuen) die absolute Rauschverbote (absolutes Rauch-, Alkohol-, Drogen- oder Schnellfahrverbot) proklamieren. Alle Gruppen, Institutionen befinden sich immer in der Gefahr, in solche absolutistischen Bereiche abzugleiten, vor allem, weil das Driften dorthin hohe emotionale (und intellektuelle) Sicherheit und extremen Gruppenzusammenhalt (und Macht) gewährleistet. Dies gilt auch für Teams und Abteilungen in der Wirtschaft und im sozialen Milieu, ebenso für Therapeutenschulen, Verbände und beurteilende Institutionen (wie jene Vorgänge bei der MPU). Besonders behördenähnliche Institutionen sind in großer Gefahr, absolutistisch und scheinbar objektiv Sinn konstruieren und nach außen entsprechend auftreten zu wollen. Dieses Wissen und diese Zusammenhänge kann man auch im Umgang mit derartigen Institutionen berücksichtigen.

Sozialbericht
Der Sozialbericht muss von einer Suchtberatungsstelle für die Rentenversicherungsträger oder Krankenkassen erstellt werden, wenn jemand eine stationäre oder ambulante Entzugsbehandlung (Therapie) machen möchte. Menschen, die für die Rentenversicherungen noch nicht genug Beiträge gezahlt haben oder nicht bei einer Krankenkasse versichert sind, bekommen die stationäre oder ambulante Therapie vom Träger der Sozialhilfe bezahlt.

Starke Gefühle
Viele Menschen glauben in ihrem Alltag, starke Gefühle und Empfindungen wären "einfach" da. So ist es aber nicht. Gefühle sind immer individuelle (im Individuum erzeugte) und interindividuelle (zwischen den Individuen entstehende) Phänomene. So spielen Kinder in einigen Gegenden Afrikas problemlos mit riesigen lebendigen Spinnen, ohne Angst oder Ekel zu empfinden, denn sie haben von niemandem gelernt, diese Gefühle bei dem Umgang mit Spinnen zu konstruieren. In Europa würde das Spielen mit derartigen Tieren bei den meisten Menschen erhebliche Ekelgefühle und zum Teil auch nicht beherrschbare Angstgefühle hervorrufen. Alle Gefühle, Liebe, Angst, angenehme Denkmuster (Muster bzw. Gedanken die Wohlbefinden erzeugen), Musikgeschmack, Arbeitslust oder Arbeitsunlust sind Konstruktionen. Auch ob uns Wein, Bier, Zigaretten oder Karottensaft schme-

cken oder nicht schmeckt ist von der Vorabkonstruktion in unserem Bewusstsein abhängig. Selbst mit Schönheitsidealen ist es so. Es gab Zeiten, da waren Menschen mit einem sehr hohen Körperfettanteil begehrt und attraktiv. Andernorts sind Muskeln oder eine bestimmte Hautfarbe attraktiv. Gefühle sind von der Konstruktion im Bewusstsein und Unterbewusstsein abhängig. Auch ob jemand ein Leben als verpfuscht oder als gelungen empfindet, ob jemand unter einem Missbrauch leidet oder nicht ist eine Frage individueller Konstruktion, die sich allerdings (nicht immer) an dominanten gesellschaftlichen "Leitbildern" orientiert (diese übernimmt, verinnerlicht). Bei Alkoholmissbrauch kann eine Therapie dazu führen, dass Gefühle (Emotionen) neu konstruiert werden, zum Beispiel Alkohol als ekelhaft erlebt und daher dann abgelehnt und vermieden wird.

Tabus
Viele Patienten gehen davon aus, man müsse in einer Beziehung über alles reden, man müsse an einer Beziehung "arbeiten" und zahlreiche Kompromisse machen. Tabus vermitteln jedoch eine oft zauberhafte Spannung, lassen Anteile der Person und Beziehung in geheimnisvoller Schwebe. Eine Beziehung und die Liebe zweier Menschen können niemals in ihrer ganzen Komplexität in Worte gefasst werden. Wer miteinander wirklich sprechen kann, sollte miteinander auch wirklich schweigen können. Tabus sollten trotzdem vom Therapeuten beachtet werden. Vergiftet ein Tabu die Beziehung oder stützt es sie. Tabus sind also nichts Schlechtes und keinesfalls ein Indikator im Hinblick auf "misslungene" Beziehungen oder "Mangel" an Liebe. Dabei muss berücksichtigt werden, dass Liebe sehr wohl etwas mit Verbindlichkeit zu tun hat, aber Liebe ist keine unendliche Festlegung und kein Zwang, trotz der Verbindlichkeit. Das klingt zweifellos paradox. Liebe ist einfach da, sie ist paradox, gefährlich und wohltuend und manchmal schmerzhaft zugleich, und sie ist nicht wirklich ganz in Worten fassbar.

Liebe ist nicht da, um etwas zu erreichen. Viele Menschen, die Alkoholmissbrauch betreiben, leben in funktionalisierten Beziehungen, wo einer versucht, den anderen hinsichtlich seiner Wünsche zu formen und entsprechend zu beeinflussen und zu verändern. Es wird über vieles geredet, und vieles wird zerredet. Dagegen bestehen eher ungünstige Tabus bezüglich der eigenen Wünsche, der eigenen Schwächen und gegenüber den eigenen schwierigen Kindheitserfahrungen.

Teleangiektasien

Oberflächlich sichtbare Hautgefäße sind dauerhaft erweitert und deuten auf massiven Alkoholismus hin (siehe auch Rhinophym (!)).

Therapeut

Der Begriff Therapeut ist in Deutschland nicht geschützt, und jeder kann sich im Prinzip so nennen. Eine ernsthafte therapeutische Ausbildung umfasst mehrere hundert Stunden angeleiteter Selbsterfahrung durch einen anderen erfahrenen, professionellen, studierten Therapeuten. Für eine MPU sollte man sich ausschließlich von einem Therapeuten vorbereiten lassen, der neben der therapeutischen Ausbildung entweder Sozialpädagogik, Pädagogik, Psychologie oder Medizin studiert hat. Der Therapeut hat gegenüber dem Klienten vor allem eine Katalysatorfunktion, indem er dem Klienten hilft, Dinge in seinem Leben zu entdecken, die ihm entweder noch nicht bewusst waren oder für bekannte Erscheinungen und Gefühle (Wahrnehmungen) Erklärungen zu finden oder bekannte Erklärungen zu hinterfragen. Daneben begleitet der Therapeut den Klienten in seinem Veränderungsprozess, sofern der Klient sich (etwas) verändern möchte, alternative Verhaltensmöglichkeiten kennenlernen will. Da Alkoholmissbrauch im organischen Bereich besonders hohe und sehr schwerwiegende Krankheitsrisiken mit sich bringt ist eine körperliche Untersuchung durch einen Facharzt unbedingt anzuraten.

Tod bei Vergiftung (Intoxikation) durch Alkohol
Bei Alkoholdosen von 5-8 Promille sterben selbst bei ärztliche Betreuung bis zu 90 Prozent der betroffenen Personen.

Tragende Beziehungen
Tragende Beziehungen sind das Gegenteil von oberflächlichen Beziehungen und in dieser Hinsicht "gesund". In tragenden Beziehungen darf man fehlerhaft und bedürftig sein, man kann über seine Ängste und Sorgen sprechen, und man darf sich auch zurückziehen, man kann Liebe geben und bekommen. Auch im Arbeitsleben, das von vielen Menschen in dieser Hinsicht abgespalten wird, darf und sollte es tragende Beziehungen geben, nämlich in der Form, dass ich auch im Beruf nicht fehlerfrei und perfekt sein muss, dass ich zu Hause bleiben darf, wenn ich mich einmal nicht gut fühle und darüber kein schlechtes Gewissen haben muss, dass ich eher oder später kommen und eher oder später gehen darf, wenn ich das einmal möchte, dass ich meine Sorgen und Ideen ausdrücken darf und nicht "kalt" um Posten und Einfluss konkurrieren muss, dass ich mich nicht immer kontrolliert, diplomatisch und intelligent verhalten muss und trotzdem geschätzt, akzeptiert und anerkannt werde.

Traumatisierungen
Es handelt sich um Erlebnisse, die einen tiefen oder bedeutenden Einfluss auf unser Leben hatten und eine ausgeglichene und damit "gesunde" Entwicklung behindern, solange sie nicht verarbeitet, sondern verdrängt, geleugnet und ausgeblendet werden. Zu den Traumatisierungen können Unfälle, Missbrauch und Vergewaltigung sowie Trennungserlebnisse und das Nichterreichen von Idealen, zum Beispiel im Beruf (Kündigung), gehören. Traumatisierungen während der Kindheit sind Erlebnisse des Überfordertseins bei einem

Mangel an liebvollen Bezugspersonen, Missbrauch, Ablehnung, "Killerphrasen" der "Bezugspersonen", in der Regel der Eltern ("aus dir wird nie was", "du bist zu dick", "mit dir will doch niemand was zu tun haben, wenn du so bist"), nicht bearbeitete (verarbeitete) Trennungen der Eltern, Mangel an emotionalem Kontakt, Abwertung von Sexualität, keine Führsorge bei Krankheit, ausreden eigener Bedürfnisse und Empfindungen ("du bist nicht krank", "du hast keine Schmerzen"). Diese (traumatischen) Erfahrungen können das gesamte Leben beeinflussen und in hochproblematische Bahnen lenken (Hochrisikobiografie).

Trinkertypen
Mit Trinkertypen (Alkoholismus-Typologie) sind eher Idealtypen gemeint, damit sich Laien und Fachleute besser orientieren können. Solche Idealtypen sind jedoch eine sehr grobe Vereinfachung, die in der Realität so eindeutig niemals vorkommen.
Alpha-Trinker: Hier ist ein Mensch gemeint, der hauptsächlich in Konflikten zum Alkohol greift. Körperliche Abhängigkeit liegt (noch) nicht vor.
Beta-Trinker: Hier ist ein Mensch gemeint, der hauptsächlich bei Festen und Feiern, am Stammtisch, im Sportclub oder im Beruf (Kellner, Köche, Bauarbeiter, Ärzte) trinkt. Abhängigkeit liegt (noch) nicht vor.
Gamma-Trinker: Er kann zwar einige Zeit nichts trinken, trotzdem ist er abhängig. Er trinkt, wenn er trinkt, bis zum Umfallen, bis kein Alkohol mehr vorhanden ist.
Delta-Trinker: Der Delta-Trinker betrinkt sich nicht total, allerdings hält er den ganzen Tag über einen permanenten Alkoholspiegel aufrecht, auch um Entzugserscheinungen zu vermeiden. Man spricht vom sogenannten Spiegeltrinker. Obwohl kein Kontrollverlust vorliegt ist der Delta-Trinker als abhängig zu bezeichnen.

Epsilon-Trinker: Er kann Tage und Monate nichts trinken oder scheinbar "normal" trinken, bevor er übermäßig trinkt. Man spricht auch vom Quartalstrinker.

Trinkmotive (siehe auch Motiv (¦))
Geselligkeit und damit Angst vor Einsamkeit und dem Alleinsein mit sich selbst können ein Trinkmotiv sein. Trinkmotive sind sehr vielfältig und individuell zu ermitteln. Bei der Ermittlung des Trinkmotivs sollten auch die Kindheit (emotionale Kälte (¦)) und die spezifische Lebenswelt und Biografie (siehe Risikobiografie (¦)) betrachtet werden, wobei ein Therapeut dabei sehr hilfreich sein kann.

TÜV
Technischer Überwachungs-Verein, er darf die Medizinisch-Psychologischen Untersuchungen durchführen. Als problematisch wird oft von Fachleuten und Laien beurteilt, dass eine "Tochterfirma" des TÜV sogenannte Vorbereitungs- und Nachschulungskurse durchführt. Die Begutachtungsleitlinien, die der TÜV zusammen mit der DEKRA entwickelt hat, sind der Öffentlichkeit bisher nicht zugänglich gemacht worden, einigen Therapeuten sind diese jedoch bekannt.

Überbehütung
Mütter und Väter, die ihre Kinder überbehütend erziehen, verhindern dass ihre Kinder sich neugierig und durch Überwindung der eigenen kindlichen Ängste kalkulierend, vorsichtig und doch mutig und "sportlich" ihre Umwelt erschließen. Die Kinder verhalten sich oft hochgradig angepasst, klettern nicht, spielen nicht im Schlamm, testen ihre Kräfte nicht. In den letzten Jahren gab es immer wieder vor allem junge Klientinnen, die in der Kindheit nicht gelernt hatten, sich kritisch und angemessen vorsichtig mit der Welt auseinander zu setzen. Eine Klientin reiste ohne besondere Vorbereitung in ein Entwicklungsland mit einer völlig anderen Kultur wo sie ausgeraubt und brutal vergewaltigt wurde.

Überbehütete Kinder werden kaum durch eigenen Entschluss Suchtmittel konsumieren, allerdings sind sie durch andere Menschen leicht beeinflussbar und verführbar. Sie haben große Schwierigkeiten in einer immer freieren und mobileren Welt sich in fremden Kulturen und Gegenden angemessen kritisch, kalkulierend, taktierend und klare und verbindliche Grenzen formulierend zu verhalten. Daher werden sie leicht zu Opfern und können eher in Folge posttraumatischer Belastungsstörungen komplexe Suchtkrankheiten entwickeln. Therapeutisch sollte die Überbehütung durch wichtige Bezugspersonen in der Kindheit geprüft und bearbeitet werden. Überbehütete Menschen neigen nicht selten auch dazu, den Therapeuten zu überidealisieren.

Überforderung
Überfordert ist ein Individuum, wenn es die Komplexität und Kontingenz (alles könnte immer auch anders sein) des eigenen Lebens nicht steuern, kontrollieren, bewältigen kann oder zumindest persönlich diesen Eindruck hat. Damit unser "Ich" durch unser Leben (oder durch das Leben an sich) nicht ständig überfordert ist, können wir Menschen Wahrnehmungen und Eindrücke selektieren, das heißt, wir nehmen nie alles, wir nehmen nie die Dinge in ihrer ganzen Fülle und Breite wahr. Wir nehmen nur wahr, was wir in Verbindung mit Vorerfahrungen bringen und somit wahrnehmen können. Wir verfügen über die Fähigkeit zur Abwehr, Verleugnung und Bagatellisierung. Wir können die Dinge (Erfahrungen) "banal", alltäglich werden lassen. Besonders Menschen, die sensibel, leicht kränkbar (Selbstwertproblematik), empfindsam, nachdenklich sind und über wenig Ressourcen, im Sinne von der Fähigkeit, gegenläufige starke Gefühle (!) erzeugen zu können, verfügen, sind mit dem Leben schnell überfordert. Bei Mangel an anderen Ressourcen können Suchtmittel wie Alkohol, Nikotin, Tabletten oder Partnerschaften ins Spiel kommen. Während die Alltagsmenschen hervorragend verdrängen, bagatellisieren und verleugnen

können, wird bei der MPU gerade von einem zutiefst überforderten und sensiblen Menschen erwartet, Widerstände (in Form von Bagatellisierung, Verleugnung und Verdrängung) aufzugeben. Dies ist eben in dieser Lebenssituation nicht einfach und bedarf geradezu in vielen Fällen therapeutischer Unterstützung und Begleitung.

Vergessen wir dabei nicht, dass erst aus der Überforderung im Hinblick auf das eigene Leben die menschliche Sprache, das komplexe differenzierte Denken, die Religionen und die Regeln des Zusammenlebens und die Wissenschaft entstanden sind. Auch Beziehungen zu anderen Menschen beginnen und wechseln wir, weil wir allein und immer wieder auch zu zweit mit dem Leben überfordert sind. Ein Einsiedler benötigt einen tiefen religiösen Glauben, um seine Einsamkeit zu ertragen und Einsamkeit wiederum kann religiösen (und nicht religiösen) Glauben vertiefen, ganz unabhängig davon, ob das, an was geglaubt wird, überhaupt außerhalb des Glaubens existiert (die Wissenschaft spricht von Zirkularität). Dies führt soweit, dass wir Dinge dann sogar sehen (fühlen) können, die nicht da sind in dem Sinn, dass sie von anderen Menschen nicht gesehen (gefühlt) werden können (Engel, Teufel, Feen, verstorbene Menschen).

Unfallrisiko

Das Unfallrisiko steigt, pauschal gesagt, bei 0,5 Promille auf das Doppelte, bei 1,0 Promille auf das Siebenfache und bei 1,6 Promille auf das 35-fache. In der Regel gehen Gutachter davon aus, dass Personen, die mit 1,6 Promille mehrere Kilometer unauffällig und unfallfrei zurücklegen konnten, es lange Zeit gewohnt sind, hohe Dosen Alkohol zu konsumieren und eine entsprechende Alkoholtoleranz entwickelt haben. Wer keinen Alkohol gewohnt ist muss bei 1,6 Promille wahrscheinlich mehrfach erbrechen beziehungsweise kann sich nicht mehr koordiniert bewegen.

Untersuchungsgebühren

Die Gebühren für eine Medizinisch-Psychologische Untersuchung werden vom Verkehrsministerium überregional festgelegt und sind damit bei allen Begutachtungsstellen gleich. Die Gebühren für Vorbereitungsgespräche und Kurse variieren dagegen unter Umständen erheblich.

Ursachen der Trunkenheitsfahrt

Die Ursachen "einer" Trunkenheitsfahrt sind von dem auslösenden Ereignis zu unterscheiden. Eine Ehescheidung oder ein Verlust des Arbeitsplatzes können ein auslösendes Ereignis sein, um zum Alkohol zu greifen. Hinter dem Griff zum Alkohol stehen aber möglicherweise tieferliegende Ängste vor Einsamkeit, unbewältigte Trauer um die Beziehung, Überforderung, weil die eigenen Ideale unerreichbar erscheinen. Zu den Gefühlen und ihrer Entstehung kann die eigene Kindheitsgeschichte in Beziehung gesetzt werden.

Urvertrauen und Urmisstrauen

Bei massiven Enttäuschungen in der frühen Kindheit kann sich statt eines Urvertrauens ein Urmisstrauen entwickeln. Das Urmisstrauen ist vergleichbar einer tief eingefahrenen Spur, aus der man im Leben nur schwer wieder herauskommt. Jemand mit Urmisstrauen wird Schwierigkeiten haben, anderen Menschen vollständig zu vertrauen, Vertrauen vorab zu leisten. Es kommt zu Ängsten, dass andere Menschen mit den eigenen offenbarten Gefühlen nicht angemessen liebevoll und vorsichtig umgehen. Da andere Menschen niemals "immer" sorgsam damit umgehen und das innere Vertrauen in die eigene Person fehlt oder zu schwach ist, werden leichte Verletzungen, schwache Formen der Ablehnung oder Abgrenzung doppelt dramatisch empfunden. Bei Verletzungen fehlt das eigene innere, liebevolle Bild von sich selbst (und oft auch des anderen Menschen), was Halt und Sicherheit geben könnte. Urmisstrauen geht mit

Beziehungs- und Kontaktängsten oder mit Ängsten vor echter langfristiger Nähe einher. Kontrolle kann nicht ab- oder aufgegeben werden, was im Arbeitsleben, aber auch im sexuellen Bereich zu Problemen führt (Verlust der Genussfähigkeit; Orgasmusschwierigkeiten bei Partnern, die geliebt werden). Wer durch Urmisstrauen geprägt ist, hat oft große Schwierigkeiten, sich in Abhängigkeiten zu begeben. Es gibt aber keine dauerhafte Nähe, Wärme und Geborgenheit ohne Abhängigkeit. Wer Abhängigkeiten als beängstigend empfindet, weil das Urvertrauen fehlt und kein stabiles, nährendes inneres Objekt vorhanden ist, konstruiert immer neue Beziehungsschwierigkeiten, Kontaktstörungen und Abgrenzungsprobleme.

Veränderung (Verhaltensänderung)
Wenn ein Alkoholmissbrauch stattgefunden hat, so stellt sich die Frage nach einer Veränderung. Das ist nicht allein eine Frage nach Abstinenz vom Alkohol oder der Weg vom "Viel-Trinker" zum "Wenig-Trinker", sondern die Frage nach dem Sinn des Missbrauchs eines Suchtstoffes im eigenen Leben. Wodurch kam es zu einer Veränderung im Sinne von wenig trinken, kontrolliert trinken oder Abstinenz? In der Regel geschehen Veränderungen durch Therapie, durch den Besuch von Selbsthilfegruppen, durch die Hilfe von Freunden. Problematisch ist die Ansicht, es allein zu schaffen, niemanden zu brauchen, weil gerade diese Einstellung oft auf fortgesetzten Narzissmus, Pseudoautonomie und Überschätzung der eigenen Möglichkeiten und Verdrängung der Ängste vor Nähe, Hilfsbedürftigkeit und persönlicher Öffnung hinweist.

Veränderungsresistenz
Menschen benutzen dauerhaft hohe Mengen Alkohol nicht aus Spaß und Freude am Genießen, sondern um unangenehme Gefühle wie Ängste, Unsicherheiten, Einsamkeit, schwaches Selbstwertgefühl, Überforderung, Hemmungen,

Schüchternheit, traumatische Erfahrungen zurückzudrängen (in der psychologischen Fachsprache Regulierung von Affekten genannt). Wenn der Alkohol plötzlich wegfallen soll (Abstinenz), dann können diese unerwünschten Gefühle und Wahrnehmungen nicht mehr zurückgedrängt werden, Entspannung von den unerwünschten Gefühlen kann nicht mehr gefunden werden. Daher muss im Zusammenhang mit der Alkoholnutzung etwas noch gravierenderes passieren, damit es zum Verzicht (oder zur deutlichen dauerhaften Reduktion) auf das Suchtmittel kommt. Die Gesamtbilanz (positive und negative Folgen des Suchtmittelkonsums) kann sich ändern, wenn eine lebensgefährliche Erkrankung eintritt und der fortgesetzte Konsum den Tod oder schreckliche Schmerzen bedeutet oder wenn der Führerschein entzogen wird und ohne Abstinenz der Führerschein nicht wiedererlangt werden kann. Die Gesamtbilanz kann sich auch ändern, wenn ein lang gewünschter (erträumter) Partner in das eigene Leben tritt und Liebe und Annahme erfahren und angenommen werden kann (dieser Fall tritt bei Suchtkranken während der Suchtphase erfahrungsgemäß nur sehr selten ein, da sich gesunde potentielle Partner von suchtkrank erscheinenden Menschen eher distanzieren). Diese Veränderungsmotivation (siehe Motivation (¦)) muss bei einer MPU deutlich und schlüssig dargestellt werden, da der Gutachter davon ausgeht, dass am Anfang eine erhebliche Veränderungsresistenz (Verweigerung von Veränderung) vorhanden ist.

Verhaltensdiagnostik
Es ist die Aufgabe des Psychologen bei der Begutachtung, eine Prognose für die Zukunft zu erstellen, nämlich ob es ihm wahrscheinlich erscheint, dass sein Klient in Zukunft noch einmal mit Alkohol im Straßenverkehr auffällig wird. Daher wird er die Vergangenheit seines Klienten ausforschen, er wird wissen wollen, wie viel der Klient und was der Klient überhaupt über seine Vergangenheit und über seine Motivation zum Alkoholmissbrauch weiß und was er in seinem

Leben alles verändert hat, damit es nicht mehr zum Alkohol-missbrauch kommt.

Vernunft

Vernunft ist in wissenschaftlicher Hinsicht ein hoch proble-matischer Begriff. Sehr vereinfacht ausgedrückt bezieht sich der Vernunftbegriff auf einigermaßen logisches, in sich stim-miges und kausales (folgerichtiges logisches) Denken und Verhalten, das an einer definierten Form von Realität ausge-richtet ist (beispielsweise, was die eigene Familie als Realität definiert hat). Hier gilt zumindest in der Wissenschaft, dass es sehr viele verschiedene und widersprüchliche Formen und Ausprägungen von Realität(en) gibt. Problematisch ist, dass die Auffassung, man könne Gefühle durch Vernunft beeinflussen, steuern und kontrollieren, eher unzutreffend erscheint. Gefühle lassen sich nur durch ein grundlegendes anderes oder weiteres Gefühl steuern, kontrollieren und len-ken, unter anderem auch durch Angst. Die ganze Mensch-heitsgeschichte zeigt die angesprochene Problematik, die Idee, man könne vernünftig sein, indem man seine Gefühle unter "Kontrolle" behält oder unterdrückt.

Viel-Trinker

Als Viel-Trinker oder Extremtrinker werden in dem vorliegen-den Buch Personen bezeichnet, die neben Bier und Wein auch erhebliche Mengen hochprozentiger Alkoholika konsu-mieren. Vor allem kann jener Personenkreis die benötigte Alkoholmenge durch Bier oder Wein nicht mehr allein schnell genug seinem Körper zuführen. Daher werden Bier oder Wein in einem späten Stadium mit Hochprozentigem regel-mäßig ergänzt. Wer "nur" Bier oder Wein konsumiert ist damit aber nicht automatisch ein "Wenig-Trinker".

"Vorteile" des Alkoholkonsums

Die ersten Erfahrungen mit Alkohol machen die meisten Menschen bei der Beobachtung ihrer Bezugspersonen

(Eltern, Geschwister). Die ersten Konsumerfahrungen werden zumeist in geselligem Kreis bei fröhlichen Festen und Feiern gesammelt. Diese kurzfristig positive Erfahrung im Sinne von leichter Enthemmung und sozialem Kontakt wird im Unterbewusstsein fest gespeichert. Oft erlebt man sich als mächtiger, attraktiver und begehrenswert. Diese Erfahrung kann in belasteten Krisensituationen als Anker des Bewusstseins im Unterbewusstsein wieder aktiviert werden. Plötzlich kann eine mit Angst besetzte Situation "verzaubert" werden, die Angst verschwindet während des Rausches. Mit zunehmender Konsumerfahrung kann allein das Alkoholtrinken als wunderbar erlebt werden, die belastenden und dazu führenden Situationen werden gar nicht mehr wahrgenommen, sofern sie denn überhaupt anfangs bewusst waren. Erst wenn das Bewusstsein sich die Schäden, die Problemverschärfung durch den Alkoholkonsum bewusst machen kann, erfolgt vielleicht eine selbstmotivierte dauerhafte Umkehr.

Vulnerabilität
Der Fachbegriff meint die Anfälligkeit für ein Suchtmittel. Aus emotional repressiven Familien, in denen die Eltern Suchtmittel häufig benutzten (Rauchen, Alkohol zur Entspannung nahezu täglich trinken, ohne betrunken zu werden), gehen überdurchschnittlich häufig wiederum Kinder hervor, die später auch ein Suchtmittel riskant und in für sie schädlicher Weise einsetzen.

Wahrnehmungsänderung
Bei Alkoholeinfluss verändert sich die Wahrnehmung erheblich. Es kann während des Autofahrens zum sogenannten Tunnelblick kommen, das bedeutet, die Ränder einer Straße werden zum Beispiel nicht mehr wahrgenommen. Die Reaktion der Pupille des Auges verlangsamt sich, das Licht kann das Auge stärker blenden. Auch die Entfernungseinschätzung wird erheblich ungenauer und erreichte Geschwindigkeiten werden unrealistischer eingeschätzt. Neben der

Wahrnehmungsfähigkeit verändert sich auch die Handlungs-fähigkeit. Reaktionen erfolgen langsamer, und die Feinab-stimmung der Bewegung (zum Beispiel bei Lenkbewegun-gen) ist erheblich herabgesetzt. Gleichzeitig steigt aber durch die Alkoholwirkung das Vertrauen in die eigenen fah-rerischen Fähigkeiten.

Weiche Drogen
Der Alltagssprachgebrauch (versus wissenschaftlicher Sprachgebrauch) unterscheidet "weiche und harte" Drogen. Wissenschaftlich betrachtet gibt es keine klaren Kriterien über "harte und weiche" Drogen. Alkohol (auch Bier!) und Haschisch gehören zu den weichen Drogen.

von Deym & Klaus
Praxis
Beltweg 10
D 80805 München
Tel. – Zentrale: 089 / 32 30 7600
Fax: 089 / 32 30 76 01

www.mpu-praxisgemeinschaft.de
info@mpu-praxisgemeinschaft.de

Vorbereitung auf die MPU
Beratung bei negativem Gutachten
Hilfe bei Therapieplatzsuche
Einzelberatung
Kurse